Martin Simon

Gedächtnis Training Superbuch

Martin Simon

Gedächtnis Training Superbuch

Werden Sie besser als der Durchschnitt!

FRANZIS
BRAINBOOKS

Bibliografische Information der Deutschen Bibliothek
Die Deutsche Bibliothek verzeichnet diese Publikation in der Deutschen Nationalbibliografie; detaillierte Daten sind im Internet über **http://dnb.ddb.de** abrufbar.

Bildnachweis: © 2008 JupiterImages
Layout & DTP: Presse- & Verlagsservice Martin Simon, www.neue-raetsel.de
art & design: www.ideehoch2.de
Druck: Bercker, 47623 Kevelaer
Printed in Germany

ISBN 978-3-7723-**1414-8**

Inhaltsverzeichnis

So bringt Sie dieses Buch weiter

Um den Alltag erfolgreich zu bewältigen, sind wir ständig auf unsere Erinnerungsfähigkeit angewiesen. Dabei wird das Gedächtnis sehr vielfältig auf die Probe gestellt: Morgens während der Arbeit muss es uns gelingen, komplexe Sachverhalte korrekt und zusammenhängend wiederzugeben. Im Parkhaus wären wir verloren, könnten wir uns nicht an den Standort unseres Autos erinnern. Am Bankautomaten wird die PIN-Nummer abgefragt, im Supermarkt müssen wir uns an die Dinge erinnern, die unbedingt noch besorgt werden müssen. Beim Sonntagsspaziergang treffen wir auf den Kollegen aus der anderen Abteilung ... und vermeiden eine peinliche Pause, indem wir ihn mit seinem Namen grüßen können.

Zahlen, Namen, Fakten, Ortsangaben ... Unser Gedächtnis ist in der Lage, eine unbegrenzte Anzahl an Informationen zu speichern und abzurufen. Doch wie ärgerlich ist es, wenn dieser Speicher einmal versagt. Wir alle kennen es, wenn uns bestimmte Sachverhalte im entscheidenden Moment partout nicht einfallen wollen. Dagegen können Sie jedoch etwas tun! Mit einigen leichten Übungen kann es Ihnen problemlos gelingen, Ihr Gedächtnis zu einem zuverlässigen Partner auszubilden. Das Gedächtnis ist wie ein Muskel, der trainiert werden muss. In diesem Buch werden Ihnen nicht nur wertvolle Tipps und Lernstrategien vermittelt, Ihnen wird auch schnell bewusst werden: Gedächtnistraining ist nicht stures Büffeln – es hat einen hohen Spaßfaktor.

I. Das Gehirn als Sitz des Gedächtnisses

Bevor wir uns auf die ersten Übungen stürzen, ist es nicht nur interessant, sondern auch von Vorteil, einiges über die Funktionsweise unseres Gedächtnisses zu kennen. Nur wenn wir um diese körperlichen Voraussetzungen wissen, können wir damit erfolgreich arbeiten.

Der Sitz des Gedächtnisses ist das Gehirn. Es ist ein Organ, das zu etwa 75 Prozent aus Wasser besteht. Es wiegt durchschnittlich zwischen ein und zwei Kilogramm. Seine Größe ist von Faktoren wie Alter, Körpergröße und Kopfumfang sowie Geschlecht abhängig. Männer verfügen im Durchschnitt über 100 Gramm mehr Gehirnmasse. Das Gewebe des Gehirns besteht aus Nervenzellen, und das menschliche Gehirn ist aus etwa 300 Milliarden dieser Neuronen aufgebaut. Diese speziellen Zellen geben untereinander Informationen in Form von elektronischen Impulsen weiter.

Gewicht und Größe der Gehirnmasse sind übrigens nicht ausschlaggebend für Intelligenz oder Gedächtnisleistung. Vielmehr entscheidet über unsere mentalen Fähigkeiten, wie effektiv wir den Grundstoff Gehirn nutzen können und wie ausgeprägt die Nervenzellen miteinander verknüpft sind.

Von linker Logik und rechter Fantasie

Die äußere Form unseres Gehirns lässt sich mit der einer Walnuss vergleichen: Deutlich erkennt man zwei Seiten, die linke und die rechte Hemisphäre. Im Laufe der Erforschung der geistigen Fähigkeiten des Menschen hat man herausgefunden, dass den beiden Hirnhälften auch unterschiedliche Aufgaben und Funktionen zugeschrieben werden können.

So wird in der linken Hälfte vor allem dann Aktivität beobachtet, wenn rationale Denkprozesse ablaufen. Mit ihrer Hilfe können Kategorien und Zeitpläne erstellt und logische Aufgaben gelöst werden. Die linke Hemisphäre ist deshalb der Sitz von Schrift, Sprache, Rechnen, Logik und Zeitgefühl.
Die rechte Seite dagegen wird eher beansprucht, wenn fantasievolle oder kreative Aufgaben zu bewältigen sind. Auch Gefühle und Gerüche, Gestik, Mimik und Ironie werden hier verarbeitet. Ebenso sind räumliche Orientierung, Bilder und Intuition rechtsseitig angesiedelt.

Eselsbrücke: L**in**ks ist **In**tellekt – **re**chts ist K**re**ativität.

Wie schnell kann man sich etwas einprägen?

Neben der räumlichen Unterteilung in die linke und die rechte Gehirnhälfte müssen auch drei Ebenen des Verarbeitens und Speicherns unterschieden werden: Ultrakurzzeitgedächtnis, Kurzzeitgedächtnis und Langzeitgedächtnis.

Ultrakurzzeitgedächtnis
Das Ultrakurzzeitgedächtnis (UKZ) speichert – seinem Namen entsprechend – eingehende Informationen nur für sehr kurze Zeit, nämlich für eine halbe bis zwei Sekunden. Über die Sinnesorgane eingehende Informationen werden für diese kurze Zeitspanne im Gedächtnis behalten und auf ihre Bedeutsamkeit hin überprüft. Das UKZ wird daher auch sensorisches Gedächtnis genannt. Die Speicherdauer im UKZ ist dabei abhängig davon, über welches Sinnesorgan die Information eingeht. Akustische Reize verweilen meist etwas länger als etwa optische Sinneswahrnehmungen. Wird etwas für „merkenswert" befunden, geht dies in die nächste Ebene über: ins Kurzzeitgedächtnis.

Kurzzeitgedächtnis
Hier bleiben Sinneseindrücke und Informationen etwas länger als im UKZ erhalten, bevor sie verarbeitet oder wieder verworfen werden. Die Speicherdauer beträgt bereits bis zu 20 Sekunden. Das hat eine bedeutende Konsequenz: Informationen, die diesen kurzen Zeitraum überdauert haben, befinden sich bereits im Langzeitgedächtnis und könnten – zumindest theoretisch – zu jeder Zeit wieder abgerufen werden.

Das Kurzzeitgedächtnis birgt allerdings ein Problem: Es kann zwar Informationen blitzschnell speichern und verarbeiten, doch die Aufnahmekapazität ist sehr begrenzt. Generell ist Platz für etwa sieben Informationseinheiten.

Probieren Sie es aus: Die meisten Menschen können sich kurzfristig sieben Ziffern ohne Gedächtnisstütze merken. Ab acht Ziffern müssen wir bereits anfangen, Zifferngruppen zu Einheiten zusammenzufassen, um sie zu behalten.

Man spricht daher auch vom „Arbeitsgedächtnis“. Es bewältigt den wichtigen Zwischenschritt der Verarbeitung von Informationen, kann aber nicht dauerhaft speichern.

Langzeitgedächtnis
Hier beginnt das eigentliche Gedächtnis. Es zeichnet sich durch drei wesentliche Eigenschaften aus.
Erstens ist die Speicherdauer theoretisch unbegrenzt. Zweitens verfügt unser Langzeitgedächtnis über unbegrenzte Kapazität. Und drittens kann jede Information auch nach beliebiger Dauer innerhalb von Sekundenbruchteilen wieder abgerufen werden. (Das gilt für alle Menschen, solange das Gehirn nicht durch Krankheit oder Verletzung eingeschränkt wird.)
Ob wir uns zu einem späteren Zeitpunkt an Gelerntes wieder

erinnern, hängt davon ab, ob wir die Spur, die die Information auf ihrem Weg in unser Bewusstsein hinterlassen hat, wiederfinden und erneut beschreiten können. Wenn wir zum Beispiel auf eine bereits gelernte mathematische Formel zurückgreifen möchten, uns diese aber nicht einfällt, liegt das nicht daran, dass die Information verloren ist; vielmehr können wir den Weg zu dieser Formel nicht mehr finden – sie ist praktisch verschüttet unter all den anderen Erinnerungen in unserem Gedächtnis.
Wenden wir aber Techniken an, mit denen wir mehrere und auch größere (unvergesslichere) Wege zu Informationen bauen, können wir unsere Gedächtnisleistung und Erinnerungsfähigkeit um ein Vielfaches steigern.

So konstruieren wir ein superschnelles Einlagerungssystem ins Langzeitgedächtnis

Wie wir bereits gelernt haben, ist die Speicherkapazität im Kurzzeitgedächtnis extrem begrenzt, und um weitere Informationen aufnehmen zu können, muss es ständig geräumt werden. Um also etwas nicht zu vergessen, muss es ins Langzeitgedächtnis – je schneller und nachhaltiger, desto besser. Am effektivsten geht dies, indem folgende Strategien angewandt werden.

Methoden gegen Vergesslichkeit

Der Übersichtlichkeit halber könnte man generell sieben Merktechniken unterscheiden:

1. Assoziation: Hier geht es darum, neue Lerninhalte mit bereits gespeichertem Wissen zu verknüpfen. Beispiel: Die zu merkende Zahlenfolge 1002911 erinnert (rückwärts gelesen) an die Zerstörung des World Trade Center.

2. Emotionen sind eine starke Triebkraft für Gedanken. Positive und anregende Gefühle beleben Fantasie und können das Denken beschleunigen. Das Gesicht eines Menschen, in den wir uns verliebt haben, betrachten wir mit mehr Intensität. Fast automatisch können wir uns vollkommen auf sein Antlitz konzentrieren und dabei viele Details wahrnehmen, die wir fast unbewusst mit gefühlsbelegten Hirnarealen verknüpfen. Und da Gefühle ein sehr starker Anker im Gedächtnis sind, wird uns das, was daran anknüpft, meist unser Leben lang begleiten.

3. Fantasie ist die Fähigkeit, im Geiste dort etwas zu finden, wo nichts ist. Wenn wir also keinen Zusammenhang erkennen, erschaffen wir ein fantastisches Konstrukt. Dass Gehirn auf Lateinisch Cerebrum heißt, können wir uns merken, wenn wir uns ein lateinisches Gehirn (mit Cäsars Lorbeerkranz) in Form und Farbe eines Zebras vorstellen. Das ausgesprochene Wort „Zebra" erinnert uns dann an „Cerebrum".

4. Das Durchschauen der ***Logik***, die einem Sachverhalt zugrunde liegt, trägt erheblich zum Lernerfolg bei: Hat man den Inhalt verstanden und fühlt sich eventuell sogar in der Lage, ihn anderen gegenüber zu erklären, hat man einen klaren, leicht wiederzufindenden Weg durch das Netz der Neuronen geschaffen. Unverstandenes Wissen hingegen liegt wahrscheinlich in Fragmenten verstreut in unserem Gehirn. Es vollständig und im richtigen Zusammenhang wiederzufinden ist ungleich aufwendiger.

5. Lokalisation (von lat.: locus = Ort, Stelle) bedeutet die Verortung von Informationen. Während bei der Assoziation Lerninhalte mit bereits vorhandenem Wissen verknüpft werden, wird das zu lernende Material bei der Lokalisation an einem bestimmten Ort in unserer bekannten Umgebung verinnerlicht und kann mithilfe dieser Stelle später wiedergegeben werden. Daraus wurde auch die berühmte, als Loci-Methode bekannte Lernstrategie konstruiert, die später genau erläutert wird.

*6. **Transformation*** steht für Umwandlung und bedeutet, abstrakte Informationen in einprägsamen Lernstoff umzuformen. Ähnlich wie bei der Assoziation funktioniert das am besten, indem man unbekannte Lerninhalte mit persönlichen Erfahrungen und Erlebnissen verknüpfen kann. Beispiel: Ein Apfel der Sorte Granny Smith erinnert an die ältere Nachbarin, „Großmutter Schmidt".

*7. **Visualisation*** beschreibt unsere Fähigkeit, in Gedanken Bilder vor unserem geistigen Auge entstehen zu lassen. Und Bilder kann sich unser Gehirn ausgesprochen gut merken. Die Information und das dazugehörige Bild werden direkt im Geiste verknüpft und abgespeichert. Dass wir das Stück Pizza in der Fußgängerzone mit einem Schwan bezahlt haben – der Schwan hat die Form der Ziffer 2 –, brennt sich viel stärker ins Gedächtnis als die Vorstellung, mit einem 2-Euro-Stück bezahlt zu haben.

Für einen noch stärkeren Einprägeeffekt könnte man auch noch weitere Sinne einsetzen. Im Geiste ließen sich ebenfalls Gerüche und Geräusche mit Lerninhalten verknüpfen.

II. Gedächtnistricks

Da Sie nun die Prinzipien des effektiven Merkens kennen, könnten Sie sich auch schon ans Trainieren machen. Über 270 Übungen geben Ihnen jede Menge Gelegenheiten, sich im „Gedankenbilder-Malen" und „Eselsbrücken-Bauen" zu üben. Dennoch wollen wir Ihnen noch einige speziellere Methoden aufzeigen.

Gesichter und Namen unverwechselbar einprägen

A. Gesichter und Vornamen

Für das sichere Merken von Vornamen haben sich visuelle Zuordnungen bewährt. Exemplarisch haben wir hier die beliebtesten Vornamen 2007 aufgelistet und ihnen je ein Mentalbild zugeordnet. (Selbstverständlich können Sie beliebige andere Beispiele wählen, die Ihnen besser gefallen.)

Jungen	*Fantasiebild*
Leon	→ Löwe
Maximilian	→ Riese
Alexander	→ Alexander der Große
Paul	→ Paulus
Luca	→ Luca Toni
Lukas	→ hau den Lukas
Felix	→ vierblätt. Kleeblatt (Glück)
Elias	→ Jahwe, mein Gott
David	→ kämpft gegen Goliath
Jonas	→ (bedeutet) Taube

Mädchen	*Fantasiebild*
Marie	→ Marienkäfer
Sophie	→ Sofa
Maria	→ Mutter Jesu
Anna	→ Gnade
Leonie	→ Löwenmutter
Lena	→ Lenin
Johanna	→ Päpstin
Charlotte	→ Passiermühle „flotte Lotte“
Hannah	→ Anna Kournikova zwischen zwei H
Sophia	→ Weisheit

Wenn Sie sich eine Person und deren Vornamen merken wollen, verknüpfen Sie im Geiste das Gesicht der Person mit dem Fantasiebild des Vornamens.

B. Gesichter und Nachnamen

Bei Nachnamen wird es natürlich oft schwieriger. Einen Herrn Bäcker kann man sich sehr nachhaltig einprägen, wenn man sich beim Anblick seiner geschwungenen Wangen einen Hefezopf vorstellt und seine grauen Haare mit Mehl bestreut sind. Bei einer Frau Hilfinger könnten Sie es spontan mit „Hilfe! Finger!“ versuchen und sich dabei eine lustige Version mit einem Schwarm von Fingern (analog etwa zu Hitchcocks „Vögeln“) ausmalen, die Sie angreifen, worauf Sie eben „Hilfe! Finger!“ schreien. Dabei stellen Sie sich vor, wie auch an Frau Hilfingers Haaren Finger hängen. Sie finden die Vorstellung nicht schön? – Den Luxus, so lange zu überlegen, bis einem eine schöne Eselsbrücke einfällt, kann man sich oft nicht erlauben. Meist werden Sie über jeden noch so abwegigen und verrückten Gedanken froh sein, der Ihnen beim Merken hilft.

Beim Einprägen von Namen ist es noch wichtig, sich die genaue Schreibweise gut anzusehen. Eine noch so verrückte Eselsbrücke kann Ihnen meist nur einen Hinweis auf den Namen geben, damit Ihnen dieser wieder einfällt. Für die exakte Schreibweise müssen Sie dann vor Augen haben, wie dieser Name aussieht. Theoretisch könnten auch für die Schreibweise Gedächtnisstützen konstruiert werden, doch das wäre wohl zu viel des Guten.

Mit diesem einfachen System werden Sie Zahlen nie mehr vergessen oder verwechseln

Es gibt sehr viele Methoden, sich Zahlen einfach und sicher einzuprägen. Die wohl berühmteste und effektivste ist das sogenannte Masterzahl-System. Dabei wird ein Prinzip eingesetzt, das es ermöglicht, kurze Ziffernfolgen in Wörter zu transformieren – und umgekehrt: Aus den so erzeugten Wörtern lassen sich die Zahlen rekonstruieren.

Zunächst wird jeder Ziffer von 0 bis 9 ein Laut bzw. ein Konsonant zugeordnet. Die folgende Tabelle zeigt dies übersichtlich aufgelistet. Diese sollten Sie auswendig lernen; sie ist die Grundlage dieses Systems. Wenn Sie sich diese eingeprägt haben, lässt sich alles Weitere daraus ableiten.

Ziffer	*Konsonant/Laut*	*Merktipp*
0	➛ s, ß, z, (weiches) c	**Z**ero ist null
1	➛ d, t	**T**op steht für eins
2	➛ n	„n" hat **zwei** „Füßchen"
3	➛ m	„m" hat **drei** „Füßchen"
4	➛ r	Auto hat vier **R**äder
5	➛ l	L ist die griechische **5**0
6	➛ sch, ch, (weiches) g, j	Note Sechs ist **sch**lecht
7	➛ k, g, ck, q, (hartes) g	Sieben**k**ampf
8	➛ f, ph, v, w	8 ist ein **W**achmännchen
9	➛ b, p	Neun ähnelt dem gedrehten **b**

Aus Ziffern bzw. Zifferngruppen lassen sich nun Wörter bilden, da den jeweiligen Konsonanten beliebige Vokale (und stimmlose Buchstaben) angefügt werden dürfen. Aus der **17** beispielsweise konstruieren wir mit diesem System eine **Theke** oder aus der **68** ein **Schiff**.

Ein Praxisbeispiel: Die Zahl **4316** soll schnell im Langzeitgedächtnis verankert werden. Wir nehmen dafür die den Ziffern 4 und 3 zugeordneten Laute R und M und bilden mithilfe beliebiger Vokale ein Wort, etwa „Rum". Aus den anderen beiden Ziffern 1 und 6 – also den Lauten T und Sch – bilden wir einen „Tisch". Man stelle sich nun bildhaft vor – mit möglichst vielen Sinnen –, wie dieser Rum auf dem Tisch steht. Wenn diese Zahl Ihre Geheimnummer für den Geldautomaten wäre, könnten Sie sich beispielsweise vorstellen, wie neben dem Automaten ein einladender Tisch mit einer (leckeren oder auch stinkenden) Flasche Rum stände.

Hier sehen Sie eine Liste der ersten hundert Zahlen (0 bis 99) und ihrer Masterwörter (diese Liste wird übrigens auch von Gedächtnismeistern verwendet). Stören Sie sich nicht an dem einen oder anderen unschönen Wort. Es soll lediglich den Zweck einer möglichst unverwechselbaren Anschaulichkeit erfüllen.

Zahl	*Masterwort*	*Zahl*	*Masterwort*	*Zahl*	*Masterwort*	*Zahl*	*Masterwort*
0	➛ Sau	10	➛ Tasse	20	➛ Nase	30	➛ Maus
1	➛ Tee	11	➛ Tüte	21	➛ Niete	31	➛ Matte
2	➛ Noah	12	➛ Tanne	22	➛ Nonne	32	➛ Mine
3	➛ Mai	13	➛ Dom	23	➛ Name	33	➛ Mama
4	➛ Reh	14	➛ Tor	24	➛ Narr	34	➛ Meer
5	➛ Leo	15	➛ Tal	25	➛ Nil	35	➛ Mehl
6	➛ Schuh	16	➛ Tisch	26	➛ Nische	36	➛ Masche
7	➛ Kuh	17	➛ Theke	27	➛ Nike	37	➛ Mücke
8	➛ Pfau	18	➛ Topf	28	➛ Napf	38	➛ Mafia
9	➛ Po	19	➛ Taube	29	➛ Nabe	39	➛ Mappe

Zahl	*Masterwort*	*Zahl*	*Masterwort*	*Zahl*	*Masterwort*	*Zahl*	*Masterwort*
40	➛ Rose	50	➛ Lasso	60	➛ Schuss	70	➛ Käse
41	➛ Ratte	51	➛ Latte	61	➛ Schutt	71	➛ Kette
42	➛ Ren	52	➛ Leine	62	➛ Schiene	72	➛ Kanne
43	➛ Rum	53	➛ Lama	63	➛ Schaum	73	➛ Kamm
44	➛ Rohr	54	➛ Lehre	64	➛ Schere	74	➛ Karre
45	➛ Rolle	55	➛ Lolli	65	➛ Schal	75	➛ Keule
46	➛ Rauch	56	➛ Leiche	66	➛ Schach	76	➛ Koch
47	➛ Reck	57	➛ Lack	67	➛ Scheck	77	➛ Kacke
48	➛ Riff	58	➛ Lava	68	➛ Schiff	78	➛ Kaffee
49	➛ Rabe	59	➛ Lupe	69	➛ Scheibe	79	➛ Kippe

Zahl	*Masterwort*	*Zahl*	*Masterwort*
80	➛ Vase	90	➛ Pass
81	➛ Watte	91	➛ Bett
82	➛ Föhn	92	➛ Bahn
83	➛ WM	93	➛ Baum
84	➛ Feuer	94	➛ Paar
85	➛ Falle	95	➛ Ball
86	➛ Fisch	96	➛ Pech
87	➛ Waage	97	➛ Backe
88	➛ Waffe	98	➛ Bifi
89	➛ Wippe	99	➛ Baby

So merken Sie sich Listen und Reihenfolgen

Die Methode, die wir Ihnen jetzt vorstellen, nennt sich Routen-Methode. Sie eignet sich immer dann, wenn wir uns mehrere Informationen in einer bestimmten Reihenfolge merken müssen. Ein durchschnittlich begabter Mensch könnte sich damit in wenigen Minuten eine 40-stellige Zahl einprägen und diese mitten in der Nacht, wenn man ihn weckt, rückwärts wiedergeben – zum Beispiel 6532510541085697848538015249636905023187. Halten Sie das für möglich? – Durchaus. Dafür bedarf es ein wenig Vorbereitung und etwas Fantasie.
Das Hauptmerkmal dieser Methode ist die imaginäre Verknüpfung von bildlichen Informationen (das, was Sie sich einprägen wollen) mit vorher festgelegten Routenpunkten.

Eine Route sollten Sie möglichst für sich selbst entwickeln. Hierfür müssen Sie einen Ablauf finden, dessen Stationen Sie nicht leicht verwechseln können. Eine beliebte Möglichkeit bietet die eigene Wohnung oder das eigene Haus.

Beispielroute mit 20 Punkten:
Sie beginnen an der Eingangstür (1), stoßen dann auf den gusseisernen Schirmständer (2), gehen weiter in die Küche zur Spüle (3), danach zum Herd (4) und schließlich zum Kühlschrank (5). Nach der Küche geht es in den Wintergarten mit seinem Rattantisch (6) und einem herrlichen Rattansessel (7). Von dort aus kommen Sie ins Wohnzimmer. Zunächst steht da die riesige Zimmerpalme (8), ein paar Schritte weiter ist das Sofa (9), davor der dicke Teppich (10) mit dem Glastisch (11) darauf. Gegenüber hängt der beeindruckende Großbildschirm (12) an der Wand. Daneben steigt eine wunderschöne Holztreppe (13) ins Obergeschoss empor. Sie gehen hinauf und befinden sich auf der Galerie, wo Sie sich am Geländer (14) abstützen. Die nächsten Schritte führen Sie links ins Schlafzimmer ans große Doppelbett (15), von dort in den begehbaren

Kleiderschrank (16) und weiter ins geräumige Elternbadezimmer, wo Sie an der Dusche (17), dann am Doppelwaschbecken (18) und an der Badewanne (19) vorbeigehen und schließlich vor der (20) Sauna stehen.

Dinge, die Sie in einer festen Reihenfolge lernen müssen, können Sie nun gedanklich an diese Route knüpfen.

Wie merkt man sich nun die 40-stellige Zahl 6532510541085697848538015249636905023187?
Ganz einfach mit einer Geschichte und somit der Kombination der Techniken Transformation und Lokalisation: Sie kommen nach Hause, ein eingeklemmter Schal (65) hängt an der Eingangstür nach außen. Im Schirmständer explodiert eine Mine (32), sodass alle Schirme verbogen und kaputt sind. In der Spüle liegt eine Holzlatte (51). Wahrscheinlich wollte Ihr kleiner Sohn sie dort waschen. Auf der heißen Herdplatte hockt Löwe Leo (05) und genießt die Hitze, die bereits sein Fell ansengt. Beim Blick in den Kühlschrank erschrecken Sie, da sich dort eine Ratte (41) versteckt hält. Auf dem Rattantisch steht ein stolzer Pfau (08) mit seinem farbenprächtigen Rad. Im Rattansessel liegt eine Leiche (56). Als Sie an der Zimmerpalme vorbeigehen, streifen Sie mit Ihrer Backe (97) eines ihrer Blätter und haben nun einen kleinen, roten Kratzer im Gesicht. Das Sofa steht in Flammen (84), und auf dem Teppich treten Sie in eine Mausefalle (85). Der Glastisch wurde von der Mafia (38) zerschossen, und aus Ihrem großen TV-Bildschirm grunzt Ihnen eine Sau (01) entgegen. Auf der Treppe stolpern Sie über eine Wäscheleine (52), die Sie dort versehentlich liegen ließen, und oben am Geländer hockt ein schwarzer Rabe (49) und lacht darüber. Im Schlafzimmer ist das Doppelbett voller Schaum (63), und der begehbare Kleiderschrank ist neuerdings mit einer Scheibe (69) verschließbar. Die Dusche ist wieder belegt vom Löwen Leo (05), und am Doppelwaschbecken putzt sich Noah (02) nach seiner langen Reise auf der Arche die Zähne.

Vor der Badewanne liegt eine neue Fußmatte (31), die Sie genüsslich mit nackten Füßen betreten, und in der Sauna liegt eine Waage (87), auf der man seinen Gewichtsverlust prüfen kann.

Da Bilder um ein Vielfaches leichter im Gedächtnis haften, können wir uns auch ein Vielfaches an Informationen merken, indem wir sie verbildlichen. Dies ist hier bei dieser Zahl geschehen.

Gedächtnistraining ist Fantasietraining

Das Ziel des Gedächtnistrainings ist, neu zu Lernendes möglichst schnell ins Langzeitgedächtnis zu überführen. Und das geschieht am effektivsten mittels fantasievoller Bilder. Versuchen Sie also bei den Aufgaben, möglichst viele Eselsbrücken zu bauen. Mit zunehmender Übung kommen Ihnen Einfälle schneller und vielfältiger in den Sinn. Je verrückter, bunter, lustiger oder sonderbarer die Gedächtnisstützen werden, die Sie sich dabei ausdenken, desto besser.

In diesem Sinne: Freuen Sie sich auf das Training. Sie werden begeistert sein, wie schnell Sie mit diesen Übungen Ihre Gedächtnisleistung steigern können.

III. So trainieren Sie optimal

Anhand einiger konkreter Beispiele wollen wir Ihnen hier verdeutlichen, mit welch unterschiedlichen Herangehensweisen Sie beim Gedächtnistraining arbeiten können.

Beispiel, Aufgabe 1: Hier sollen Sie Fantasiewörter zu bestimmten Bildern lernen.

Bam

→ ***So merkt es sich der Profi!***

Bam beginnt mit denselben Buchstaben wie Bagger. In Aktion macht diese Maschine ein lautes „BAM!“.

Beispiel, Aufgabe 4: Hier sollen Sie sich auf einer Landkarte die Regionen und deren Namen einprägen.

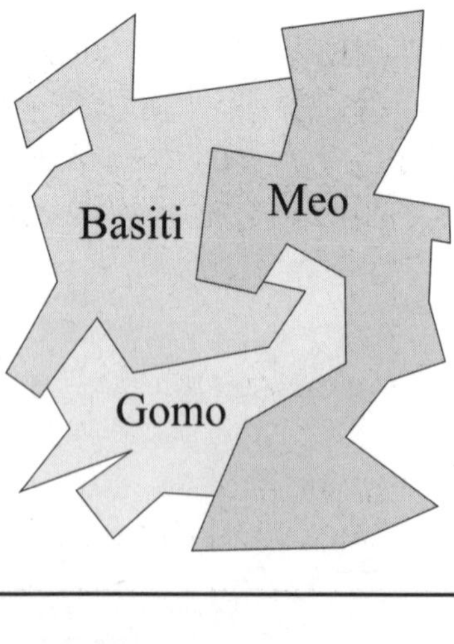

→ ***So merkt es sich der Profi!***

Die Region Gomo hat die Form eines Dinosauriers. Und Gomo könnte die Kurzform für „Godzilla-Monster“ sein.

Beispiel, Aufgabe 6, Teil b: Hier sollen Sie sich eine Reihe von Bildern merken.

1 2 3

→ ***So merkt es sich der Profi!***

Am besten erfinden Sie hier eine Geschichte: Sie verschütten etwas Tee aus der Kanne und verteilen die kleine Pfütze mit dem Besen auf dem Boden. In der Eile stoßen Sie dabei die Lampe um, die dabei zu Bruch geht.

Beispiel, Aufgabe 14: Hier sollen Sie sich eine Einkaufsliste merken.

→ ***So merkt es sich der Profi!***

Sie nehmen ein Stück Butter (frisch aus dem Butterfass) und geben es Trio (Musikergruppe mit dem Hit „Da, da, da", steht für 3), die gerade Joghurt essen und dabei Erdbeeren auf dem Kopf haben. Danach steigen Sie auf einen 10-Meter-Turm und werfen Eier hinunter. Anschließend fischen Sie Tomaten mit einem Angelhaken (der die Form einer 5 hat) aus dem Becken. Am Ende lassen Sie das Wasser ab und machen alles mit Spülmittel sauber.

Beispiel, Aufgabe 18: Hier sollen Bilder in Zusammenhang mit Buchstaben gebracht werden.

H Ü N T

→ ***So merkt es sich der Profi!***

H: Hier schauen die Personen ***hoffnungsvoll*** in die Zukunft.
Ü: Die Frau blickt sehr ***überheblich***.
N: Dieses Bild zeigt einen *Nachbarschaftstratsch*.
T: Die Krawatte und der Mund des Herrn bilden den Buchstaben T.

Gedächtnistraining

Schritt 1

Diese erste Trainingsstufe ist sehr leicht gehalten. Hier können Sie sich sozusagen warmlaufen, die Aufgabenarten kennenlernen und – falls Sie schon längere Zeit nicht mehr mit Lernstoff konfrontiert waren – sich an die geistige Disziplin des Lernens und Behaltens wieder gewöhnen.

Wichtig! Sie dürfen sich für eine Aufgabe ruhig mehrere Minuten Zeit nehmen. Setzen Sie sich zumindest am Anfang noch nicht unter Druck. Haben Sie Spaß am Spiel mit der Fantasie, wenn Sie sich etwas einprägen. Denn: Am schnellsten gelangen neue Informationen mittels fantasievoller Verknüpfungen ins Gedächtnis!

1a Fantasiesprache lernen

Prägen Sie sich zu den folgenden Bildern die jeweiligen Fantasiebezeichnungen ein. Blättern Sie dann um und lösen Sie auf der Rückseite die Aufgabe.

Bam

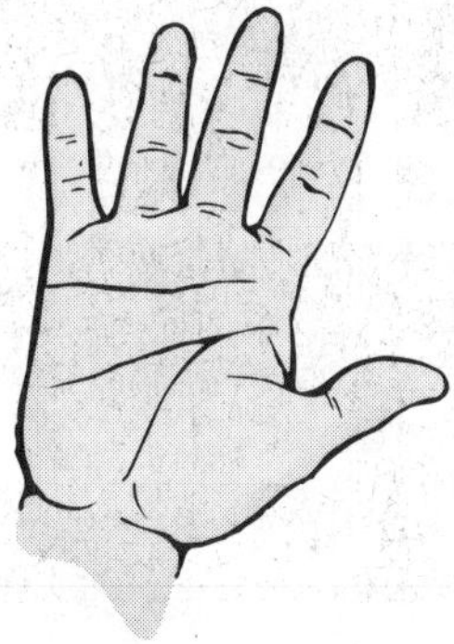

Flin

Krab

Kor

1b Fantasiesprache lernen

Haben Sie sich alle Vokabeln gemerkt? Tragen Sie hier die fehlenden Bezeichnungen der jeweiligen Gegenstände ein.

Kraub

BAM

Kort

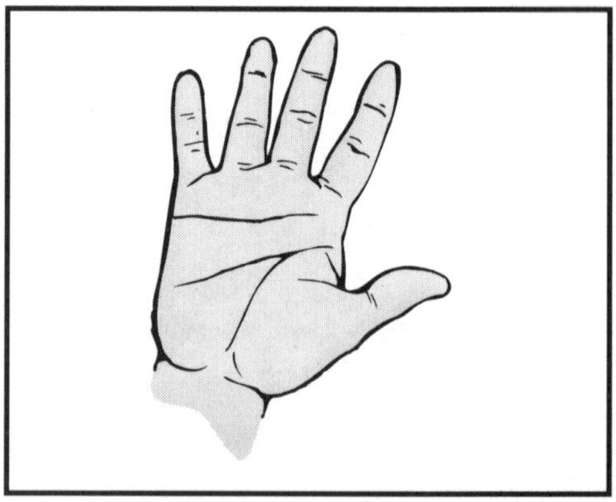

Flim

2a Personengedächtnis

Sehen Sie sich diese Dame eine Minute lang gut an und prägen Sie sich auch die Details möglichst genau ein.

2b Personengedächtnis

Wenn Sie sich das Aussehen der Dame gut eingeprägt haben, können Sie nun sicher die Fragen dazu beantworten.

1. Hat die Frau eine Brille?

   Antwort: [illegible]

2. Sind ihre Haare kurz, schulterlang oder länger?

   Antwort: Sch

3. Wie könnte man ihren Gesichtsausdruck beschreiben: ernst, freundlich oder traurig?

   Antwort: fr.

4. Befindet sie sich draußen oder in einem Raum?

   Antwort: drau

5. Trägt die Frau einen Mantel oder ein Hemd?

   Antwort: Hem

3a Gegensätzliche Begriffe

Prägen Sie sich folgende zehn Begriffspaare ein. Beachten Sie dabei die gegenteilige Bedeutung der Wörter. Blättern Sie anschließend um.

kurz	↔	lang
Diktatur	↔	Demokratie
krumm	↔	gerade
Kraft	↔	Schwäche
Ziel	↔	Start
bescheiden	↔	gierig
fleißig	↔	faul
sauber	↔	verschmutzt
Qual	↔	Vergnügen
mutig	↔	ängstlich

3b Gegensätzliche Begriffe

Tragen Sie den jeweils fehlenden Begriff ein.

kurz	↔	
	↔	Demokratie
krumm	↔	
	↔	Schwäche
Ziel	↔	
	↔	gierig
fleißig	↔	
	↔	verschmutzt
Qual	↔	
	↔	ängstlich

4a Landkarte

Sie befinden sich auf einer Insel, die in drei Gebiete eingeteilt ist, und wollen sich möglichst schnell zurechtfinden. Merken Sie sich dafür Namen und Form der Regionen. Überprüfen Sie anschließend auf der Rückseite, wie genau Sie sich dies eingeprägt haben.

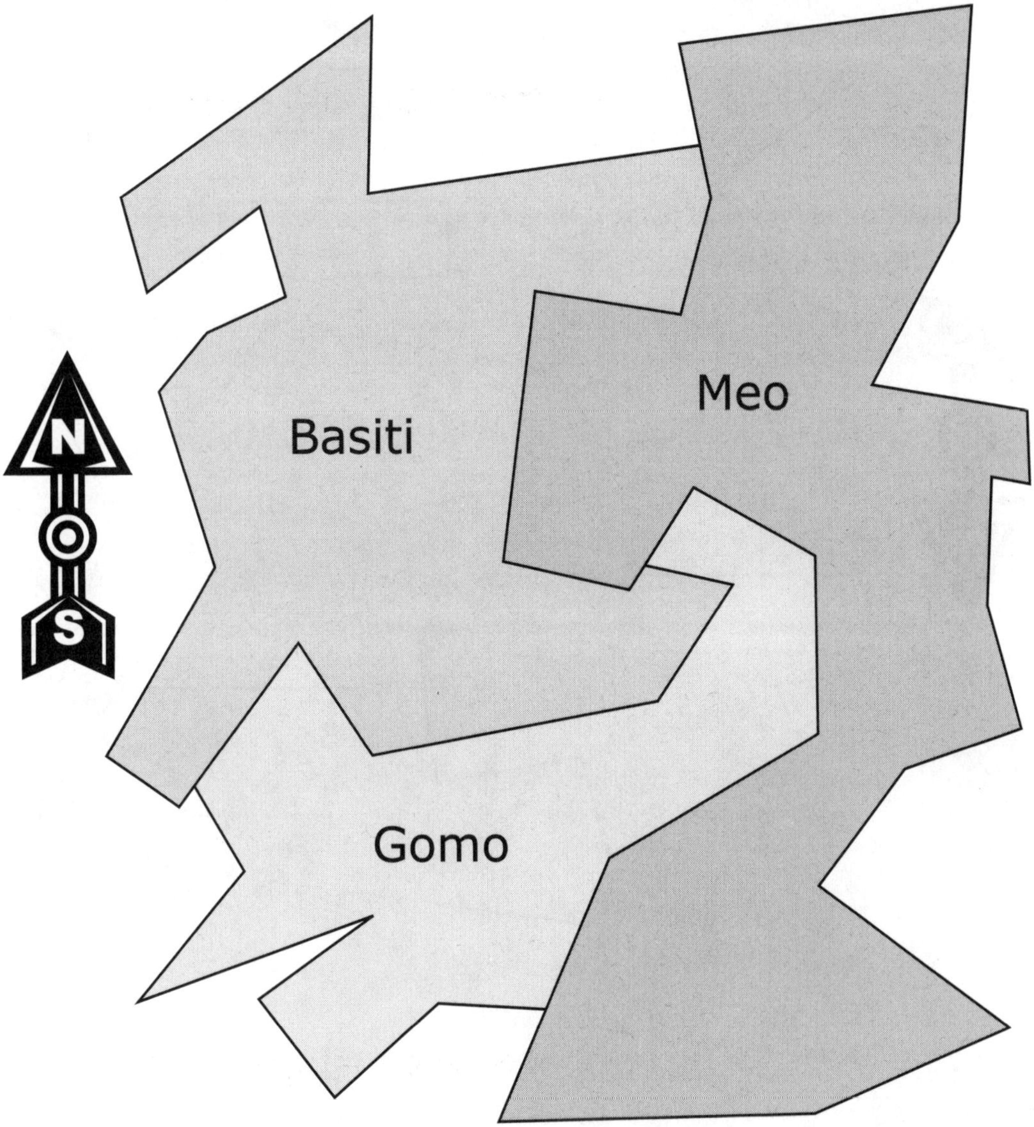

4b Landkarte

Die Insel zeigt sich hier aus einer anderen Perspektive. Erkennen Sie die Gebiete wieder? Wie heißen sie?

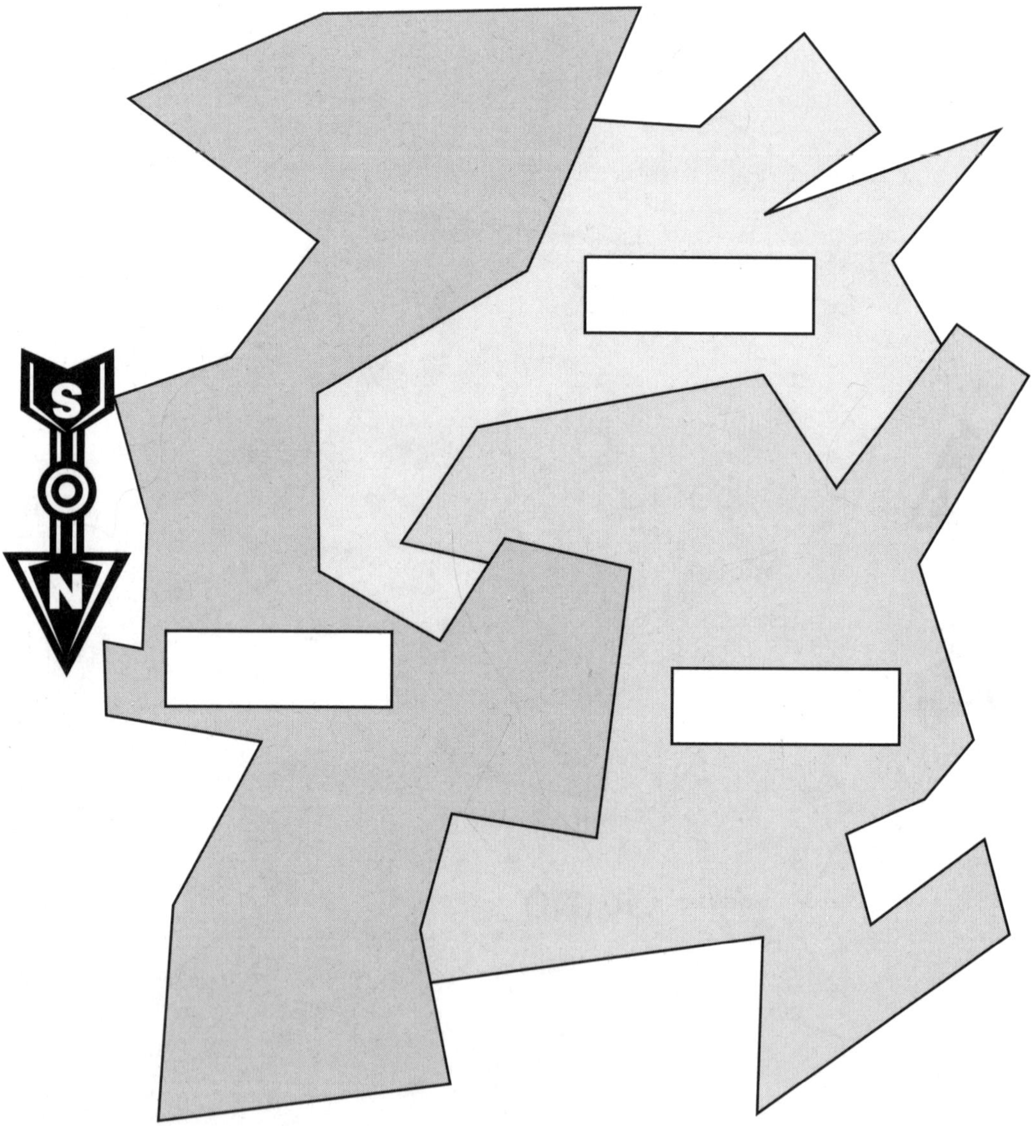

5a Route merken

Sehen Sie sich den Wegverlauf von A nach B gut an. Auf der Rückseite sollen Sie diesen aus dem Gedächtnis nachzeichnen.

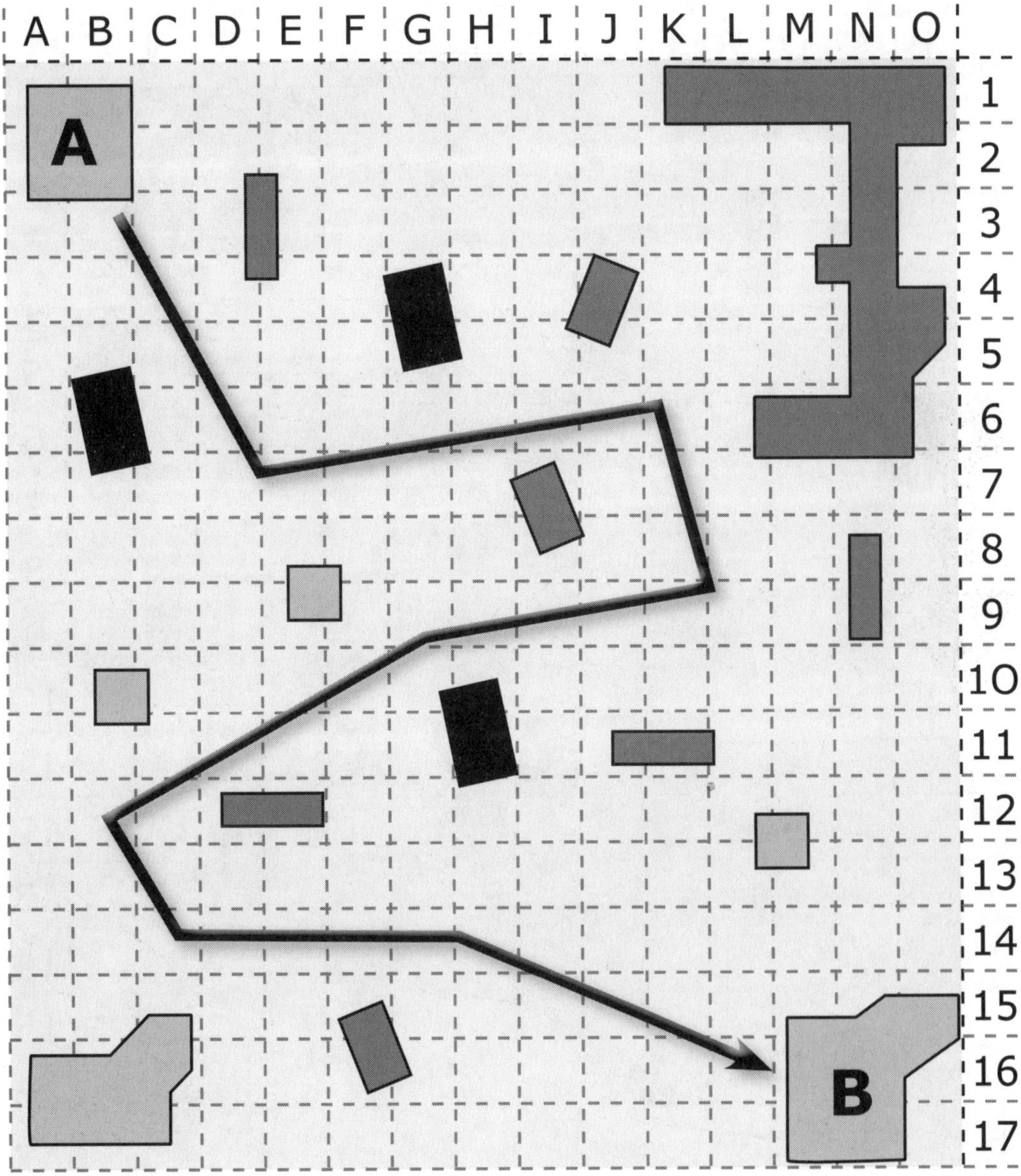

5b Route merken

Finden Sie auf dem gleichen Weg von A nach B? Können Sie ihn aus dem Gedächtnis einzeichnen?

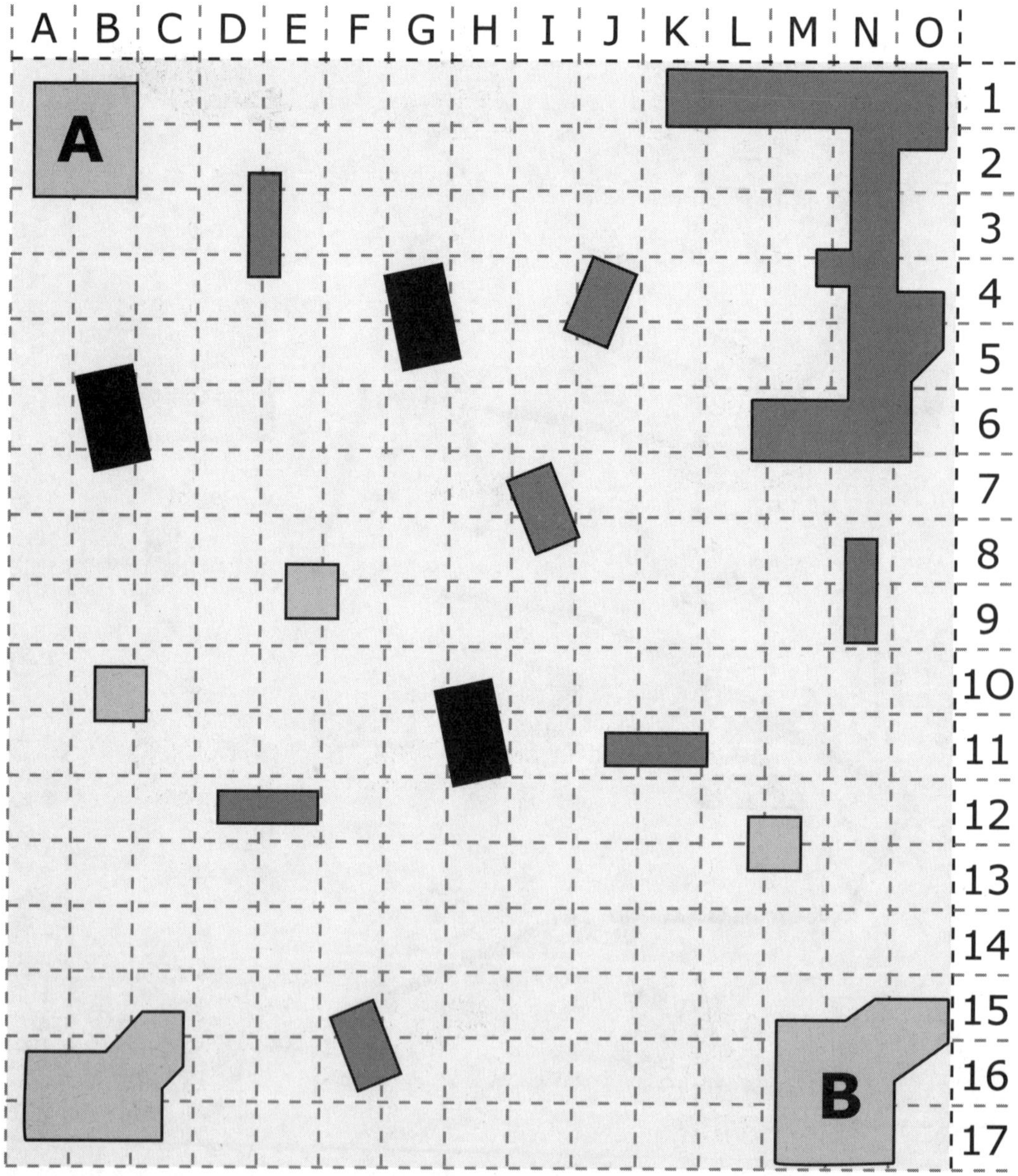

6a Bildreihen merken

Je drei Bilder sollen Sie sich pro Teilaufgabe einprägen. Blättern Sie dann jeweils um und überprüfen Sie Ihre Merkfähigkeit.

a)

1

2

3

b)

1

2

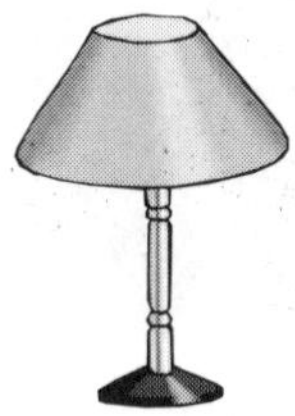
3

c)

1

2

3

d)

1

2

3

6b Bildreihen merken

Hier sind in jeder Reihe zwei von den jeweils drei Bildern dargestellt. Können Sie herausfinden, welches fehlt? Tragen Sie die entsprechende Feldnummer ins leere Kästchen ein.

a)  

b)  

c)  

d)  

7a Anordnungen merken

Prägen Sie sich jeweils einen Kasten (beginnend mit der Nummer 1) kurz ein. Dann blättern Sie um und suchen auf der Rückseite nach dem Kasten mit der gleichen Bilderanordnung.

1

2

3

4

7b Anordnungen merken

Finden Sie hier jeweils den Kasten, den Sie sich auf der Vorderseite eingeprägt haben, und tragen Sie die entsprechende Nummer ins leere Feld ein.

8a Schreibtischschläfer

Prägen Sie sich die Buchstaben in diesem Bild gut ein. Merken Sie sich auch deren Position, denn auf der Rückseite sollen Sie die Buchstaben aus dem Gedächtnis eintragen.
Hier kann Ihre Fantasie voll zum Einsatz kommen. Wäre beispielsweise der Buchstabe am Kopf der Frau ein A, könnten Sie sich dort einen **A**pfel vorstellen.

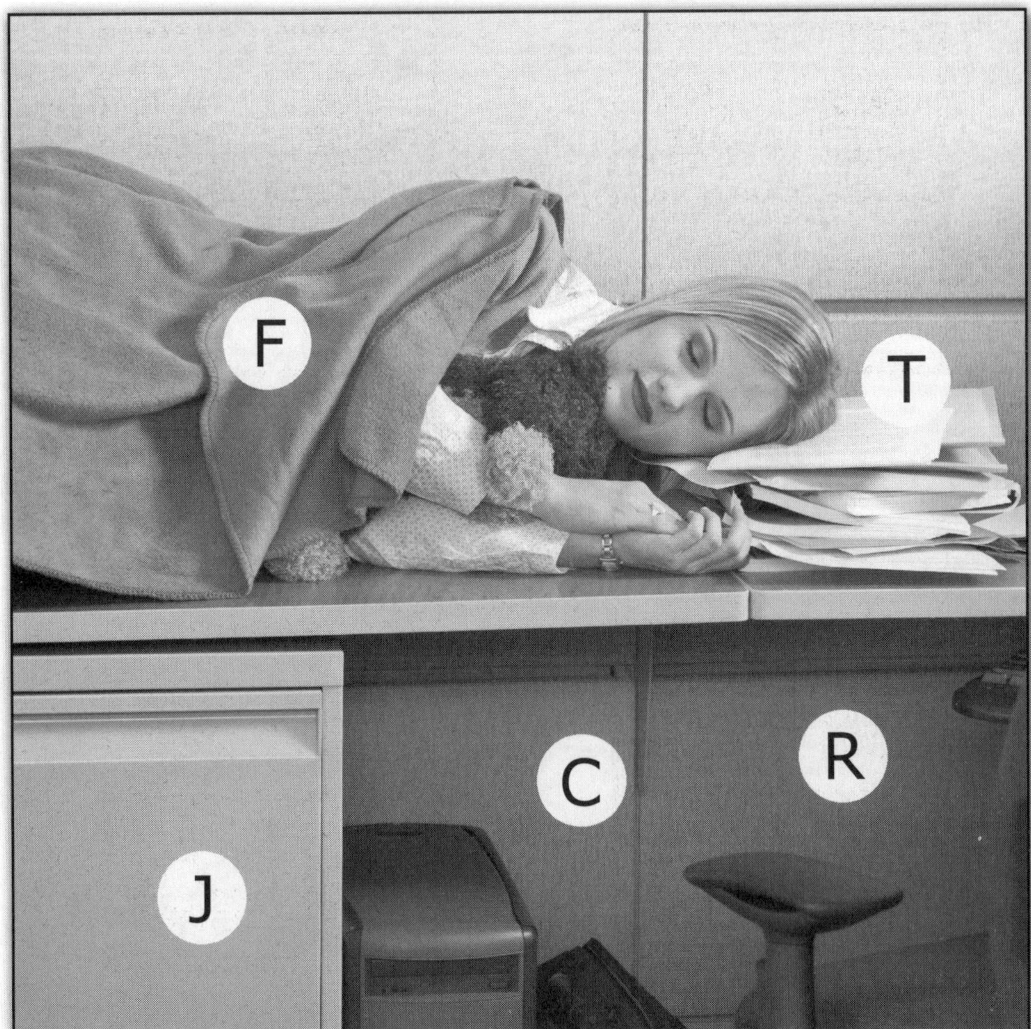

8b Schreibtischschläfer

Tragen Sie hier die Buchstaben ein, die Sie sich auf der Vorderseite eingeprägt haben. Beachten Sie, dass das Bild nun gespiegelt ist.

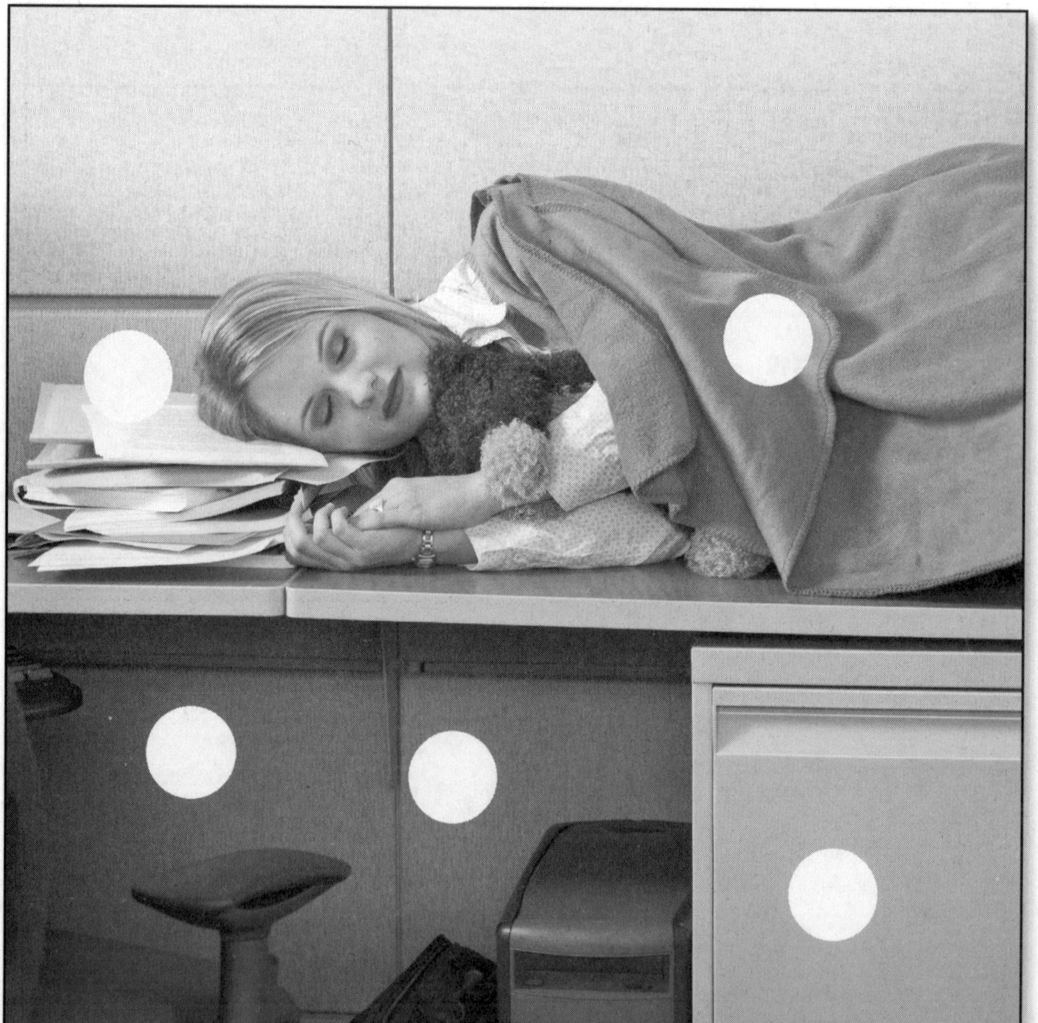

9a Rechnen mit Bildern

Diese Übung enthält die beiden Aufgaben 1 und 2. Prägen Sie sich zunächst die Bilder und die dazugehörenden Zahlen ein. Nehmen Sie sich dafür jeweils maximal zwei Minuten Zeit und blättern Sie dann um auf die Rückseite.

1

= 4

= 1

= 7

2

= 11

= 9

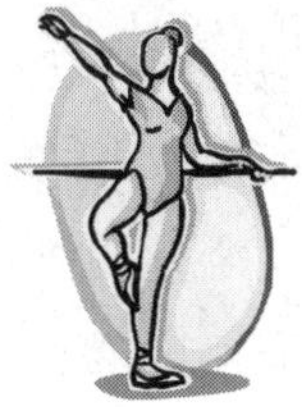
= 2

9b Rechnen mit Bildern

Berechnen Sie folgende Aufgaben, indem Sie gedanklich die Bilder durch die zugehörigen Zahlen austauschen.

1

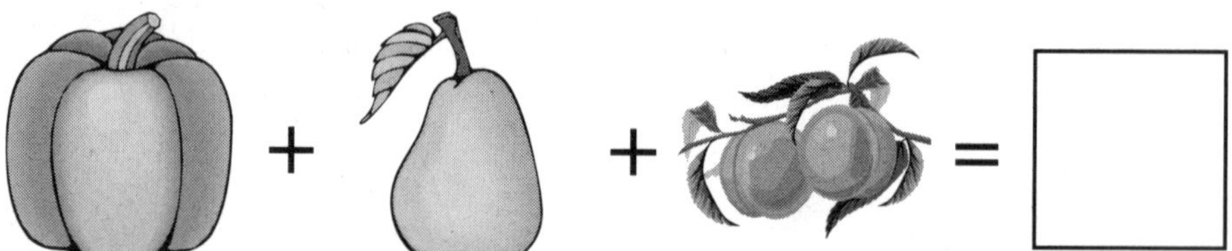

2

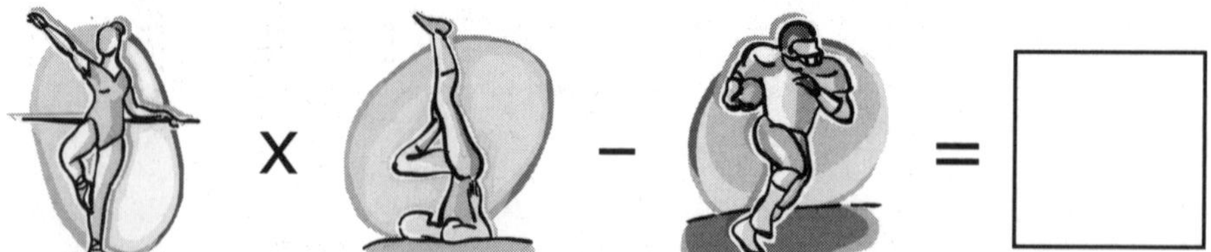

10a Sprüche merken

Sie sehen hier zwei Bilder, in die je ein Zitat hineingeschrieben wurde. Darunter erscheint jeweils der Name des Urhebers. Prägen Sie sich diese Seite gut ein und blättern Sie dann um.

Deng Xiaoping

Salvador Dalí

10b Sprüche merken

Tragen Sie hier die Zitate in die entsprechenden Bilder sowie darunter deren Verfasser ein.

11a Schwarze Flecken

Sehen Sie sich dieses Fleckenfeld an und merken Sie sich das Muster. Erinnert Sie dieses Bild möglicherweise an etwas? Versuchen Sie, fantasievolle Eselsbrücken zu bauen.
Blättern Sie dann um. Auf der Rückseite sollen Sie die schwarzen Bereiche wiederfinden.

11b Schwarze Flecken

Erinnern Sie sich, welche Bereiche schwarz waren? Vielleicht dachten Sie bei diesem Bild an ein Tier oder an einen Golfplatz, und es fällt Ihnen daher leichter, die ursprünglich schwarzen Bereiche zu bestimmen. Malen Sie diese aus, sodass die Darstellung aussieht wie die auf der Vorderseite.

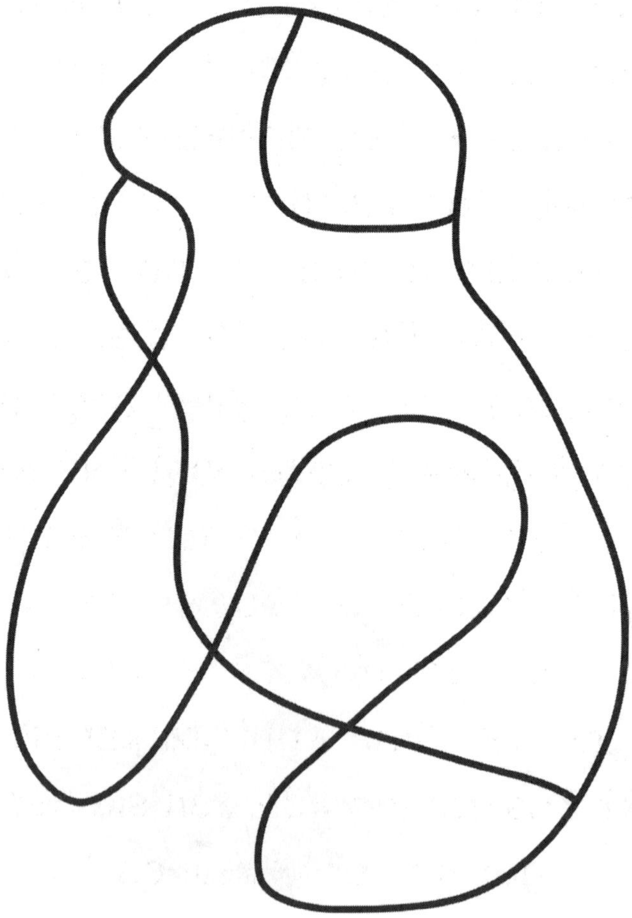

12a Jugendhelden

Lesen Sie diesen Text einmal in Ruhe durch. Stellen Sie sich jede dort erwähnte Person und auch sonst alles bildlich vor. Merken Sie sich auf diese Weise möglichst viel.

„Asterix und Obelix lebten zur Zeit des alten Roms. Daher konnten sie leider nie auf Pippi Langstrumpf treffen und mit ihr spielen. Eine Gemeinsamkeit ist ihre Vorliebe für besondere Haustiere. Idefix, der kleine weiße Hund von Obelix, hat ein Herz für Bäume: Wird einer gefällt, heult er herzzerreißend. Pippi dagegen teilt sich ihre Villa Kunterbunt mit dem Affen Herr Nilsson und dem getupften Pferd Kleiner Onkel, das sie gerne mal hochhebt, um es auf die Veranda zu tragen. Ob Pippi wohl stärker ist als Obelix? Zusammen könnten sie bestimmt gut Römer verhauen."

12b Jugendhelden

Versuchen Sie nun, folgende Fragen zum Text zu beantworten.

1. Zu welcher Zeit lebten Asterix und Obelix?

   Antwort: altes Rom

2. Wann bzw. warum heult Idefix?

   Antwort:

3. Welchen Namen hat Pippis Affe?

   Antwort: Herr Nilsson

4. Wer ist Kleiner Onkel?

   Antwort: ein Pferd

13a Familie Müller

Können Sie sich diesen Familienstammbaum einprägen? Stellen Sie sich die Beziehungen untereinander möglichst lebendig vor, etwa wie der Ehemann seiner Frau Blumen schenkt oder wie sich die Geschwister zanken usw.

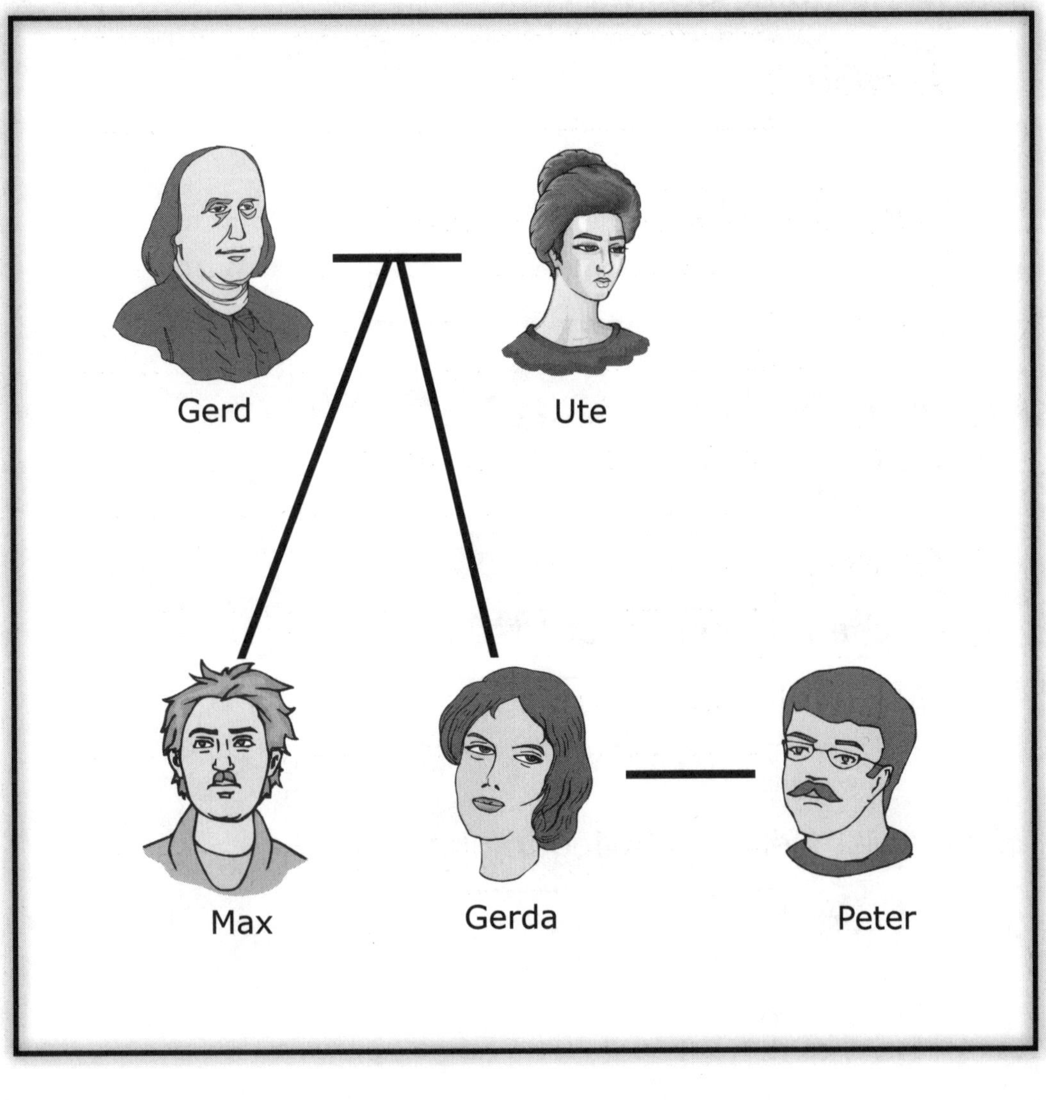

Horizontale Verbindungslinien bedeuten „verheiratet", von oben nach unten verlaufende Linien zeigen Eltern-Kind-Beziehungen an.

13b Familie Müller

Können Sie nun folgende Fragen zur Familie beantworten – natürlich ohne zurückzublättern?

1. Wie viele Kinder hat Ute?

Antwort:

2. Wie heißt Peters Schwager?

Antwort:

3. Wie heißt Gerdas Vater?

Antwort:

4. Welchen Namen trägt Utes Sohn?

Antwort:

5. Wer ist Gerds Schwiegersohn?

Antwort:

14a Einkaufsliste

Prägen Sie sich die Liste mit den darin aufgeführten Gegenständen ein. Blättern Sie dann um.

- ➔ 1 Butter
- ➔ 3 Erdbeerjoghurts
- ➔ 10 Eier
- ➔ 5 Tomaten
- ➔ 1 Spülmittel

14b Einkaufsliste

Erinnern Sie sich daran, was auf der Einkaufsliste stand?
Schreiben Sie alle Artikel in die Liste.

______	____________________
______	____________________
______	____________________
______	____________________
______	____________________

15a 17 + 4

Schauen Sie sich die Karten genau an und merken Sie sich diese gut.

15b 17 + 4

Erinnern Sie sich daran, welche Karten es waren? Malen Sie die Karten aus.

16a Menü

Heute gibt es im Gasthaus folgendes Menü im Angebot:

Vorspeise:
Kartoffelcremesuppe

Hauptspeise:
Schweinelendchen in Rahmsoße mit Kartoffelkroketten

Beilage:
gemischter Salat

Nachspeise:
Vanilleeis mit heißen Himbeeren

Läuft Ihnen schon das Wasser im Mund zusammen? Stellen Sie sich vor, wie gut (oder auch weniger gut) Ihnen die einzelnen Gänge schmecken.

16b Menü

Wissen Sie das heutige Menü noch?

Vorspeise:

Hauptspeise:

Beilage:

Nachspeise:

17a Blumenkuddelmuddel

Ein wahrhaft bunter Strauß: vier Blumensorten in jeweils einer anderen Farbe. Können Sie sich diese vor Ihrem geistigen Auge ausmalen und einprägen?

gelbe Rosen

rote Tulpen

weiße Lilien

violette Gerbera

17b Blumenkuddelmuddel

Wissen Sie noch, welche Blumen (in welcher Farbe) auf der vorherigen Seite genannt wurden?

1. Welche Blumen sind weiß?

Antwort: [illegible] Lilien

2. Welcher Farbe haben die Tulpen?

Antwort: rot

3. Welche Blumen sind violett?

Antwort: Gerbera

4. Welche Farbe haben die Lilien?

Antwort: weiß

5. Welche Blumen sind rot?

Antwort: Tulpen

6. Welche Farbe haben die Rosen?

Antwort: gelb

18a Ähnliche Bilder

Sie sehen hier vier ähnliche Bilder, denen je ein Buchstabe zugeordnet ist. Konzentrieren Sie sich auf die Besonderheit der jeweiligen Darstellung und finden Sie eine Eselsbrücke zwischen Bild und Buchstabe. Blättern Sie dann um.

H

Ü

N

T

18b Ähnliche Bilder

Tragen Sie hier die fehlenden Buchstaben zum jeweiligen Bild ein.

19a Der Patient

Ein Patient kommt zum Arzt. Er klagt über folgende Symptome:

„Herr Doktor!

Ich habe fürchterliche Kopfschmerzen!

Der linke Daumen ziept ein bisschen!

Irgendwie tut auch mein Bauch weh!

Außerdem ist mein rechter Fußknöchel geschwollen!"

Fühlen Sie sich in den Patienten ein und stellen Sie sich ganz konkret vor, wo genau die Beschwerden sind.

19b Der Patient

Wissen Sie noch, über welche Beschwerden unser Patient klagte? Markieren Sie die Stellen, die dem Arzt genannt wurden.

20a Terminkalender

Sie haben in diesem Monat einige wichtige Termine, die Sie nicht vergessen dürfen. Natürlich haben Sie diese im Kalender vermerkt, doch um ganz sicherzugehen, wollen Sie sich die Termine auch fest ins Gedächtnis schreiben.

Montag	Dienstag	Mittwoch	Donnerstag	Freitag	Samstag	Sonntag
			1	2 **Kinder-arzt**	3	4
5	6	7 **Theater**	8	9	10	11
12	13	14	15	16	17 **Ski-ausflug**	18
19	20	21	22	23	24	25
26 **Gabis Geburts-tag**	27	28	29	30	31	

20b Terminkalender

Haben Sie sich die Termine gemerkt? Dann tragen Sie diese in den leeren Kalender ein.

Montag	Dienstag	Mittwoch	Donnerstag	Freitag	Samstag	Sonntag
			1	2	3	4
5	6	7	8	9	10	11
12	13	14	15	16	17	18
19	20	21	22	23	24	25
26	27	28	29	30	31	

21a Sitzordnung

Vier Personen sitzen an einem runden Tisch. Können Sie sich vorstellen, wie sie sich miteinander unterhalten?

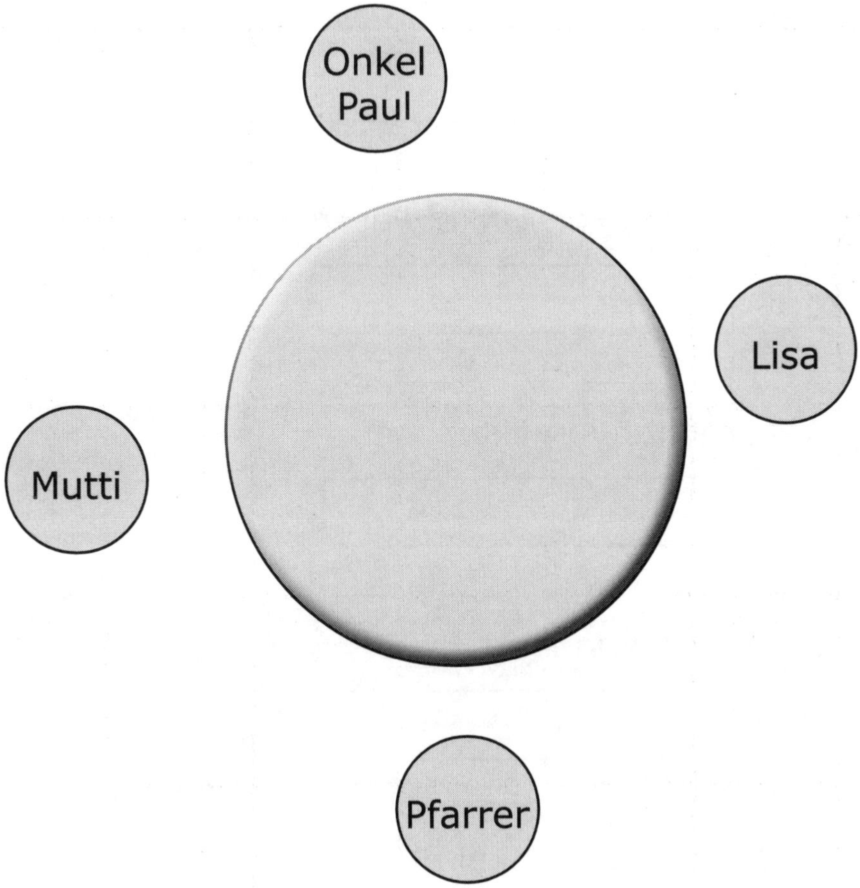

21b Sitzordnung

Können Sie diese Fragen aus dem Gedächtnis beantworten?

1. Wer sitzt rechts von Mutti?

   Antwort:

2. Wer sitzt links vom Pfarrer?

   Antwort:

3. Wer sitzt rechts von Onkel Paul?

   Antwort:

4. Wer sitzt rechts von Lisa?

   Antwort:

5. Wer sitzt links von Mutti?

   Antwort:

6. Wer sitzt links von Onkel Paul?

   Antwort:

22a Bildergruppe

Prägen Sie sich die vier Bilder eines Viertels jeweils gut ein.
Lösen Sie dann die Aufgabe auf der nächsten Seite.

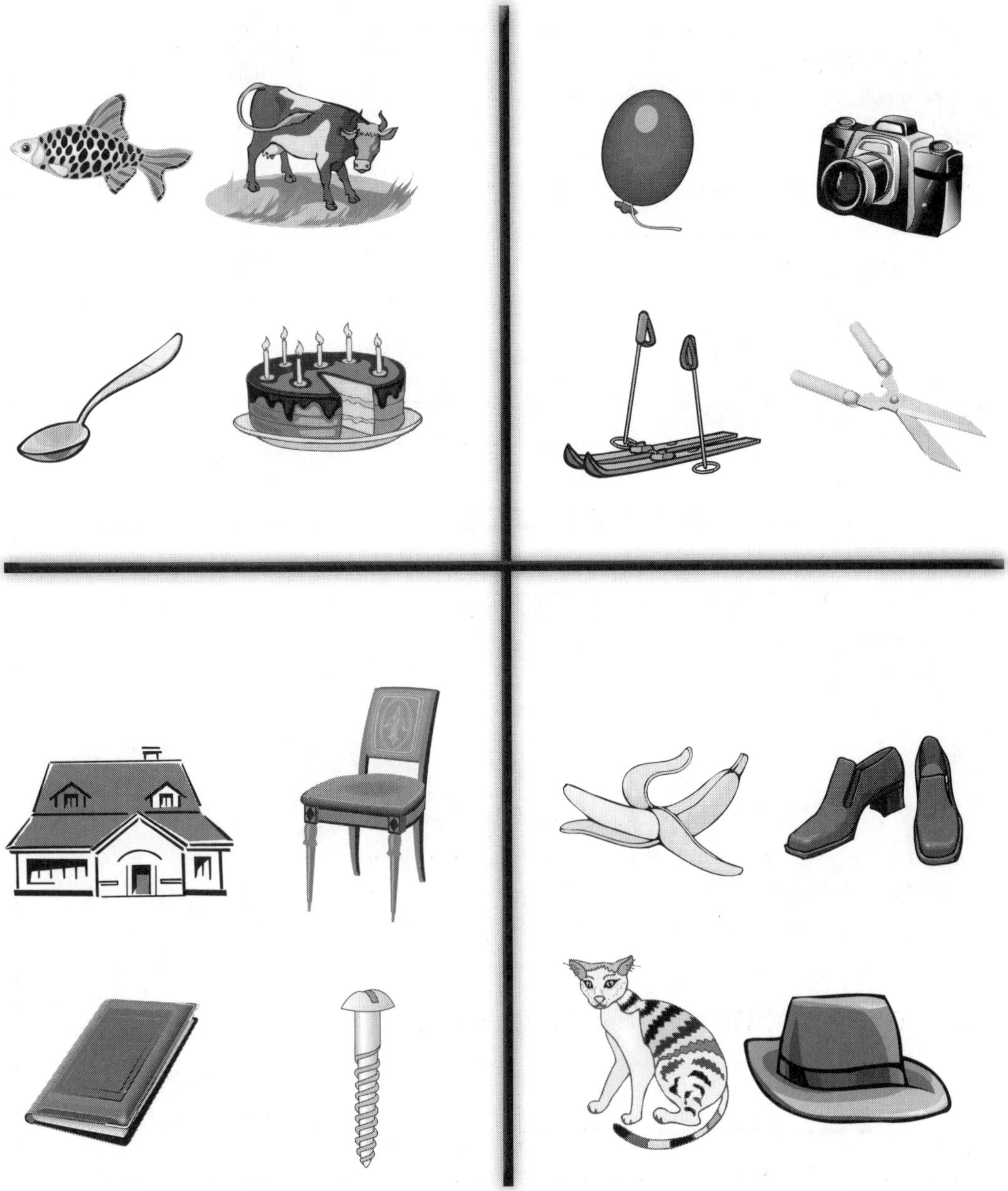

22b Bildergruppe

Von den vier Bildern fehlt jeweils eins. Können Sie es benennen?

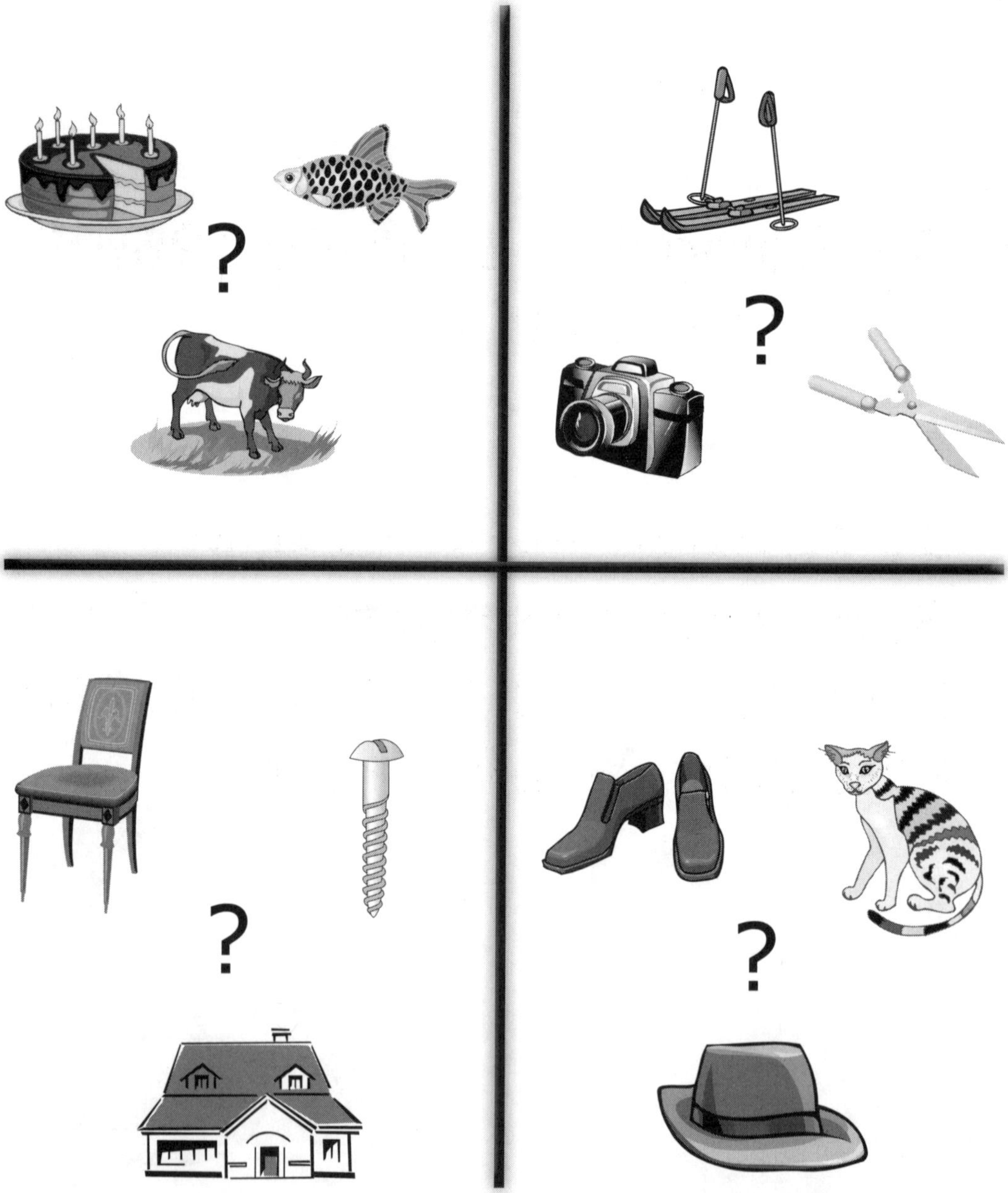

23a Datensätze

In den folgenden Sätzen ist jeweils mindestens eine Zahl enthalten. Versuchen Sie, diese Zahlen mit dem Inhalt des Satzes bildlich zu verknüpfen, und prägen Sie sich diese ein.

- Die Boing 747 startete 1969 zu ihrem Erstflug.

- 41 Prozent der Schweizer Bürger sind römisch-katholisch und 40 Prozent sind evangelisch-reformiert.

23b Datensätze

Beantworten Sie nun bitte folgende Fragen.

1. Wie viel Prozent der Schweizer sind katholisch?

   Antwort:

3. In welchem Jahr startete das genannte Flugzeug zu seinem Erstflug?

   Antwort:

4. Wie viel Prozent der Schweizer sind evangelisch?

   Antwort:

5. Welches Flugzeug hatte im besagten Jahr seinen Erstflug?

   Antwort:

24a Bildertausch

Betrachten Sie die Symbole und merken Sie sich diese.
Auf der Rückseite sollen Sie bestimmen können, welche davon verändert wurden.

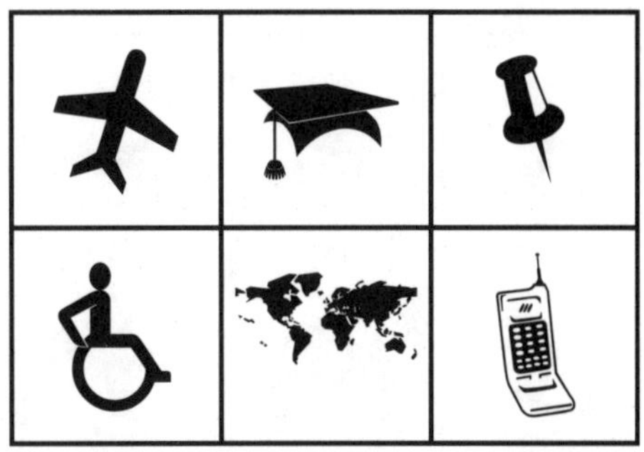

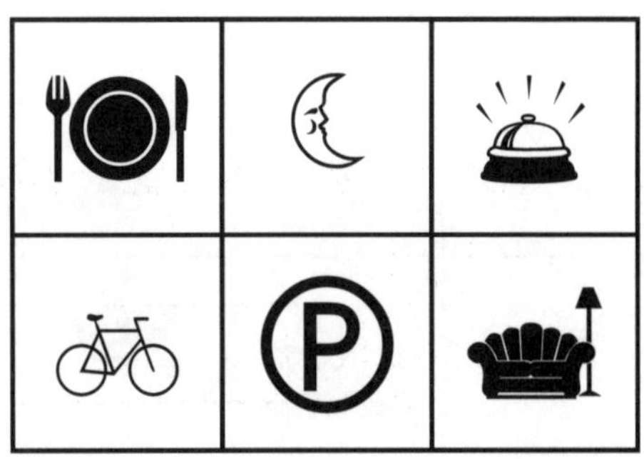

24b Bildertausch

Bestimmen Sie in jedem Viertel, welches oder welche Bildchen verändert wurden.

25a Drei fremde Menschen

Trainieren Sie Ihr Personengedächtnis und prägen Sie sich diese drei Menschen mit Namen und Wohnort ein. Suchen Sie in den Gesichtern nach äußeren Auffälligkeiten. Versuchen Sie eine Verknüpfung zu finden zwischen den optischen Merkmalen und dem Namen bzw. der Stadt.

Frau Scheitel aus Berlin

Thomas aus Stuttgart

Herr Schmidt aus München

25b Drei fremde Menschen

Ordnen Sie die Begriffe 1 bis 6 den Gesichtern zu.

1 – München 2 – Thomas

3 – Scheitel 4 – Berlin

5 – Stuttgart 6 – Schmidt

26a Abstrakte Bilder

Prägen Sie sich jeweils ein Bild gründlich ein. Lassen Sie hierbei Ihrer Fantasie freien Lauf. Was könnte es darstellen?

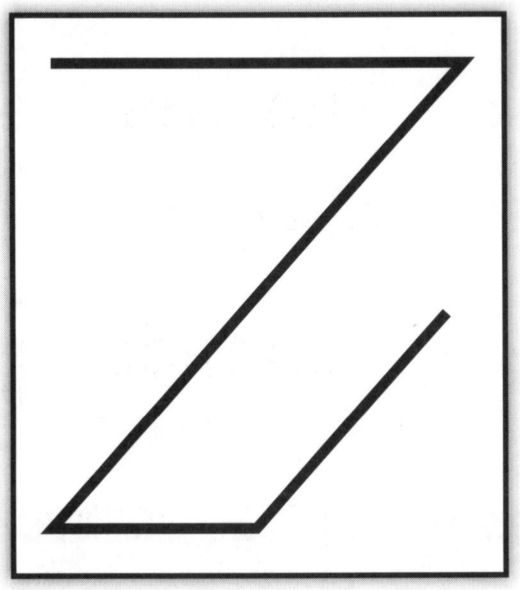

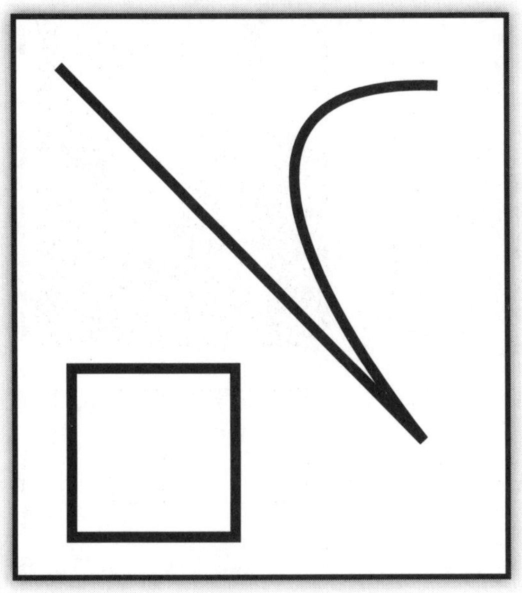

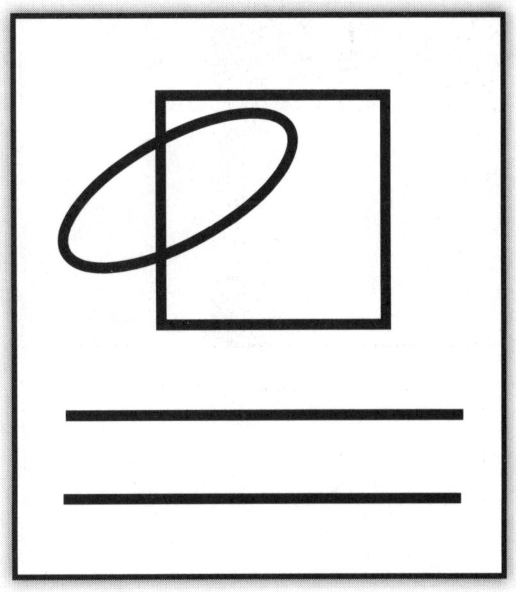

26b Abstrakte Bilder

Zeichnen Sie hier die Linien, so genau Sie können, aus der Erinnerung nach.

27a Stadt, Land, Fluss

Jede Tabelle besteht aus drei Oberbegriffen mit je zwei Unterbegriffen. Das Besondere dabei ist, dass alle Unterbegriffe verschiedene Anfangsbuchstaben haben. Dieser Umstand ist für die Lösung auf der Folgeseite von Bedeutung.
Lernen Sie nun bitte je eine Tabelle auswendig und blättern Sie dann um.

Vorname	Fluss	Stadt
Gabi	Donau	Aachen
Erwin	Inn	Hamburg

Blume	Tier	Werkzeug
Rose	Bär	Hammer
Dahlie	Elefant	Zange

27b Stadt, Land, Fluss

Können Sie sich daran erinnern, für welche Wörter die hier aufgelisteten Anfangsbuchstaben stehen? Schreiben Sie ins leere Feld den jeweils dazugehörigen Oberbegriff.

A:		G:	
E:		I:	
H:		D:	

D:		R:	
B:		H:	
Z:		E:	

28a Beobachtungsgabe

Betrachten Sie dieses Bild ganz genau. Prägen Sie sich möglichst viele Details davon ein.

28b Beobachtungsgabe

Im Folgenden lesen Sie mehrere Aussagen, die sich auf das Bild beziehen. Können Sie jeweils bestimmen, ob diese wahr (w) oder falsch (f) sind?

1. Auf dem Bild zu sehen sind zwei Mädchen und ein Junge.

   Antwort: ☐

2. Alle drei haben ein Handy in den Händen.

   Antwort: ☐

3. Eins der Kinder trägt eine Mütze.

   Antwort: ☐

4. Eins der Kinder ist barfüßig.

   Antwort: ☐

5. Die drei Kinder stehen auf einer Wiese.

   Antwort: ☐

29a Zahlwörter

Erschrecken Sie nicht. Diese Wortungetüme sind einfache Zahlwörter. Diese Übung schult Ihre Vorstellungskraft hinsichtlich Zahlen.
Lesen Sie jeweils ein Wort und merken Sie sich die Zahl, die damit ausgedrückt wird. Blättern Sie dann um und schreiben Sie die Zahl als normale Ziffernfolge.

A) Siebenundachtzig

B) Zweihundertdreißig

C) Fünfhundertneunundsiebzig

D) Dreitausendachthundertachtzig

E) Neuntausenddreihundertzweiund-
sechzig

F) Elftausendsechshundertachtund-
zwanzig

G) Neunzigtausendeinhundertzweiund-
vierzig

29b Zahlwörter

Notieren Sie hier die Zahlen in die leeren Felder.

A)

B)

C)

D)

E)

F)

G)

30a Tagesablauf

Gehören Sie auch zu den Menschen, die jede Verabredung und jeden Termin im „Organizer" abspeichern, um ihn nicht zu vergessen? Wünschen Sie sich aber dennoch, auch unabhängig von Akkulaufzeiten pünktlich Termine einhalten zu können? – Mit dieser Übung können Sie ein Stück Freiheit vom Organizer zurückgewinnen. Prägen Sie sich dazu folgende Termine von jeweils einem der beiden Tage genau ein. Stellen Sie sich jede Uhrzeit als etwas ganz Besonderes vor und verknüpfen Sie diese mit dem Ereignis, das zum jeweiligen Zeitpunkt stattfinden soll.

Dienstag, 13. Oktober 2009
Drei Termine:

- 08:00 Uhr: Anwendung beim Masseur
- 13:30 Uhr: Lieblingsserie im TV
- 18:45 Uhr: Sitzung Gemeinderat

Donnerstag, 10. März 2011
Drei Termine:

- 10:30 Uhr: Kontrolluntersuchung Zahnarzt
- 15:15 Uhr: Kaffeekränzchen bei Tina
- 19:30 Uhr: Elternabend von Tanja

30b Tagesablauf

Wenn Sie sich die Termine gut eingeprägt haben, fallen Ihnen sicher zu den folgenden Stichwörtern die dazugehörenden Uhrzeiten ein.

Fernsehen: _ _ : _ _ Uhr

Massage: _ _ : _ _ Uhr

Rathaus: _ _ : _ _ Uhr

Freundinnen: _ _ : _ _ Uhr

Schule: _ _ : _ _ Uhr

Zähne: _ _ : _ _ Uhr

31a Wörter = Zahlen

Prägen Sie sich die jeweils drei Wörter mitsamt den dazugehörigen Zahlen gut ein. Versuchen Sie in Ihrer Fantasie, eine Verknüpfung zwischen Zahl und Begriff zu konstruieren.

Ziege = 4
Hose = 8
Ring = 5

Keller = 9
Angst = 3
Seil = 7

31b Wörter = Zahlen

Je zwei Wörter stehen sich hier gegenüber. Welches Wort davon gehört zur größeren Zahl? Notieren Sie entsprechend ein „>“ oder ein „<“ in das Kästchen.

Ring	<	Hose
Hose	>	Ziege
Ziege	<	Ring

Angst	<	Seil
Keller	>	Angst
Seil	<	Keller

32a Bildertabelle

Prägen Sie sich diese sechs Bilder und deren exakte Lage ein.
Merken Sie sich auch die dazugehörigen Koordinaten.

	1	2	3
A			
B			

32b Bildertabelle

Die folgenden Sätze sind Hinweise, die sich auf jeweils ein Bild beziehen. Sie müssen daher zunächst erkennen, welches Bild gemeint ist. Dann tragen Sie die Lage des entsprechenden Bildes ein (z. B. B3 für den Schneemann).

1. Dieses Zeichen steht für den Schrecken der Meere.
   Lage: ☐

2. Ein leckerer Start in den Tag.
   Lage: ☐

3. Er bringt Kinder zum Lachen.
   Lage: ☐

4. Ungesundes Statussymbol.
   Lage: ☐

33a Schokosüße Geschichte

Lesen Sie diesen Text einmal in Ruhe durch und merken Sie sich möglichst viel.

Das Wort Schokolade stammt von dem aztekischen Ausdruck Xocóatl oder Xocólatl, was so viel bedeutet wie bitteres Wasser. Das Produkt Schokolade in seiner Urform stammt von einem kakaohaltigen Getränk der Azteken ab, das aus einer Mischung aus Wasser, Vanille, Kakao und Cayennepfeffer besteht. Um 1528 wurde der Kakao von spanischen Eroberern nach Europa gebracht, 1544 wurde Schokolade erstmals als Getränk am spanischen Hof getrunken. Da Kakaobohnen zunächst sehr teuer waren, war Schokolade ein Luxusprodukt, das sich vor allem die adelige Oberschicht leisten konnte. Bis ins 19. Jahrhundert wurde Schokolade in Apotheken als Stärkungs- und Heilmittel verkauft.

33b Schokosüße Geschichte

Versuchen Sie nun, folgende Fragen zum Text zu beantworten.

1. Aus welchem Kulturkreis stammt Schokolade?

   Antwort:

2. Was bedeutet das Wort Schokolade in seiner ursprünglichen Sprache?

   Antwort:

3. Vertreter welches Landes brachten Kakao nach Europa?

   Antwort:

4. Von wem wurde Schokolade anfangs in Europa konsumiert?

   Antwort:

5. Bis in welche Zeit wurde Schokolade in Apotheken als Heilmittel verkauft?

   Antwort:

34a Gemütliche Lektüre

Prägen Sie sich die Zahlen in diesem Bild gut ein. Merken Sie sich auch deren Position, denn auf der Rückseite sollen Sie diese aus dem Gedächtnis wieder eintragen.

34b Gemütliche Lektüre

Tragen Sie hier die Zahlen ein, die Sie sich auf der Vorderseite eingeprägt haben. Beachten Sie, dass das Bild nun gespiegelt ist.

35a Dingliches Allerlei

Prägen Sie sich folgende Gegenstände ein. Versuchen Sie in Ihrer Vorstellung ein Bild zu erstellen, das all diese Dinge enthält.

Reifen

Gabel

Computer

Gürtel

Finger

Perücke

35b Dingliches Allerlei

Streichen Sie hier alle Gegenstände, die nicht auf der Vorderseite aufgeführt sind.

36a Romantik pur

Lesen Sie dieses Gedicht so aufmerksam wie möglich. Lesen Sie es zweimal. Achten Sie dabei besonders auf den Klang der Wörter und Reime.

O Täler weit, o Höhen,
O schöner, grüner Wald,
Du meiner Lust und Wehen
Andächt`ger Aufenthalt!
Da draußen, stets betrogen,
Saust die geschäft`ge Welt,
Schlag noch einmal die Bogen
Um mich, du grünes Zelt!

Diese Verse wurden entnommen aus dem Gedicht „Abschied" von Joseph Freiherr von Eichendorff.

36b Romantik pur

Klingen Ihnen die Verse noch in den Ohren? – Dann können Sie hier sicher herausfinden, welche dieser folgenden Teilsätze nicht aus dem eben Gelesenen stammen?

- ☐ keiner kann widerstehen
- ☐ Da draußen, stets gewogen
- ☐ Um mich, du grünes Zelt!
- ☐ an dich, du liebes Geld
- ☐ Schlag noch einmal die Bogen
- ☐ O Täler weit, o Höhen,
- ☐ Andächt`ger Aufenthalt!
- ☐ Saust die geschäft`ge Welt

37a Verfremdete Bilder

Prägen Sie sich diese drei Bilder gründlich ein. Beachten Sie dabei auch Umrisse, Formen und kontraststarke Bereiche.

37b Verfremdete Bilder

Die drei Bilder der Vorderseite wurden verändert und an eine andere Stelle gesetzt. Können Sie bestimmen, welche Grafik aus welchem Originalbild stammt?

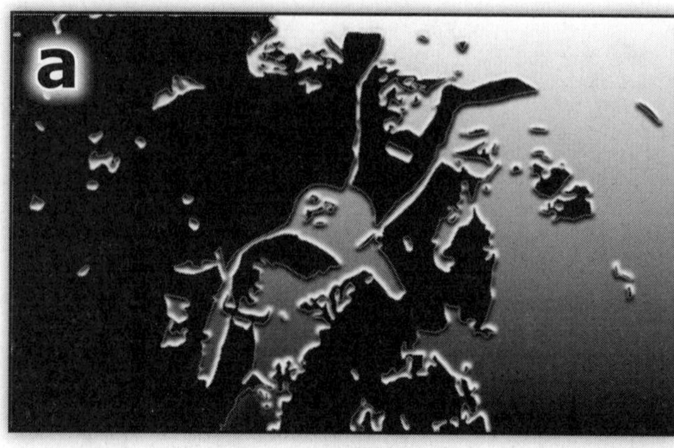

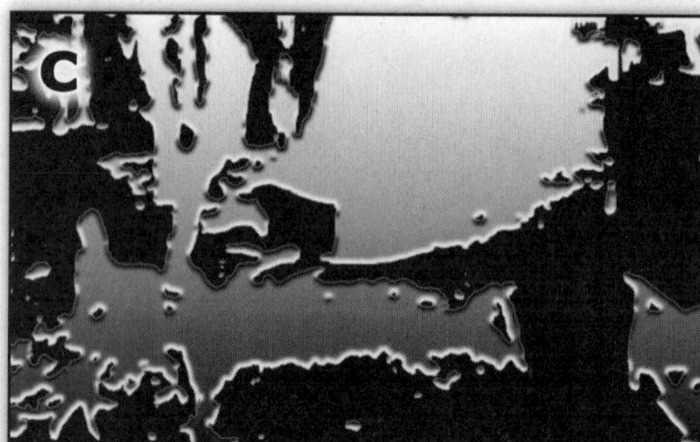

38a Zahlengedächtnis

Lernen Sie je eine Zahl auswendig. Versuchen Sie dabei, Eselsbrücken zu finden, also gedankliche Verknüpfungen mit etwas, das Sie bereits kennen. Blättern Sie dann um und lösen Sie die Aufgabe auf der Rückseite.

A → 53268

B → 36874

C → 19596

D → 364585

E → 892892

F → 486293

G → 346971

38b Zahlengedächtnis

Sind hier exakt die gleichen Zahlen zu sehen wie auf der Vorderseite? Oder wurden manche Ziffern ausgewechselt? Überprüfen Sie dies aus dem Gedächtnis und kreuzen Sie die falschen Ziffern an.

A → 13268

B → 35874

C → 19596

D → 365485

E → 862872

F → 496199

G → 346971

39a Ortsrand

Können Sie sich diesen Plan einprägen? Stellen Sie sich vor, Sie würden dieses Gebiet mit dem Fahrrad abfahren. Auch die Straßenbezeichnungen eignen sich für bildhafte Verknüpfungen.

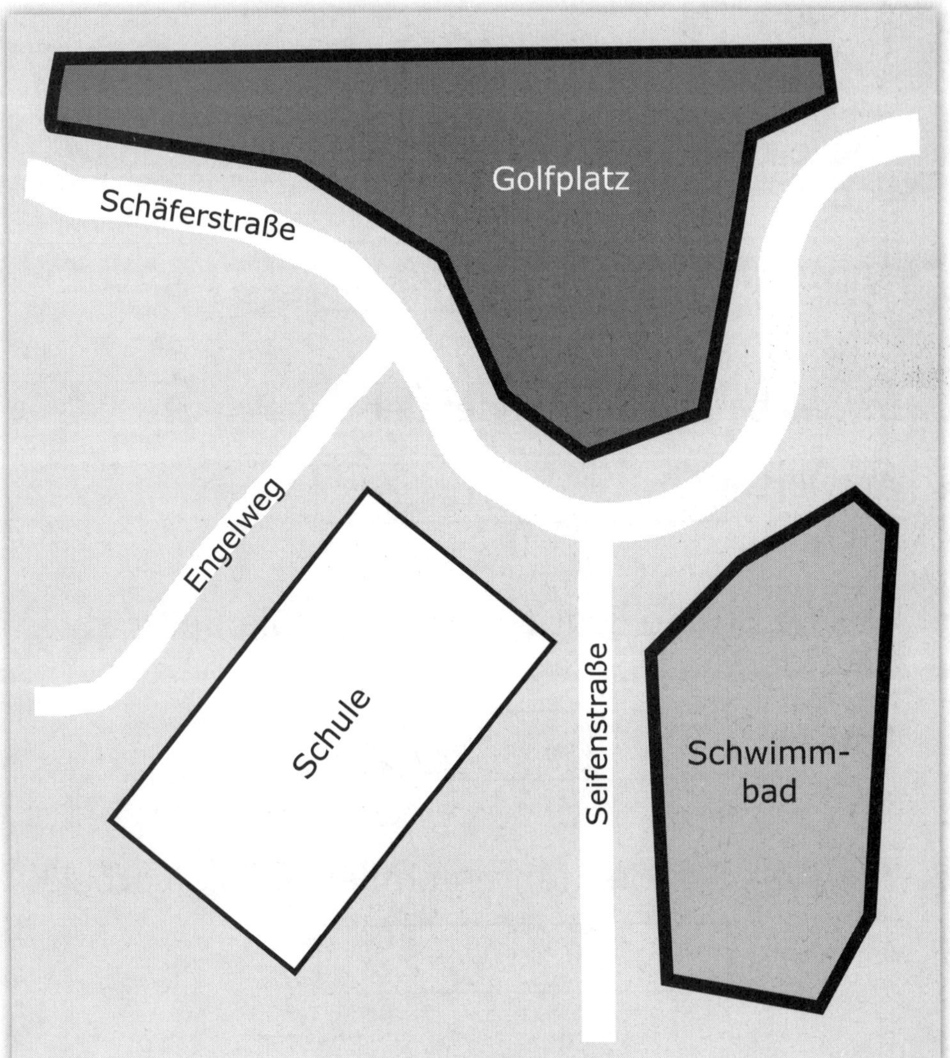

39b Ortsrand

Beantworten Sie folgende Fragen frei aus dem Gedächtnis.

1. Welche Straße verläuft entlang des Golfplatzes?

   Antwort: Schaferstraße

2. An welchem Gebäude führt die Seifenstraße vorbei?

   Antwort: Schwimmbad

3. In welche Straße mündet der Engelweg?

   Antwort: Schaferstraße

4. Welche Straße liegt zwischen Schule und Schwimmbad?

   Antwort: Seifenstraße

5. Wie viele Straßen führen an der Schule vorbei?

   Antwort: 2 Straßen

40a Schwarz-grau-weiß

Dieses Muster aus schwarzen, grauen und weißen Feldern sollen Sie sich hier einprägen. Können Sie darin etwas erkennen? Vielleicht ein Zeichen, ein Bild oder sonst eine Bedeutung?

40b Schwarz-grau-weiß

Malen Sie hier die richtigen Felder schwarz bzw. grau aus, damit die gleiche Grafik erscheint wie auf der Vorderseite.

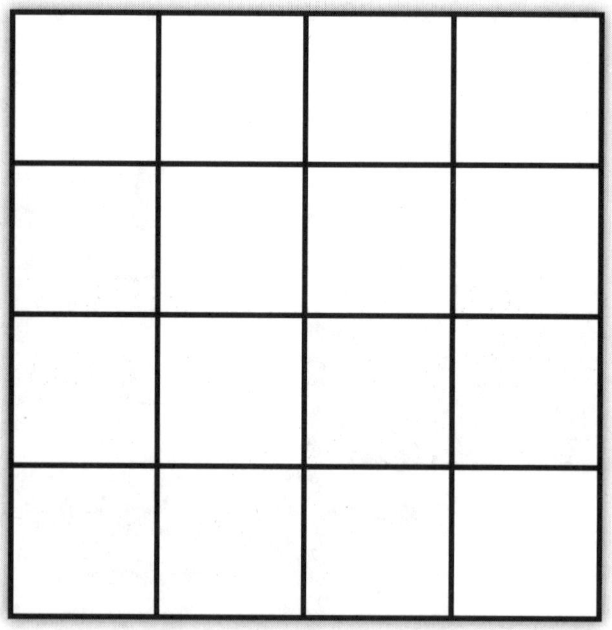

41a In einem Satz

Lernen Sie jeweils einen Satz auswendig und lösen Sie dann die Aufgabe auf der Folgeseite.

Kein Sieger glaubt an den Zufall.

Friedrich Nietzsche (1844-1900), dt. Philosoph

Alle Berufe sind Verschwörungen gegen die Laien.

George Bernard Shaw (1856-1950), ir. Schriftsteller

Früher war auch die Zukunft viel besser.

Karl Valentin (1882-1948), dt. Komiker

41b In einem Satz

Wiederholen Sie jeweils den gerade gelernten Satz, jedoch rückwärts. Beginnen Sie also mit dem letzten Wort.

42a Zwei Frauen

Zwei Gesichter sollen Sie hier bis ins Detail studieren. Auf der Folgeseite sollen Sie die Frauen anhand kleiner Ausschnitte wiedererkennen.

Karola

Martina

42b Zwei Frauen

Können Sie die Kopfausschnitte der jeweiligen Dame zuordnen?

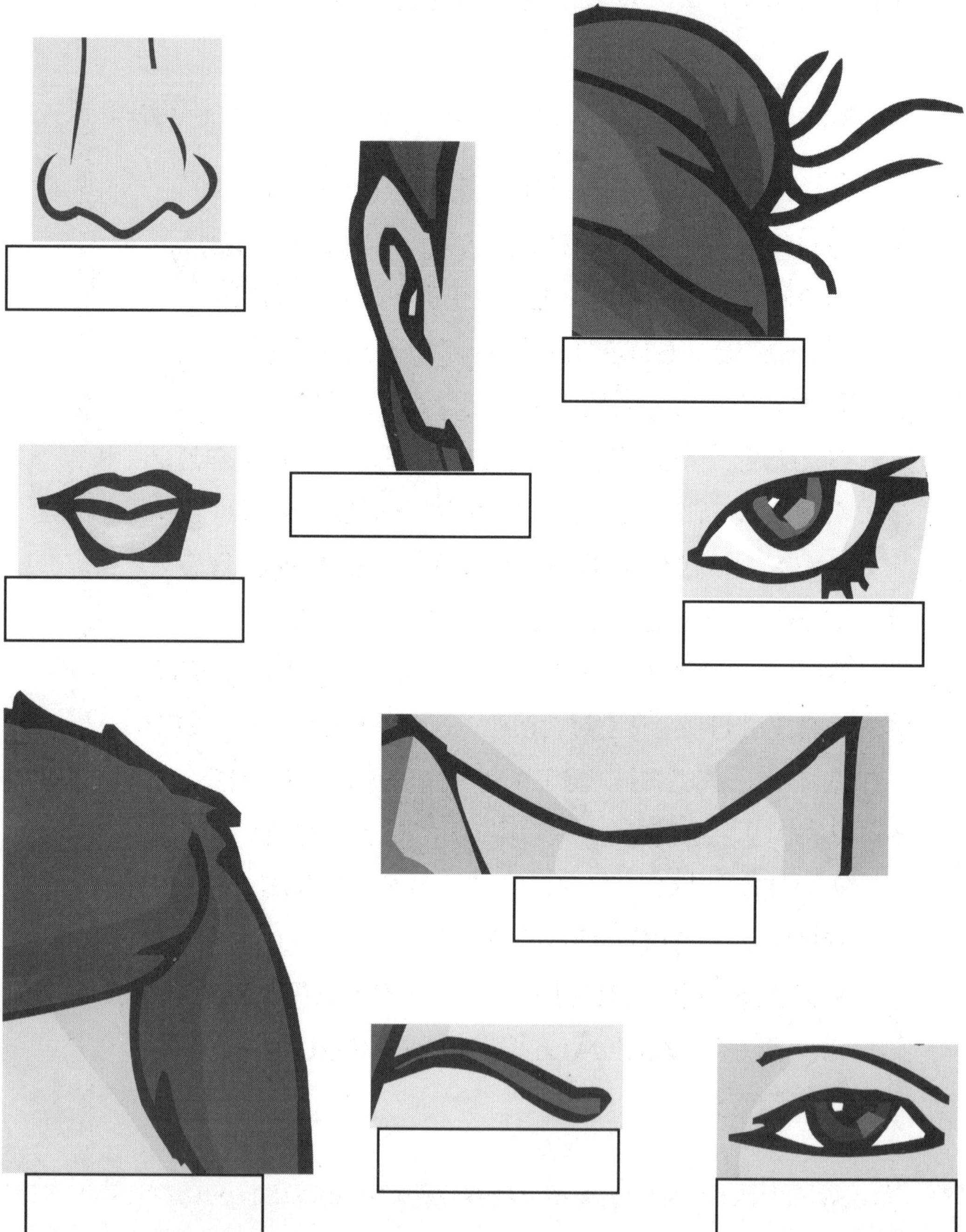

43a Timos Leben

Lesen Sie diesen Text einmal langsam durch und versuchen Sie, sich möglichst viele Einzelheiten einzuprägen.

Timos Leben begann in den 80er-Jahren mit einer schönen, unkomplizierten Geburt. Und dass er später ein gefragtes Fotomodell wurde, machte seine Eltern Fritz und Tanja sehr glücklich. Als er im Alter von 17 Jahren mit der mittleren Reife von der Schule ging, organisierte Fritz eine riesige Feier, zu der 100 Freunde und Verwandte eingeladen waren. Bereits ein Jahr später – als Timo 18 wurde – konnte man ihn erstmals in einem großen Versandhauskatalog bewundern. Seitdem kann er sich vor Aufträgen kaum retten.

43b Timos Leben

Beantworten Sie folgende Fragen frei aus dem Gedächtnis.

1. Wann kam Timo zur Welt?

   Antwort: ____________________

2. Wie verlief seine Geburt?

   Antwort: ____________________

3. Wie heißt seine Mutter?

   Antwort: ____________________

4. In welchem Schulabschluss ging Timo von der Schule?

   Antwort: ____________________

5. Was organisierte Fritz zu Timos Schulabschluss?

   Antwort: ____________________

6. Welchen beruflichen Weg schlug Timo ein?

   Antwort: ____________________

44a Pokergesicht

Prägen Sie sich dieses Bild ganz genau ein. Achten Sie dabei auf alle Einzelheiten.

44b Pokergesicht

Einige dieser Bildausschnitte stammen nicht vom Original auf der Vorderseite. Können Sie diese ausfindig machen?

☐

☐

☐

☐

☐

☐

45a Formenvielfalt

Jetzt wird es sehr abstrakt. Können Sie diese Formen im Gedächtnis behalten? Richten Sie Ihr Augenmerk auf die objektiven Eigenschaften wie Farbe, Eckenanzahl usw.

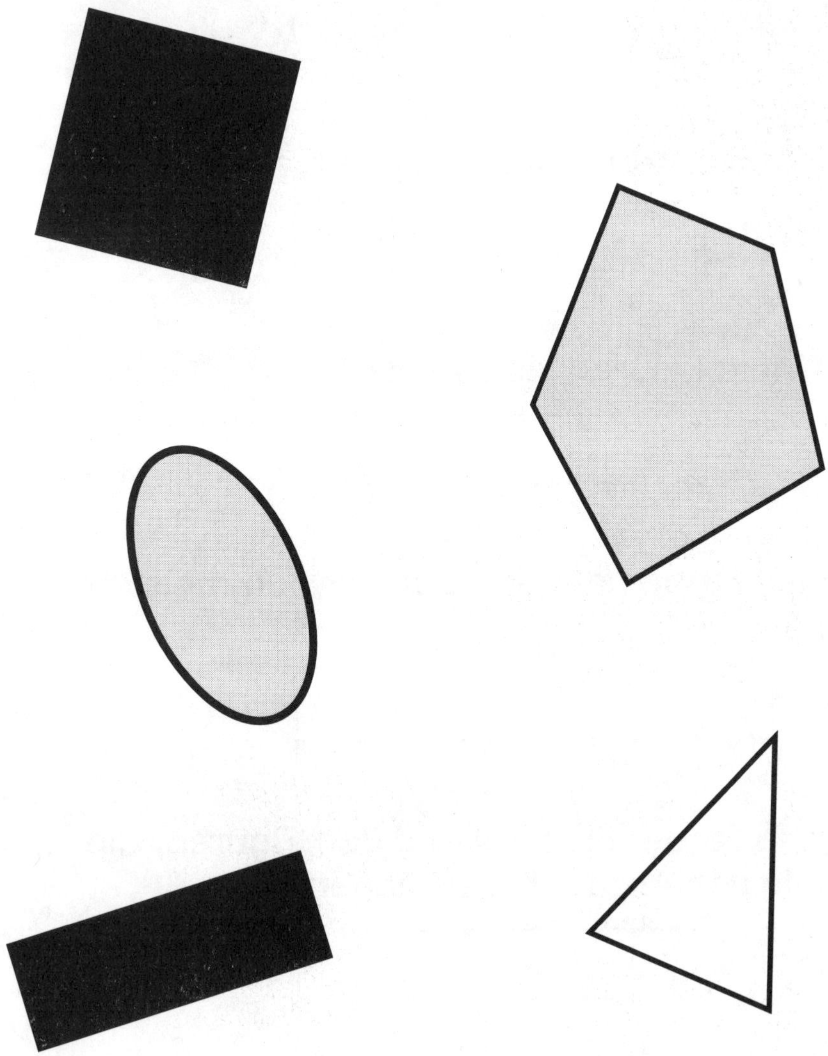

45b Formenvielfalt

Können Sie diese Fragen aus dem Gedächtnis beantworten?

1. Wie viele Formen konnten Sie insgesamt zählen?

   Antwort:

2. Wie viele davon haben weniger als vier Ecken?

   Antwort:

3. Wie viele Figuren sind weiß?

   Antwort:

4. Welche Farbe hat die Figur mit den meisten Ecken?

   Antwort:

5. Welche Farbe haben die beiden Figuren, die die gleiche Anzahl Ecken haben?

   Antwort:

46 Merken und rechnen

Mit dieser Aufgabe trainieren Sie Kopfrechnen und Gedächtnis in einem.
Zuerst sollen Sie sich den jeweils vorgegebenen Satz einmal durchlesen und dabei einprägen.
Dann decken Sie diesen Satz bitte zu und lösen die Rechenaufgabe darunter.
Abschließend notieren Sie in die leere Zeile alle Anfangsbuchstaben der Wörter des oberen Satzes. Doch bitte nicht nachsehen! Sie sollten versuchen, dies aus dem Gedächtnis zu bewältigen.

a

Zwei Hunde spielen mit einem Ball.

18 + 7 =

____

b

Fast alle Kriminellen bleiben arm.

25 – 9 =

____

c

Vor einem Jahr glaubte noch niemand daran.

4 x 9 =

____

d

Gestern kam es zu einem glücklichen Ereignis.

21 : 7 =

____

Gedächtnistraining

Schritt 2

Das zweite Kapitel ist nun etwas anspruchsvoller. Sie kennen bereits die Aufgaben und entwickeln vielleicht schon ein Gespür dafür, wie man effektive, fantasievolle Verknüpfungen bilden kann.

47a Fantasiesprache lernen

Prägen Sie sich zu den folgenden Bildern die jeweiligen Fantasiebezeichnungen ein. Blättern Sie dann um und lösen Sie auf der Rückseite die Aufgabe.

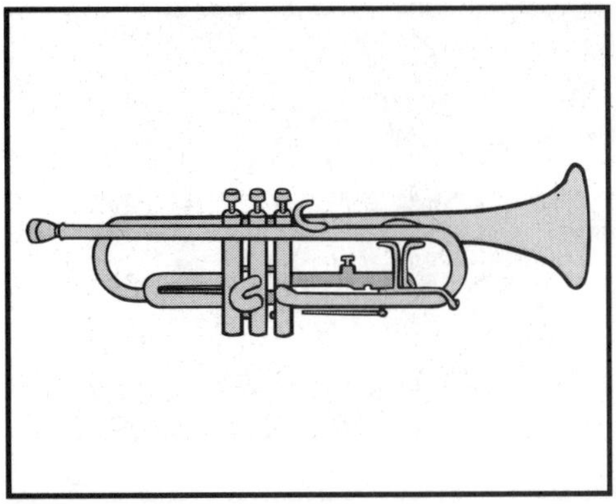

Kartro

Bleiti

Solambuga

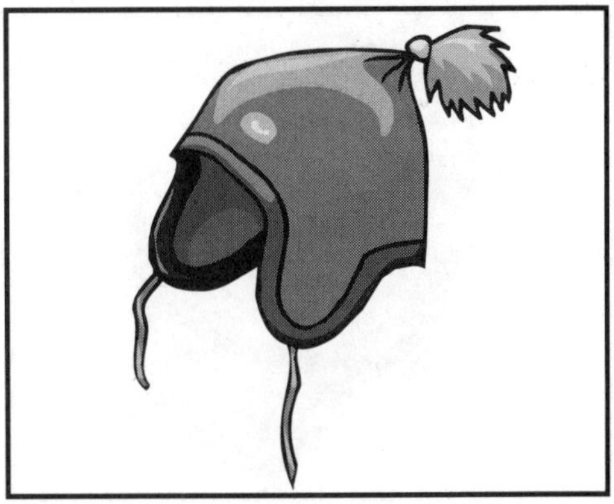

Melquei

47b Fantasiesprache lernen

Haben Sie sich alle Vokabeln gemerkt? Tragen Sie hier die fehlenden Bezeichnungen der jeweiligen Gegenstände ein.

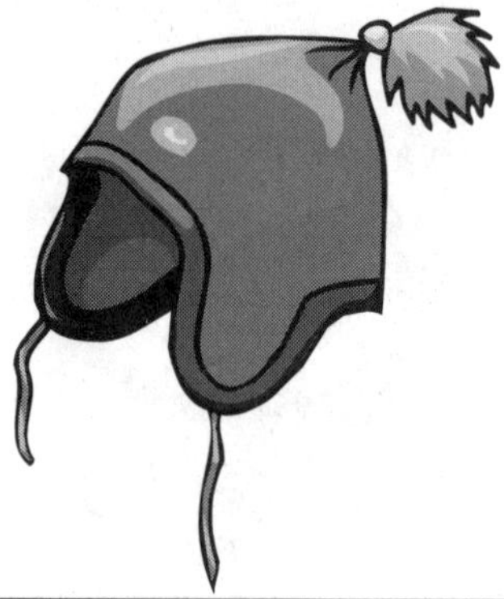

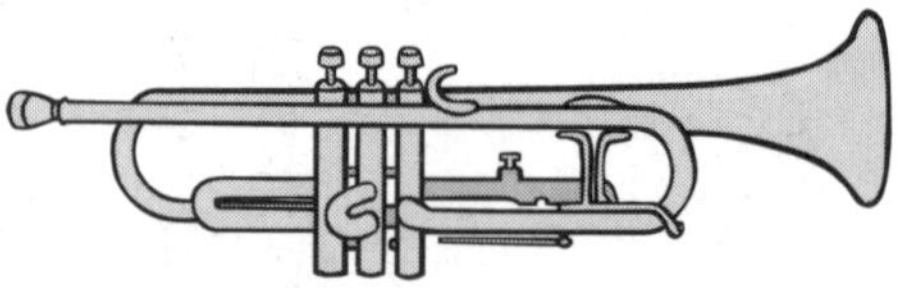

48a Personengedächtnis

Sehen Sie sich diesen Herrn eine Minute lang genau an und prägen Sie sich auch die Details möglichst gut ein.

48b Personengedächtnis

Wenn Sie sich das Aussehen des Herrn gut eingeprägt haben, können Sie nun sicher die Fragen dazu beantworten.

1. Trägt der Herr einen Bart?

   Antwort: Nein

2. Hat er eine Brille?

   Antwort: Nein

3. Trägt er eine Krawatte?

   Antwort: Ja

4. Hält er etwas in den Händen?

   Antwort: Ja

5. Beschreiben Sie seinen Gesichtsausdruck.

   Antwort: er lacht

6. Welche Haarfarbe hat der Mann? Eher dunkel oder hell?

   Antwort: Wäss ich nicht

49a Gegensätzliche Begriffe

Prägen Sie sich folgende zehn Begriffspaare ein. Beachten Sie dabei die gegenteilige Bedeutung der Wörter. Blättern Sie anschließend um.

Vielfalt	↔	Einerlei
Disziplin	↔	Chaos
Ursache	↔	Wirkung
konkret	↔	abstrakt
Hast	↔	Geduld
irgendwo	↔	da
Nebensache	↔	Schwerpunkt
zuhören	↔	mitteilen
autonom	↔	abhängig
gesammelt	↔	unkonzentriert

49b Gegensätzliche Begriffe

Tragen Sie den jeweils fehlenden Begriff ein.

Wirkung	↔	
Schwerpunkt	↔	
	↔	Vielfalt
abhängig	↔	
Hast	↔	
	↔	Chaos
	↔	gesammelt
abstrakt	↔	
	↔	zuhören
	↔	irgendwo

50a Landkarte

Sie befinden sich auf einer Insel, die in vier Gebiete eingeteilt ist, und wollen sich möglichst schnell zurechtfinden. Merken Sie sich dafür Namen und Form der Regionen. Überprüfen Sie anschließend auf der Rückseite, wie genau Sie sich dies eingeprägt haben.

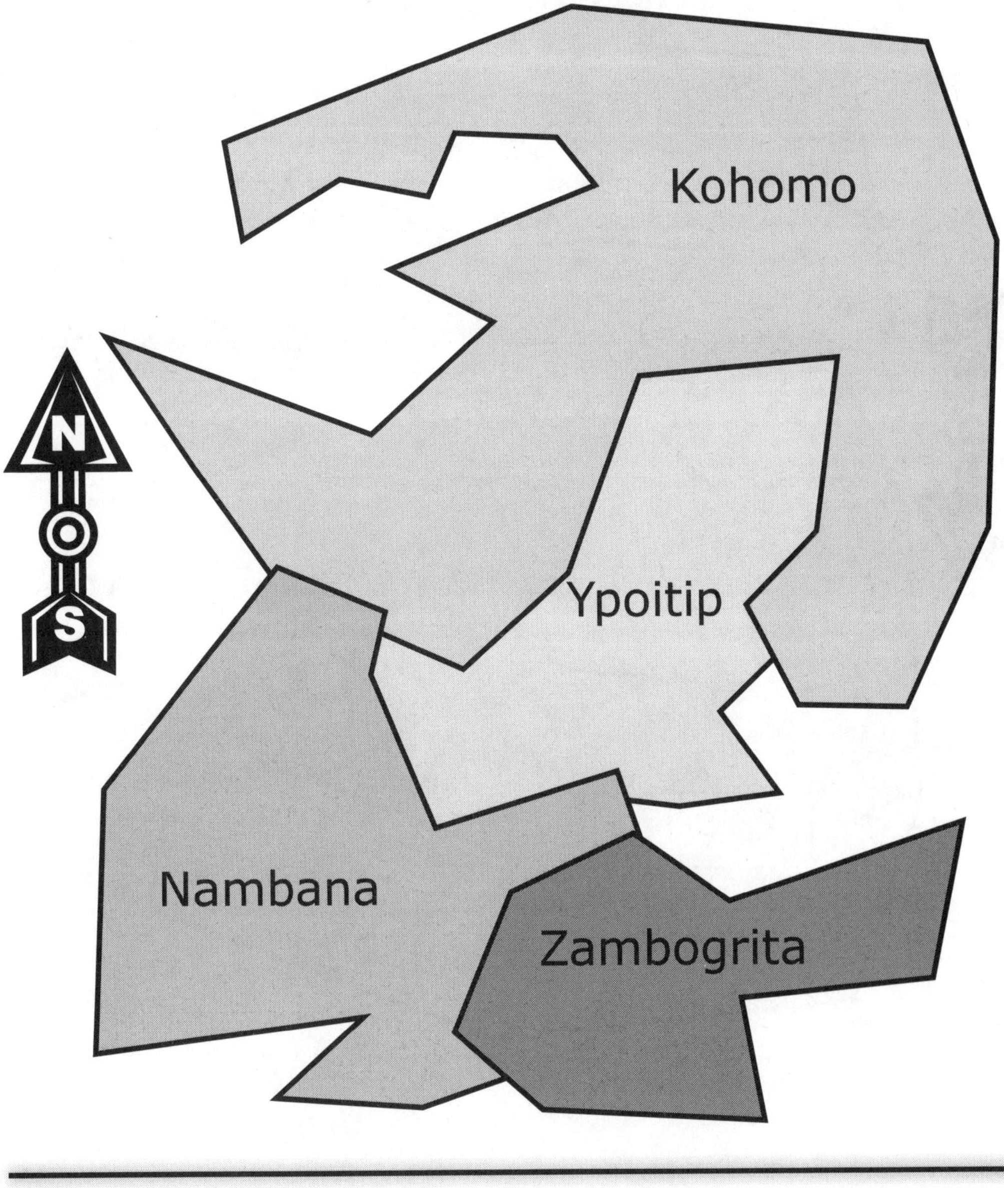

50b Landkarte

Die Insel zeigt sich hier aus einer anderen Perspektive. Erkennen Sie die Gebiete wieder? Wie heißen sie?

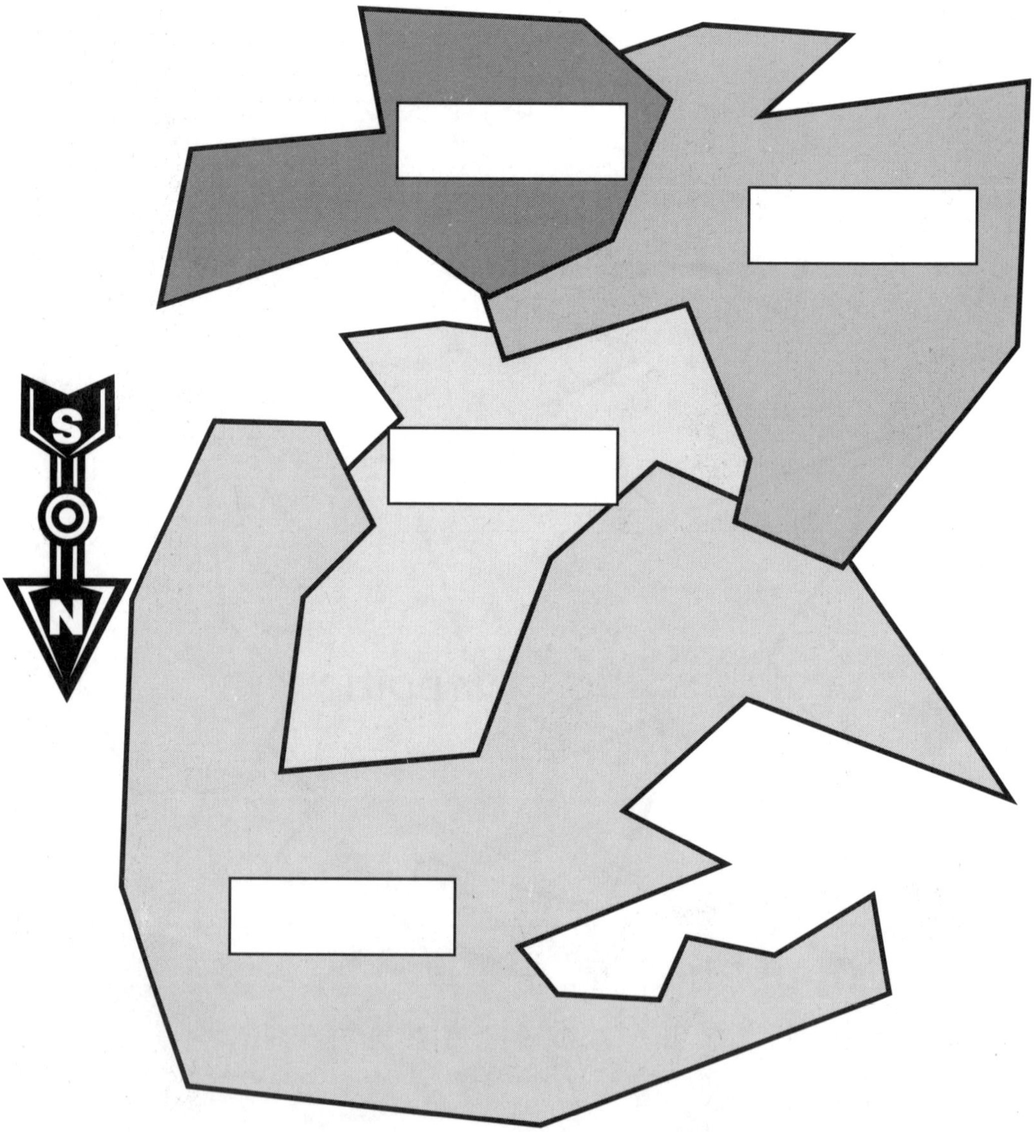

51a Route merken

Sehen Sie sich den Wegverlauf von A nach B gut an. Auf der Rückseite sollen Sie diesen aus dem Gedächtnis nachzeichnen.

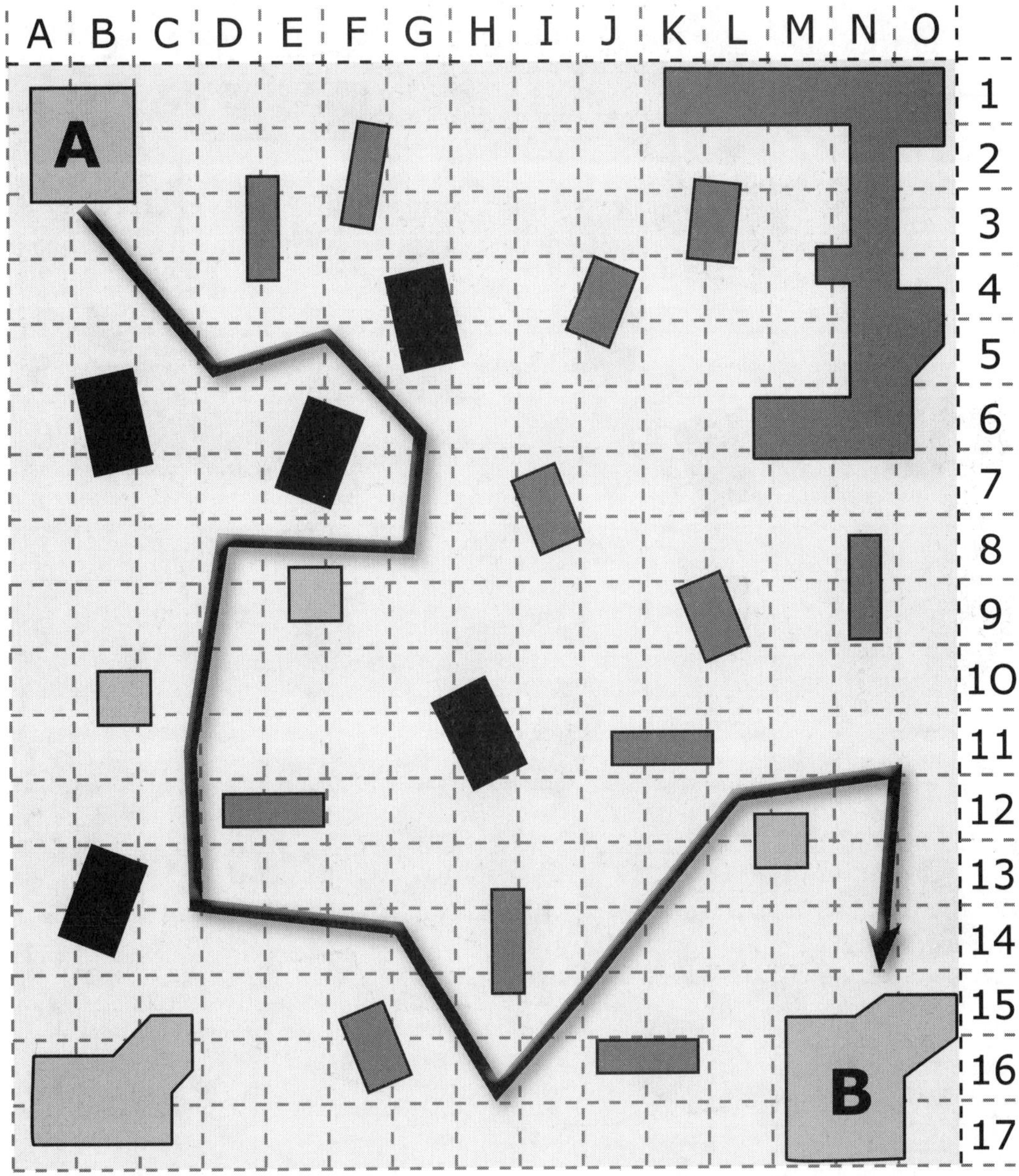

51b Route merken

Finden Sie auf dem gleichen Weg von A nach B? Können Sie ihn aus dem Gedächtnis einzeichnen?

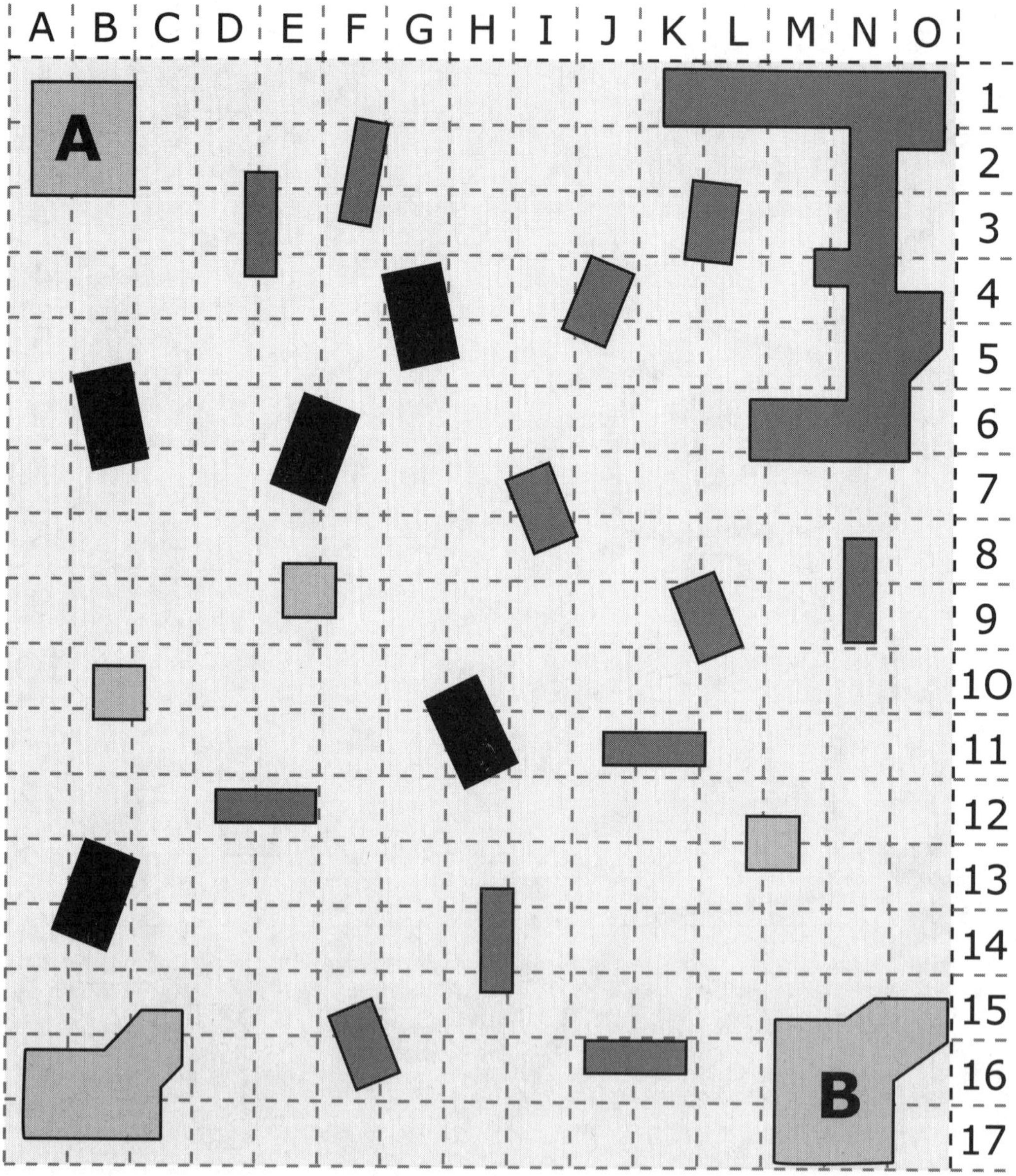

52a Bildreihen merken

Je drei Bilder sollen Sie sich pro Teilaufgabe einprägen. Blättern Sie dann jeweils um und überprüfen Sie Ihre Merkfähigkeit.

a)

1

2

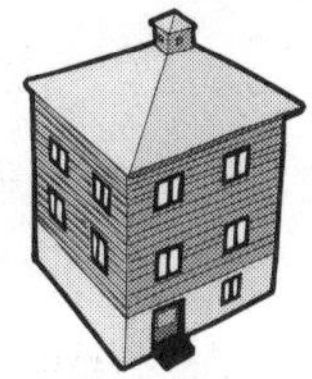

3

b)

1

2

3

c)

1

2

3

d)

1

2

3

52b Bildreihen merken

Hier sind in jeder Reihe zwei von den jeweils drei Bildern dargestellt. Können Sie herausfinden, welches fehlt? Tragen Sie die entsprechende Feldnummer ins leere Kästchen ein.

a)  

b)  

c)  

d)  

53a Anordnungen merken

Prägen Sie sich jeweils einen Kasten (beginnend mit der Nummer 1) kurz ein. Dann blättern Sie um und suchen auf der Rückseite nach dem Kasten mit der gleichen Symbolanordnung.

1

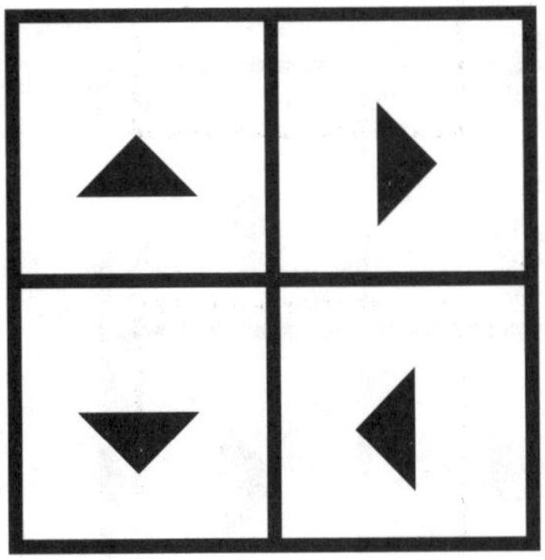

2

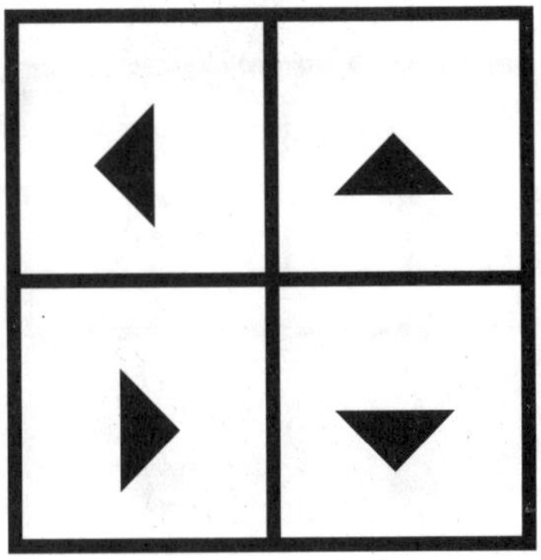

3

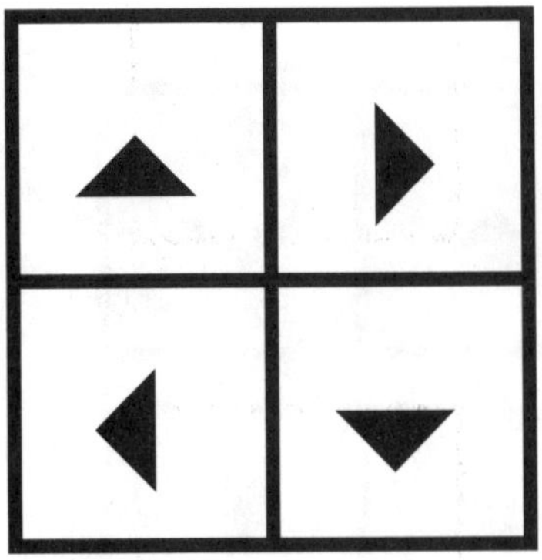

4

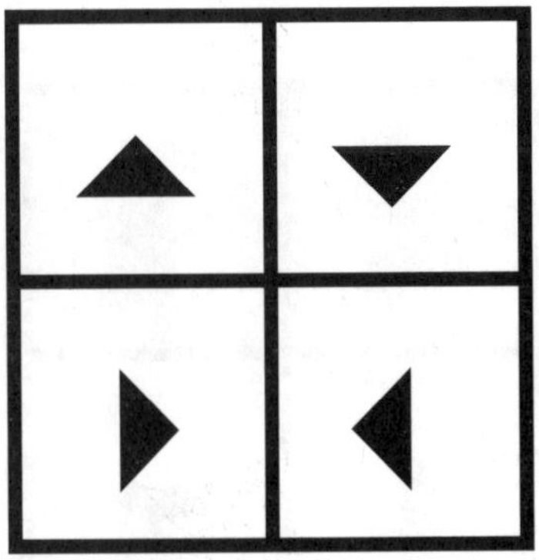

53b Anordnungen merken

Finden Sie hier jeweils den Kasten, den Sie sich auf der Vorderseite eingeprägt haben, und tragen Sie die entsprechende Nummer ins leere Feld ein.

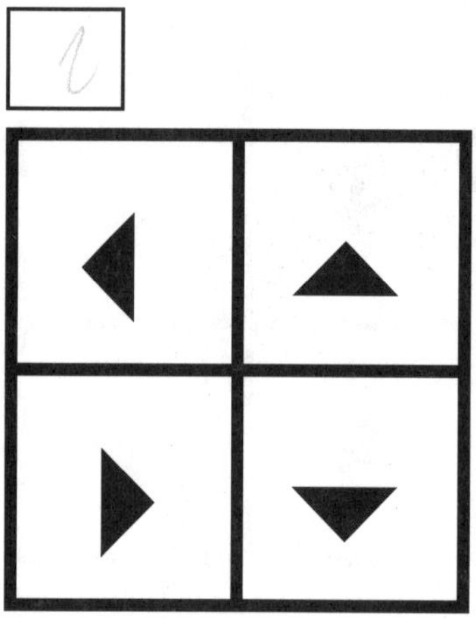

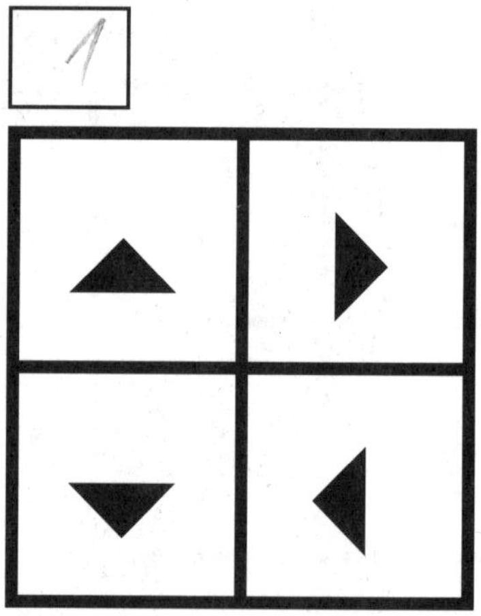

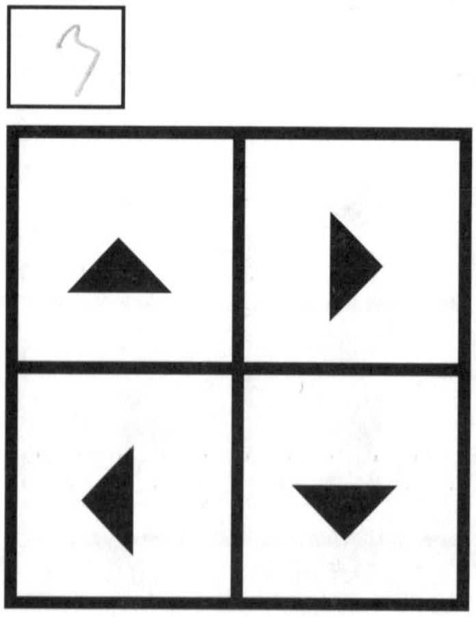

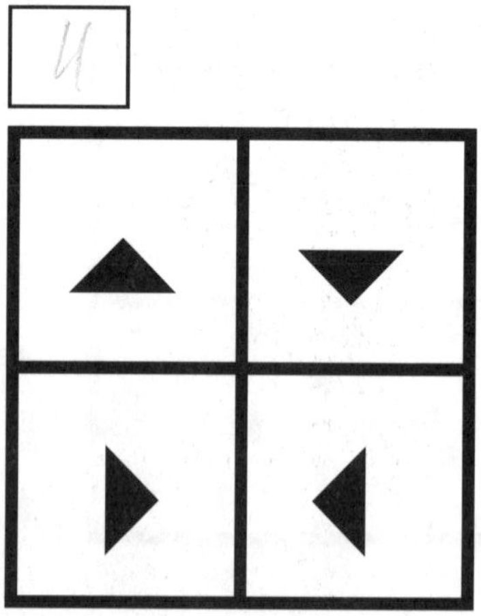

54a Familienglück

Prägen Sie sich die Buchstaben in diesem Bild gut ein. Merken Sie sich auch deren Position, denn auf der Rückseite sollen Sie die Buchstaben aus dem Gedächtnis wieder eintragen.

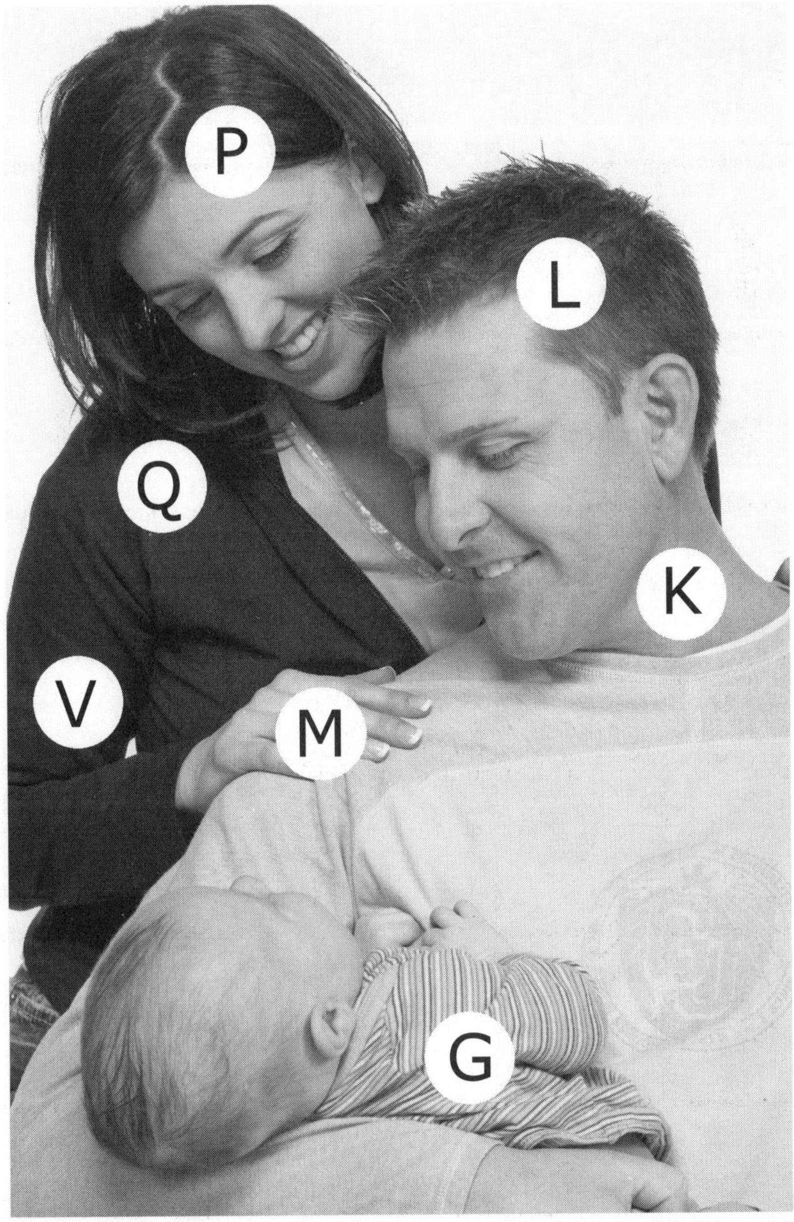

54b Familienglück

Tragen Sie hier die Buchstaben ein, die Sie sich auf der Vorderseite eingeprägt haben. Beachten Sie, dass das Bild nun gespiegelt ist.

55a Rechnen mit Bildern

Diese Übung enthält die beiden Aufgaben 1 und 2. Prägen Sie sich zunächst die Bilder und die dazugehörenden Zahlen ein. Nehmen Sie sich dafür jeweils maximal zwei Minuten Zeit. Blättern Sie dann um auf die Rückseite.

1

= 11

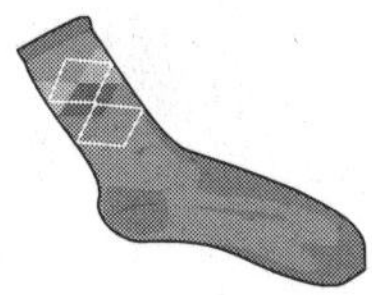
= 9

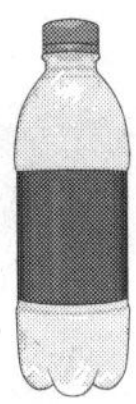
= 23

2

= 26

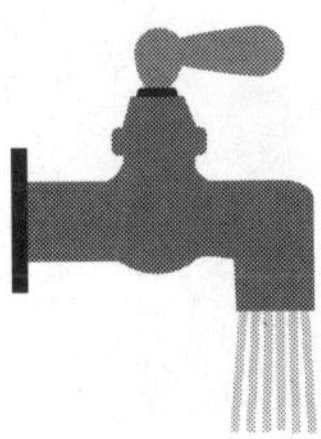
= 14

= 17

55b Rechnen mit Bildern

Berechnen Sie folgende Aufgaben, indem Sie gedanklich die Bilder durch die zugehörigen Zahlen austauschen.

1

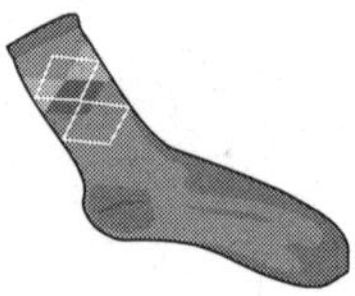 +  +  =

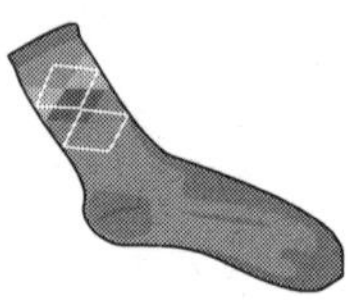 +  –  =

2

 –  +  =

 +  –  =

56a Sprüche merken

Sie sehen hier zwei Bilder, in die je ein Zitat hineingeschrieben wurde. Darunter erscheint jeweils der Name des Urhebers. Prägen Sie sich diese Seite gut ein und blättern Sie dann um.

Wolfgang Büttner

Lucius Annaeus Seneca

56b Sprüche merken

Tragen Sie hier die Zitate in die entsprechenden Bilder sowie darunter deren Verfasser ein.

57a Schwarze Flecken

Sehen Sie sich dieses Fleckenfeld an und merken Sie sich das Muster. Erinnert Sie dieses Bild möglicherweise an etwas? Versuchen Sie, fantasievolle Eselsbrücken zu bauen.
Blättern Sie dann um. Auf der Rückseite sollen Sie die schwarzen Bereiche wiederfinden.

57b Schwarze Flecken

Erinnern Sie sich, welche Bereiche schwarz waren? Vielleicht dachten Sie bei diesem Bild an ein Tier oder an einen Golfplatz, und es fällt Ihnen daher leichter, die ursprünglich schwarzen Bereiche zu bestimmen. Malen Sie diese aus, sodass die Darstellung aussieht wie die auf der Vorderseite.

58a Tierschutz

Lesen Sie diesen Text einmal in Ruhe durch. Stellen Sie sich jedes dort erwähnte Detail und auch sonst alles bildlich vor. Merken Sie sich auf diese Weise möglichst viel.

Seit 1992 wählt die Schutzgemeinschaft Deutsches Wild jährlich ein Wildtier, auf das in der Öffentlichkeit besonders aufmerksam gemacht werden soll, zum Tier des Jahres. Die Schutzgemeinschaft Deutsches Wild ist eine Organisation zur Erhaltung und Pflege der frei lebenden Tierwelt und wurde nach dem Zweiten Weltkrieg in Deutschland gegründet. Die Auswahl des Tieres erfolgt nach der Gefährdung der Art oder ihres natürlichen Lebensraumes durch den Menschen. Das Wildtier des Jahres 2008 ist der Wisent.

58b Tierschutz

Versuchen Sie nun, folgende Fragen zum Text zu beantworten.

1. Von welcher Organisation ist die Rede?

   Antwort:

2. Wann wurde sie gegründet?

   Antwort:

3. Seit wann wählt sie das „Tier des Jahres"?

   Antwort:

4. Welche Tierart wurde zum Wildtier des Jahres 2008 gewählt?

   Antwort:

59a Familie Schierer

Können Sie sich diesen Familienstammbaum einprägen? Stellen Sie sich die Beziehungen untereinander möglichst lebendig vor, etwa wie der Ehemann seiner Frau Blumen schenkt oder wie sich die Geschwister zanken usw.

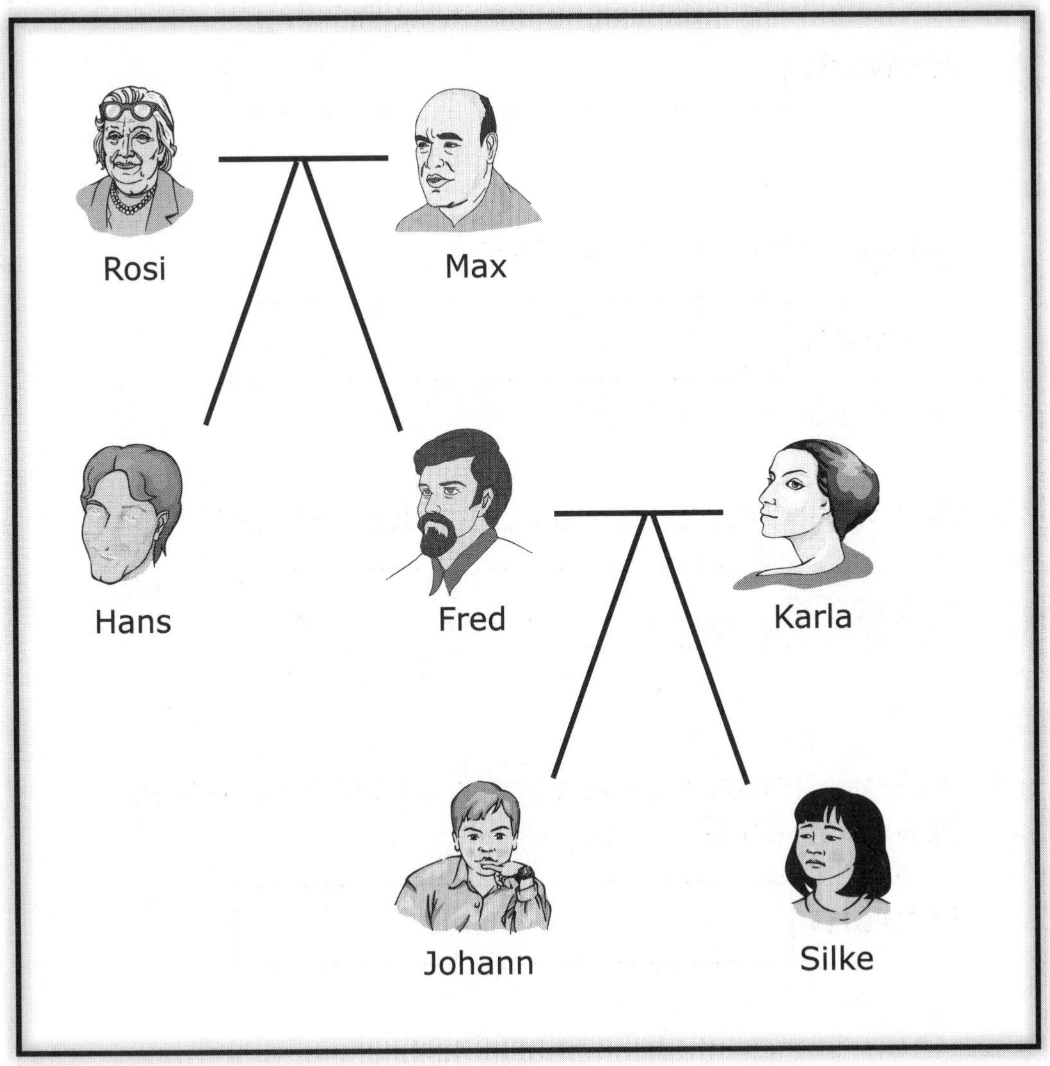

Horizontale Verbindungslinien bedeuten „verheiratet", von oben nach unten verlaufende Linien zeigen Eltern-Kind-Beziehungen an.

59b Familie Schierer

Können Sie nun folgende Fragen zur Familie beantworten?

1. Wie heißt Silkes Opa?

   Antwort:

2. Wer ist Johanns Onkel?

   Antwort:

3. Wie heißt Freds Tochter?

   Antwort:

4. Welchen Namen hat Rosis Schwiegertochter?

   Antwort:

5. Wie heißt Karlas Schwager?

   Antwort:

60a Einkaufsliste

Prägen Sie sich die Liste mit den darin aufgeführten Gegenständen ein. Blättern Sie dann um.

➔ 3 Liter Saft

➔ 1 Kilo Fleisch

➔ 5 Becher Joghurt

➔ 1 Liter Olivenöl

➔ 3 x Duschgel

➔ 1 Rätselzeitschrift

60b Einkaufsliste

Erinnern Sie sich daran, was auf der Einkaufsliste stand?
Schreiben Sie alle Artikel in die Liste.

61a 17 + 4

Schauen Sie sich die Karten genau an und merken Sie sich diese gut.

61b 17 + 4

Erinnern Sie sich daran, welche Karten es waren? Welche dieser Karten waren dabei. Markieren Sie sie.

☐ Karo-König

☐ Herz-Zehn

☐ Pik-König

☐ Kreuz-Dame

☐ Pikass

☐ Herz-Dame

☐ Karo-Bube

☐ Pik-Zehn

☐ Kreuz-Zehn

☐ Herz-Neun

62a Menü à la carte

Heute gibt es im Gasthaus folgendes Menü im Angebot:

Vorspeise:
Feldsalat mit Pfifferlingen

Hauptspeise:
Bandnudeln an Lachssahne-soße mit Spinat

Beilage:
Knoblauchbaguette

Nachspeise:
Panna cotta auf Himbeer-spiegel

Läuft Ihnen schon das Wasser im Mund zusammen? Stellen Sie sich vor, wie gut (oder auch weniger gut) Ihnen die einzelnen Gänge schmecken.

62b Menü à la carte

Kennen Sie das heutige Menü noch?

Vorspeise:

____

Hauptspeise:

____

____

Beilage:

____

Nachspeise:

____

____

63a Im Kinderzimmer

Schön bunt ist Jakobs Kinderzimmer. Alle Spielzeuge haben unterschiedliche Farben. Können Sie sich diese vor Ihrem geistigen Auge ausmalen und einprägen?

Grünes Parkhaus

Blauer Fußball

Gelbes Schaukelpferd

Rotes Auto

Brauner Teddybär

63b Im Kinderzimmer

Wissen Sie noch, welche Spielzeuge in welcher Farbe auf der vorherigen Seite genannt wurden?

1. Welche Farbe hat der Fußball?

   Antwort:

2. In welcher Farbe ist das Parkhaus gehalten?

   Antwort:

3. Welches Spielzeug ist braun?

   Antwort:

4. Welche Farbe hat das Schaukelpferd?

   Antwort:

5. Welches Spielzeug ist rot?

   Antwort:

6. Welches Spielzeug ist gelb?

   Antwort:

64a Die Patientin

Eine Frau kommt zum Arzt. Sie klagt über folgende Symptome:

„Herr Doktor!

Beim Joggen habe ich mir den linken Fuß verstaucht!

In meinem rechten Oberbauch sticht es!

Die linke Schulter ist höllisch verspannt!

Das rechte Knie ist auch etwas geschwollen.

Und im linken Ohr habe ich ein Pfeifen!"

Fühlen Sie sich in die Patientin ein und stellen Sie sich ganz konkret vor, wo genau die Beschwerden sind.

64b Die Patientin

Wissen Sie noch, über welche Beschwerden unsere Patientin klagte? Markieren Sie die Stellen, die dem Arzt genannt wurden.

65a Terminkalender

Sie haben in diesem Monat einige wichtige Termine, die Sie nicht vergessen dürfen. Natürlich haben Sie diese im Kalender vermerkt, doch um ganz sicherzugehen, wollen Sie sich die Termine auch fest ins Gedächtnis schreiben.

Montag	Dienstag	Mittwoch	Donnerstag	Freitag	Samstag	Sonntag
	1	2	3	4	5 Schwimm-bad	6
7	8 Ralfs Hochzeit	9	10	1	12	13 Wande-rung
14 Vor-stellungs-gespräch	15	16	17	18	19	20
21	22	23 Film-premiere	24	25	26	27
28	29	30				

65b Terminkalender

Haben Sie sich die Termine gemerkt? Dann tragen Sie diese in den leeren Kalender ein.

Montag	Dienstag	Mittwoch	Donnerstag	Freitag	Samstag	Sonntag
	1	2	3	4	5	6
7	8	9	10	1	12	13
14	15	16	17	18	19	20
21	22	23	24	25	26	27
28	29	30				

66a Sitzordnung

Fünf Personen sitzen an einem runden Tisch. Können Sie sich vorstellen, wie sie sich miteinander unterhalten?

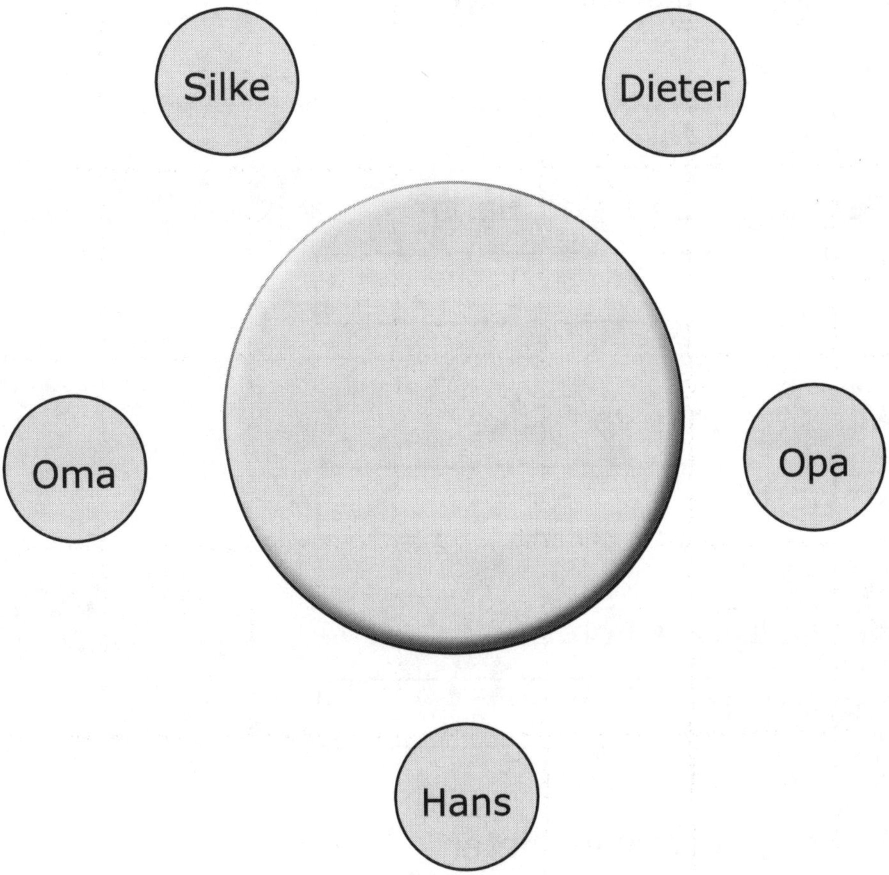

66b Sitzordnung

Können Sie diese Fragen aus dem Gedächtnis beantworten?

1. Wer sitzt rechts von Dieter?

   Antwort: ______

2. Wer sitzt links von Oma?

   Antwort: ______

3. Wer sitzt rechts von Hans?

   Antwort: ______

4. Wer sitzt links von Silke?

   Antwort: ______

5. Wer sitzt links von Opa?

   Antwort: ______

6. Wer sitzt links von Dieter?

   Antwort: ______

67a Bildergruppe

Prägen Sie sich die fünf Bilder eines Viertels jeweils gut ein.
Lösen Sie dann die Aufgabe auf der nächsten Seite.

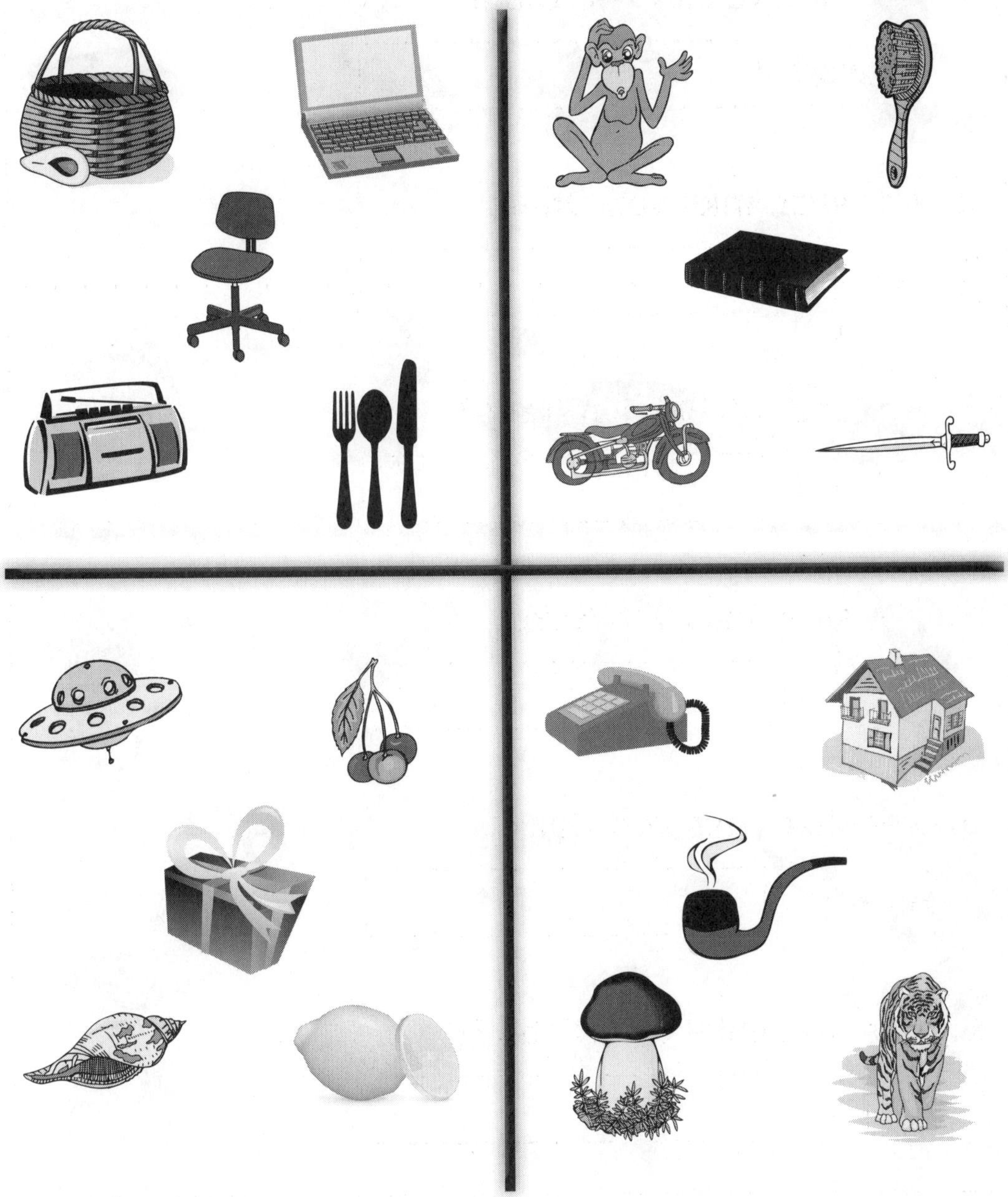

67b Bildergruppe

Von den fünf Bildern fehlt jeweils eins. Können Sie es benennen?

68a Datensätze

In den folgenden Sätzen ist jeweils mindestens eine Zahl enthalten. Versuchen Sie, diese Zahlen mit dem Inhalt des Satzes bildlich zu verknüpfen, und prägen Sie sich diese ein.

- Mit 1158 Sportlern aus 37 Ländern wurde ein neuer Teilnehmerrekord erzielt.
- Das Wrack wurde erst fünf Monate später in 3.300 Metern Tiefe gefunden.
- In den Tagen vom 1. bis zum 12. Juli 1916 wurden vier Personen von Haien getötet, und eine weitere wurde verletzt.

68b Datensätze

Beantworten Sie nun bitte folgende Fragen.

1. In welcher Tiefe wurde das Wrack gefunden?

   Antwort: ____________________

2. Aus wie vielen Ländern kamen die Sportler?

   Antwort: ____________________

3. Wie viele Personen wurden von den Haien getötet?

   Antwort: ____________________

4. Nach wie langer Zeit fand man das Wrack?

   Antwort: ____________________

5. In welchem Jahr war der Haiangriff?

   Antwort: ____________________

6. Wie viele Sportler nahmen teil?

   Antwort: ____________________

69a Bildertausch

Betrachten Sie die Symbole und merken Sie sich diese.
Auf der Rückseite sollen Sie bestimmen können, welche zwei dabei jeweils ihre Plätze getauscht haben.

69b Bildertausch

Bestimmen Sie in jedem Viertel, welche zwei Bildchen ihre Plätze getauscht haben.

70a Vier Freundinnen

Trainieren Sie Ihr Personengedächtnis und prägen Sie sich diese vier Damen mit Namen und Wohnort ein. Suchen Sie in den Gesichtern nach äußeren Auffälligkeiten. Versuchen Sie eine Verknüpfung zu finden zwischen den optischen Merkmalen und dem Namen bzw. der Stadt.

Charlotte aus Barcelona

Daniela aus Marseille

Melanie aus Budapest

Ulrike aus Venedig

70b Vier Freundinnen

Ordnen Sie die Begriffe 1 bis 8 den Gesichtern zu.

1 – Ulrike
2 – Melanie
3 – Daniela
4 – Charlotte
5 – Budapest
6 – Marseille
7 – Barcelona
8 – Venedig

71a Abstrakte Bilder

Prägen Sie sich jeweils ein Bild gründlich ein. Lassen Sie hierbei Ihrer Fantasie freien Lauf. Was könnte es darstellen?

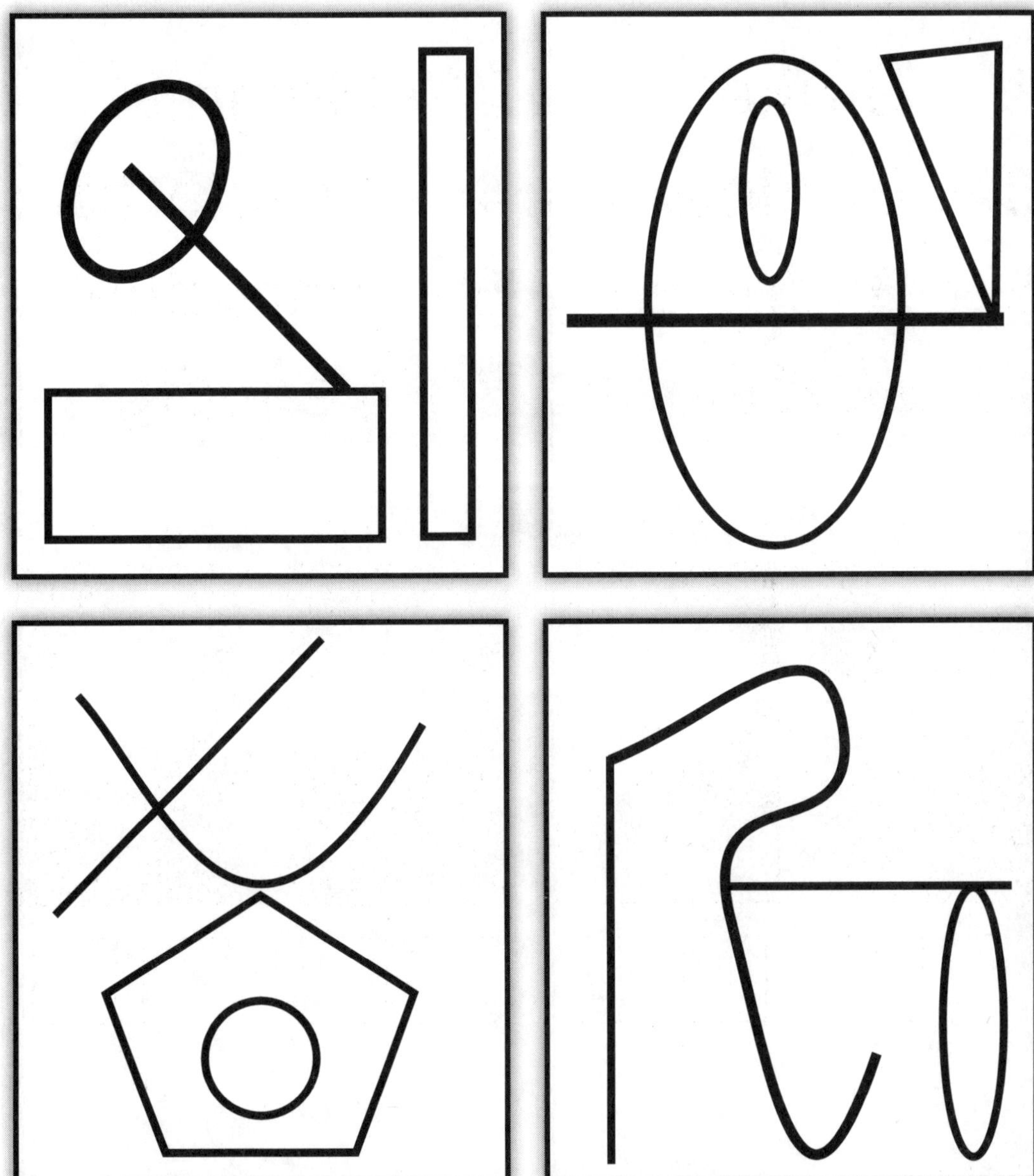

71b Abstrakte Bilder

Zeichnen Sie hier die Linien, so genau Sie können, aus der Erinnerung nach.

72a Stadt, Land, Fluss

Jede Tabelle besteht aus vier Oberbegriffen mit je zwei Unterbegriffen. Das Besondere dabei ist, dass alle Unterbegriffe verschiedene Anfangsbuchstaben haben. Dieser Umstand ist für die Lösung auf der Folgeseite von Bedeutung.
Lernen Sie nun bitte je eine Tabelle auswendig und blättern Sie dann um.

Beruf	Farbe	Körperteil	Land
Juwelier	Creme	Finger	Belgien
Dachdecker	Gelb	Arm	Indien

Planet	Möbelstück	Name	Gemüse
Jupiter	Nachttisch	Paula	Kohl
Merkur	Liege	Armin	Zwiebel

72b Stadt, Land, Fluss

Können Sie sich daran erinnern, für welche Wörter die hier aufgelisteten Anfangsbuchstaben stehen? Schreiben Sie ins leere Feld den jeweils dazugehörigen Oberbegriff.

G:	Gelb	C:	Creme
F:	Finger	B:	Belgien
I:	Indien	J:	Juwelier
D:	Dachdecker	A:	Arm

P:	Paula	L:	Liege
M:	Merkur	K:	Kohl
Z:	Zwiebel	N:	Nachttisch
A:	Armin	J:	Jupiter

73a Beobachtungsgabe

Betrachten Sie dieses Bild ganz genau. Prägen Sie sich möglichst viele Details davon ein.

73b Beobachtungsgabe

Im Folgenden lesen Sie mehrere Aussagen, die sich auf das Bild beziehen. Können Sie jeweils bestimmen, ob diese wahr (w) oder falsch (f) sind?

1. Auf dem Teller sind Nudeln angerichtet.

   Antwort: ☐

2. Zwei Besteckteile ragen über den Tellerrand hinaus.

   Antwort: ☐

3. Der Teller ist dunkel.

   Antwort: ☐

4. Die Tischdecke hat ein Kreismuster.

   Antwort: ☐

5. Im Hintergrund stehen Salz- und Pfefferstreuer.

   Antwort: ☐

74a Zahlwörter

Diese Wortungetüme sind einfache Zahlwörter. Mit ihrer Hilfe schulen Sie Ihre Vorstellungskraft hinsichtlich Zahlen.
Lesen Sie jeweils ein Wort und merken Sie sich die Zahl, die damit ausgedrückt wird. Blättern Sie dann um und schreiben Sie die Zahl als normale Ziffernfolge.

A) Dreihunderteinundsechzig

B) Vierhundertachtunddreißig

C) Sechstausendsiebenundzwanzig

D) Eintausendachthundertvierundachtzig

E) Vierzehntausendfünfhundertneunundfünfzig

F) Vierundzwanzigtausenddreihundertdreiundsechzig

G) Siebenundachtzigtausendzweihundertvierundneunzig

74b Zahlwörter

Notieren Sie hier die Zahlen in die leeren Felder.

A) 361

B) 438

C)

D)

E)

F)

G)

75a Tagesablauf

Prägen Sie sich folgende Termine genau ein. Stellen Sie sich jede Uhrzeit als etwas ganz Besonderes vor und verknüpfen Sie diese mit dem Ereignis, das zum jeweiligen Zeitpunkt stattfinden soll.

Freitag, 19. März 2010
Vier Termine:

- 07:15 Uhr: Joggen mit Karl
- 10:30 Uhr: Vorstellungsgespräch
- 19:00 Uhr: Feuerwehrübung
- 23:30 Uhr: Sportsendung Boxen live

Samstag, 28. März 2009
Vier Termine:

- 06:00 Uhr: Fitnesstraining
- 08:30 Uhr: Elternsprechstunde
- 11:15 Uhr: Steuerberater
- 17:15 Uhr: Auto abholen Werkstatt

75b Tagesablauf

Wenn Sie sich die Termine gut eingeprägt haben, fallen Ihnen sicher zu den folgenden Stichwörtern die dazugehörenden Uhrzeiten ein.

Übung: _ _ : _ _ Uhr

Karl: _ _ : _ _ Uhr

live: _ _ : _ _ Uhr

Vorstellung: _ _ : _ _ Uhr

Auto: _ _ : _ _ Uhr

Sprechstunde: _ _ : _ _ Uhr

Steuerberater: _ _ : _ _ Uhr

Fitness: _ _ : _ _ Uhr

76a Wörter = Zahlen

Prägen Sie sich die jeweils vier Wörter mitsamt den dazugehörigen Zahlen gut ein. Versuchen Sie in Ihrer Fantasie eine Verknüpfung zwischen Zahl und Begriff zu konstruieren.

Mars = 6
Hahn = 3
Schlüssel = 1
Frau = 7

Kino = 11
Lunge = 6
Taufe = 1
Radau = 2

76b Wörter = Zahlen

Je zwei Wörter stehen sich hier gegenüber. Welches Wort davon gehört zur größeren Zahl? Notieren Sie entsprechend ein „>" oder ein „<" in das Kästchen.

Schlüssel	☐	Mars
Hahn	☐	Frau
Mars	☐	Hahn
Frau	☐	Schlüssel

Taufe	☐	Lunge
Kino	☐	Radau
Radau	☐	Taufe
Lunge	☐	Kino

77a Bildertabelle

Prägen Sie sich diese neun Bilder und deren exakte Lage ein.
Merken Sie sich auch die dazugehörigen Koordinaten.

	1	2	3
A		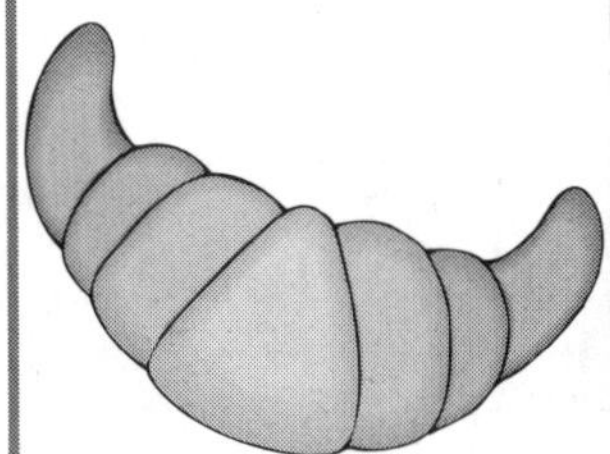	
B	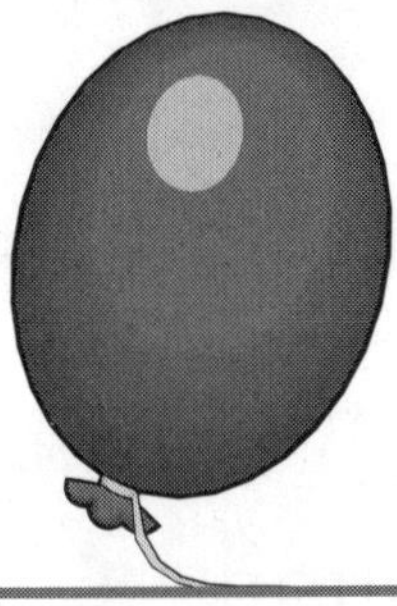		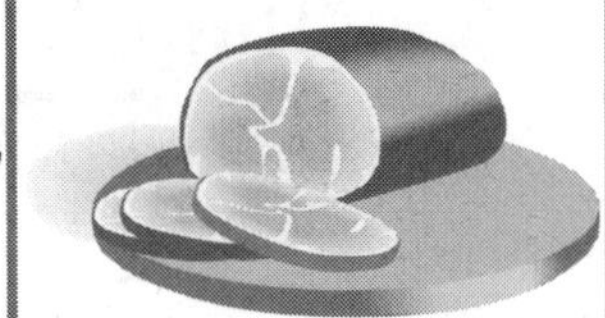
C		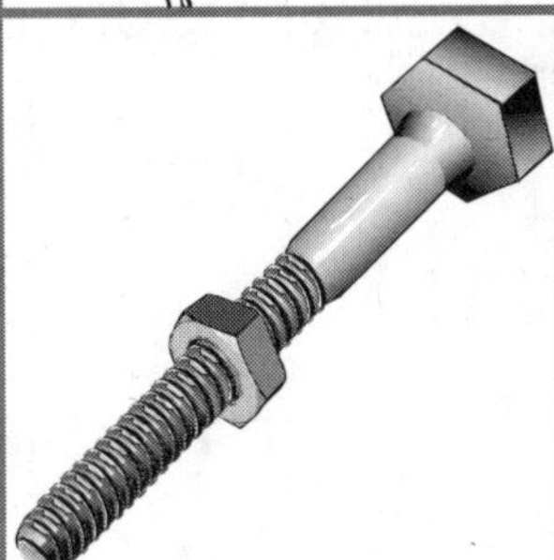	

77b Bildertabelle

Die folgenden Sätze sind Hinweise, die sich auf jeweils ein Bild beziehen. Sie müssen daher zunächst erkennen, welches Bild gemeint ist. Dann tragen Sie die Lage des entsprechenden Bildes ein.

1. Er verfügt über ein äußerst empfindliches Gehör.

   Lage: ☐

2. Eine Geste der Liebe.

   Lage: ☐

3. Er fliegt manchmal gen Himmel.

   Lage: ☐

4. Beliebte Freizeitbeschäftigung.

   Lage: ☐

5. Ohne eine Mutter ist sie zwecklos.

   Lage: ☐

78a Beim Einkaufen

Lesen Sie diesen Text einmal in Ruhe durch und merken Sie sich möglichst viel.

Als Timo das Haus seiner Tante verlässt, hat er die Einkaufsliste vergessen, den Regenschirm jedoch dabei. Der Supermarkt liegt gleich in der Nähe, Timo muss nur einmal nach rechts gehen und zweimal links abbiegen. Dort angekommen, nimmt er sich einen blauen Einkaufskorb und versucht, aus dem Gedächtnis die richtigen Zutaten für sein Abendessen einzukaufen. Die Möhren nimmt er bundweise, die Gurken wiegt er ab, und statt den roten Paprika nimmt er gelbe. Bei Erika, der Kassiererin, bezahlt er mit einem 20-Euro-Schein. Als sie ihm das Wechselgeld gibt, warnt sie ihn vor einem Sonnenbrand.

78b Beim Einkaufen

Versuchen Sie nun, folgende Fragen zum Text zu beantworten.

1. Was vergisst Timo, als er das Haus verlässt?

   Antwort: ____________________

2. Wie oft muss er auf dem Weg zum Supermarkt links abbiegen?

   Antwort: ____________________

3. Welche Farbe hat der Einkaufskorb?

   Antwort: ____________________

4. Bei welchem Gemüse verwechselt er die Farbe?

   Antwort: ____________________

5. Wovor warnt ihn die Kassiererin?

   Antwort: ____________________

79a Fernsehen im Bett

Prägen Sie sich die Zahlen in diesem Bild gut ein. Merken Sie sich auch deren Position, denn auf der Rückseite sollen Sie diese aus dem Gedächtnis wieder eintragen.

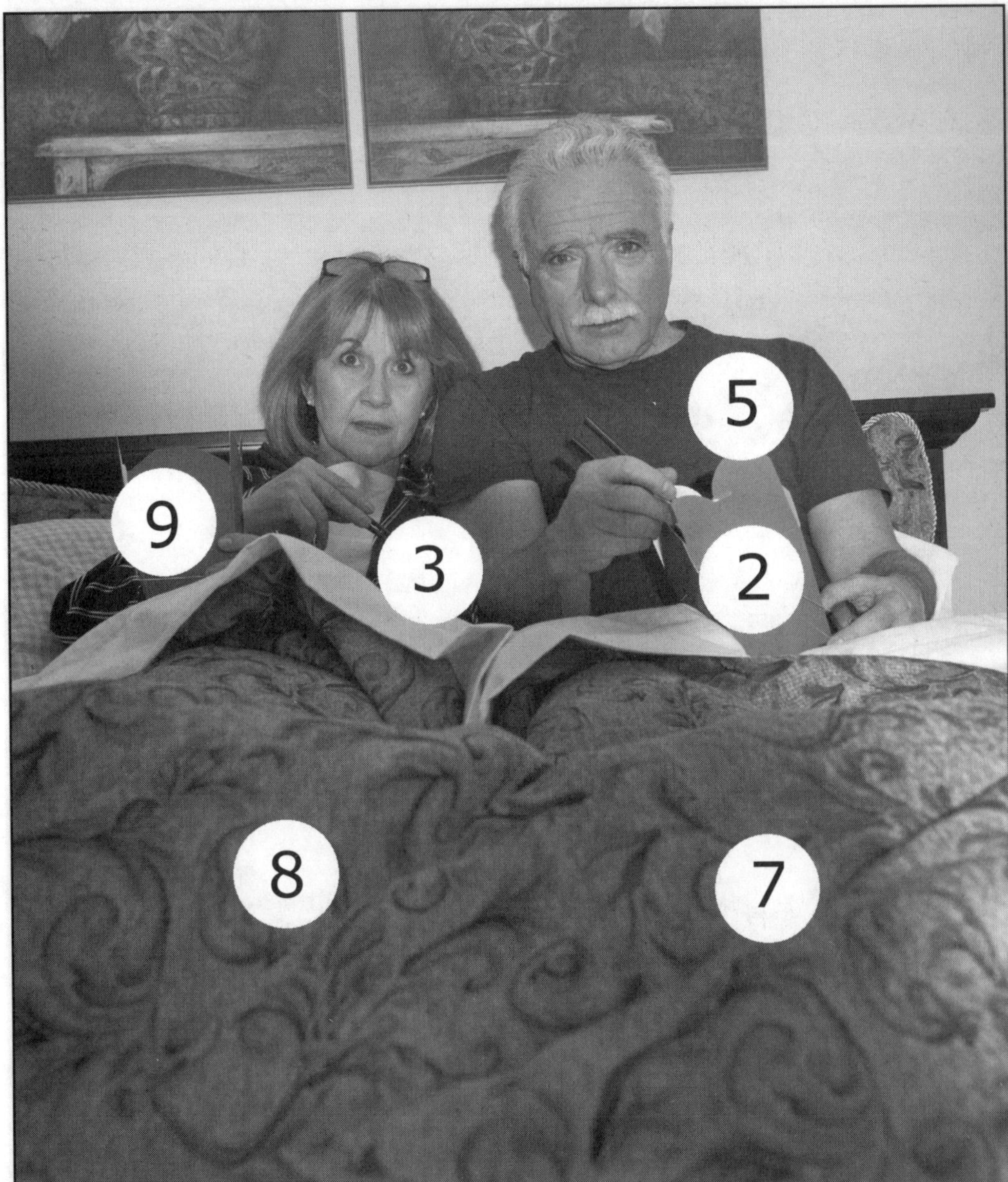

79b Fernsehen im Bett

Tragen Sie hier die Zahlen ein, die Sie sich auf der Vorderseite eingeprägt haben. Beachten Sie, dass das Bild nun gespiegelt ist.

80a Dingliches Allerlei

Prägen Sie sich folgende Gegenstände ein. Versuchen Sie in Ihrer Vorstellung ein Bild zu erstellen, das all diese Dinge enthält.

Kugelschreiber

Affe

Socken

Flöte

Tannenbaum

Maikäfer

Kerze

Briefkasten

80b Dingliches Allerlei

Streichen Sie hier alle Gegenstände, die nicht auf der Vorderseite aufgeführt sind.

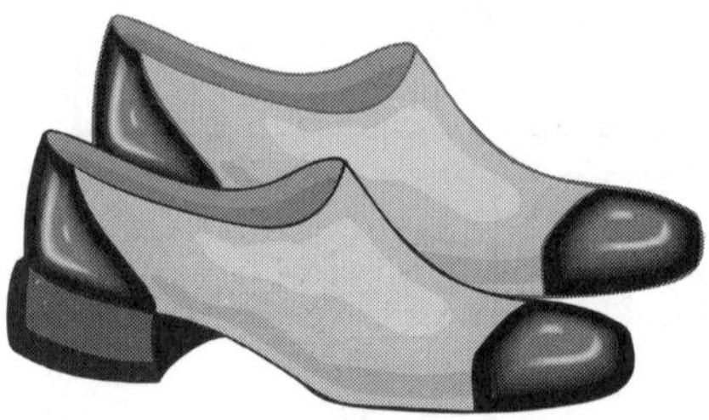

81a Die Glocke

Lesen Sie dieses Gedicht so aufmerksam wie möglich. Lesen Sie es zweimal. Achten Sie dabei besonders auf den Klang der Wörter und Reime.

Jetzo mit der Kraft des Stranges
Wiegt die Glock‵ mir aus der Gruft,
Daß sie in das Reich des Klanges
Steige, in die Himmelsluft!
Ziehet, ziehet, hebt!
Sie bewegt sich, schwebt!
Freude dieser Stadt bedeute,
Friede sei ihr erst Geläute.

Diese Verse wurden entnommen aus „Das Lied der Glocke" von Friedrich Schiller.

81b Die Glocke

Klingen Ihnen die Verse noch in den Ohren? – Dann können Sie hier sicher herausfinden, welche dieser folgenden Teilsätze nicht aus dem eben Gelesenen stammen.

- ☐ Jetzo mit der Kraft
- ☐ das Reich des Klanges
- ☐ Freude dieser Stadt
- ☐ Ziehet, ziehet, hebt!
- ☐ Herein! Herein!
- ☐ ihr erst Geläute
- ☐ die Glocke tausend weihen
- ☐ aus der Gruft
- ☐ der Klang im Ohr vergehet

82a Verfremdete Bilder

Prägen Sie sich diese vier Bilder gründlich ein. Beachten Sie dabei auch Umrisse, Formen und kontraststarke Bereiche.

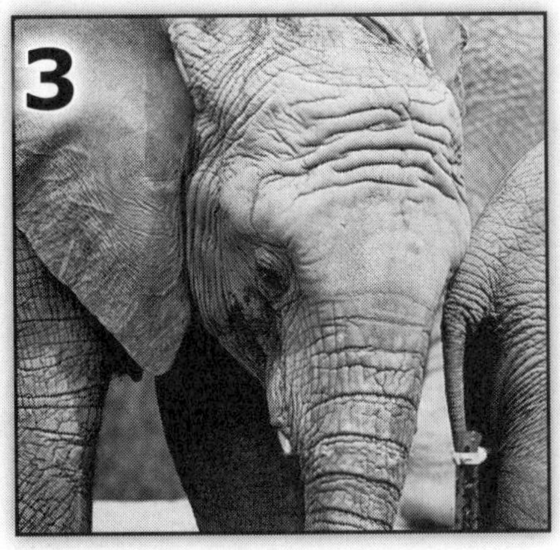

82b Verfremdete Bilder

Die vier Bilder der Vorderseite wurden verändert und an eine andere Stelle gesetzt. Können Sie bestimmen, welche Grafik aus welchem Originalbild stammt?

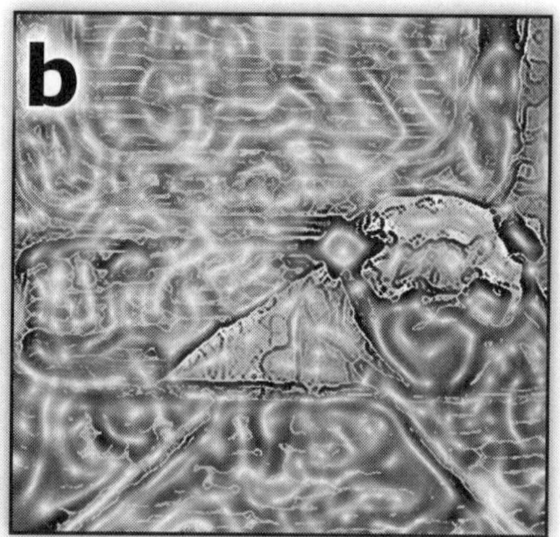

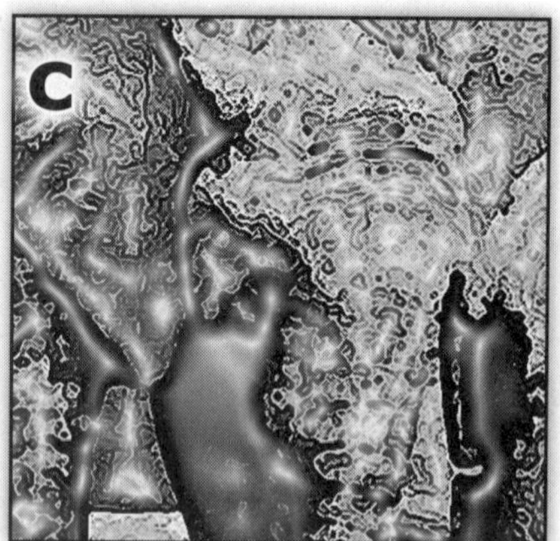

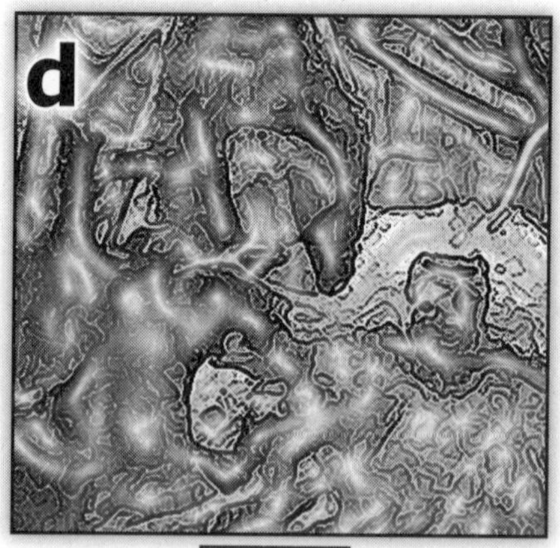

83a Zahlengedächtnis

Lernen Sie je eine Zahl auswendig. Versuchen Sie dabei, Eselsbrücken zu finden, also gedankliche Verknüpfungen mit etwas, das Sie bereits kennen. Blättern Sie dann um und lösen Sie die Aufgabe auf der Rückseite.

A → 628465

B → 285691

C → 321674

D → 215428

E → 662942

F → 525487

G → 346596

83b Zahlengedächtnis

Sind hier exakt die gleichen Zahlen zu sehen wie auf der Vorderseite? Oder wurden manche Ziffern ausgewechselt? Überprüfen Sie dies aus dem Gedächtnis und kreuzen Sie die falschen Ziffern an.

A → 629465

B → 385691

C → 321675

D → 226428

E → 669242

F → 252487

G → 346695

84a Gebietsplan

Können Sie sich diesen Plan einprägen? Stellen Sie sich vor, Sie würden dieses Gebiet mit dem Fahrrad abfahren. Auch die Straßenbezeichnungen eignen sich für bildhafte Verknüpfungen.

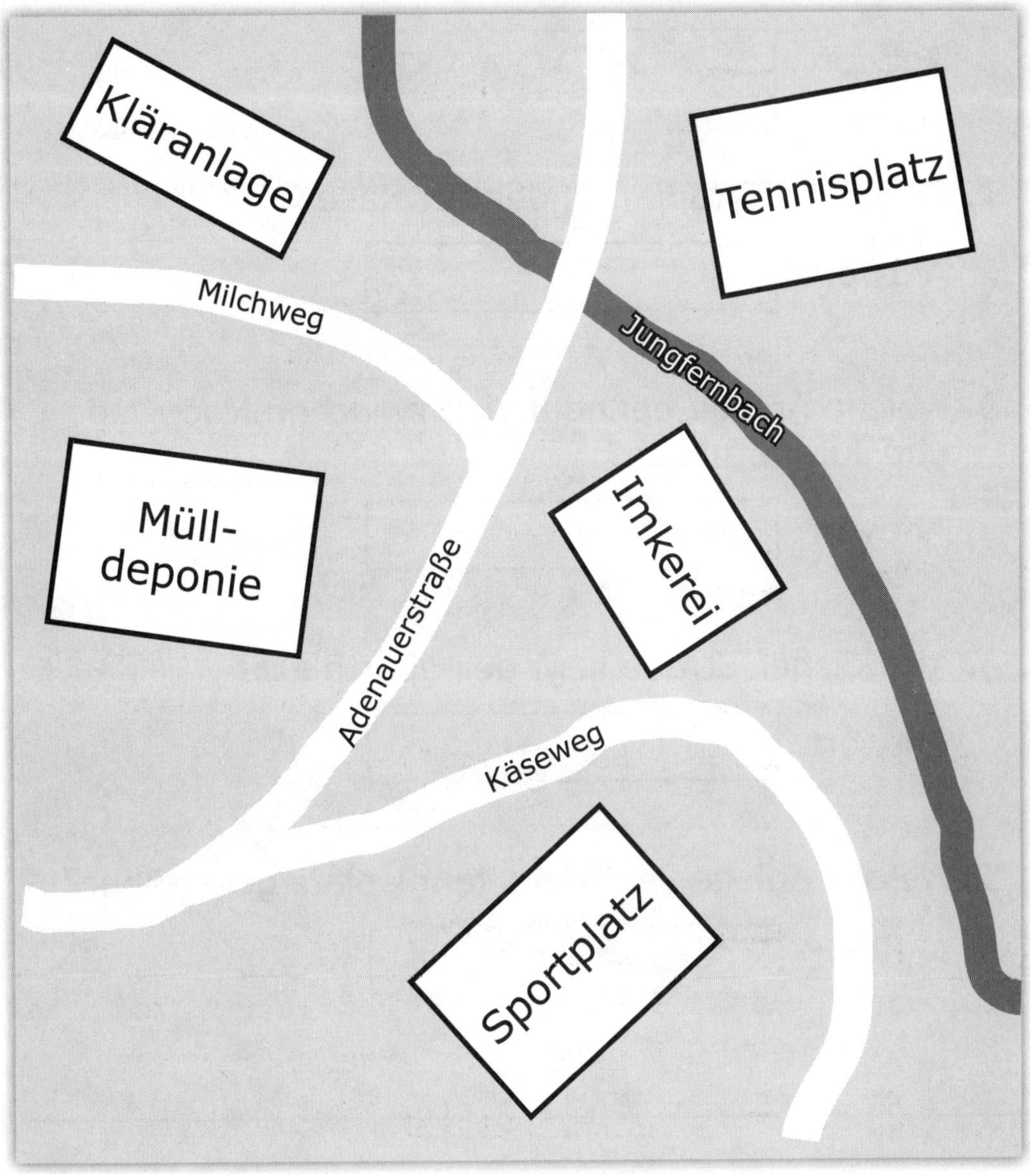

84b Gebietsplan

Beantworten Sie folgende Fragen frei aus dem Gedächtnis.

1. Unter welcher Straße führt der Jungfernbach hindurch?

   Antwort: Adenauerstraße

2. In welche Straße mündet der Käseweg?

   Antwort: Adenauerstraße

3. Welche Anlage befindet sich zwischen Milchweg und Jungfernbach?

   Antwort: kläranlage

4. An welcher Straße liegt der Sportplatz?

   Antwort: Käseweg

5. Welche Anlage liegt dem Tennisplatz gegenüber?

   Antwort: Imkerei

85a Schwarz-grau-weiß

Dieses Muster aus schwarzen, grauen und weißen Feldern sollen Sie sich hier einprägen. Können Sie darin etwas erkennen? Vielleicht ein Zeichen, ein Bild oder sonst eine Bedeutung?

85b Schwarz-grau-weiß

Malen Sie hier die richtigen Felder schwarz bzw. grau aus, damit die gleiche Grafik erscheint wie auf der Vorderseite.

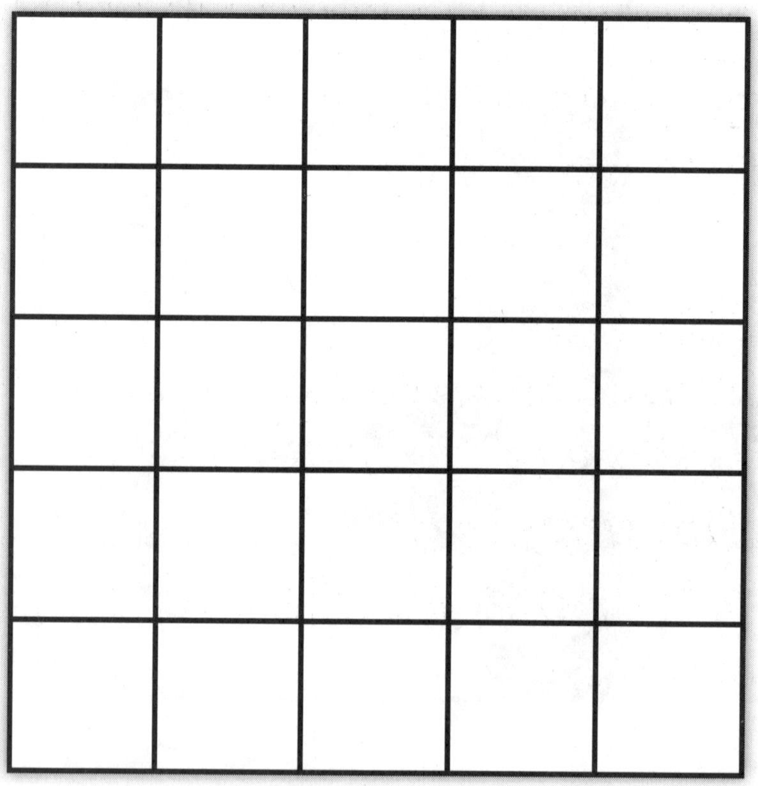

86a In einem Satz

Lernen Sie jeweils einen Satz auswendig und lösen Sie dann die Aufgabe auf der Folgeseite.

Glück ist das Zusammentreffen von Fantasie und Wirklichkeit.

Alexander Mitscherlich (1908-82), dt. Psychologe

Seine Pflicht erkennen und tun, das ist die Hauptsache.

Friedrich II., der Große, König v. Preußen (1712-86)

Bei Licht besehen ist auch ein Leithammel nur ein Schaf.

Ernst Hohenemser, dt. Aphoristiker

86b In einem Satz

Wiederholen Sie jeweils den gerade gelernten Satz, jedoch rückwärts. Beginnen Sie also mit dem letzten Wort.

______ ______ ______

______ ______ ______

______ ______

______ ______ ______ ______

______ ______ ______ ______

______

______ ______ ______ ______

______ ______ ______ ______

______ ______

87a Zwei Männer

Zwei Gesichter sollen Sie hier bis ins Details studieren. Auf der Folgeseite sollen Sie die Männer anhand kleiner Ausschnitte wiedererkennen.

Jürgen Markus

87b Zwei Männer

Können Sie die Kopfausschnitte dem jeweiligen Herrn zuordnen?

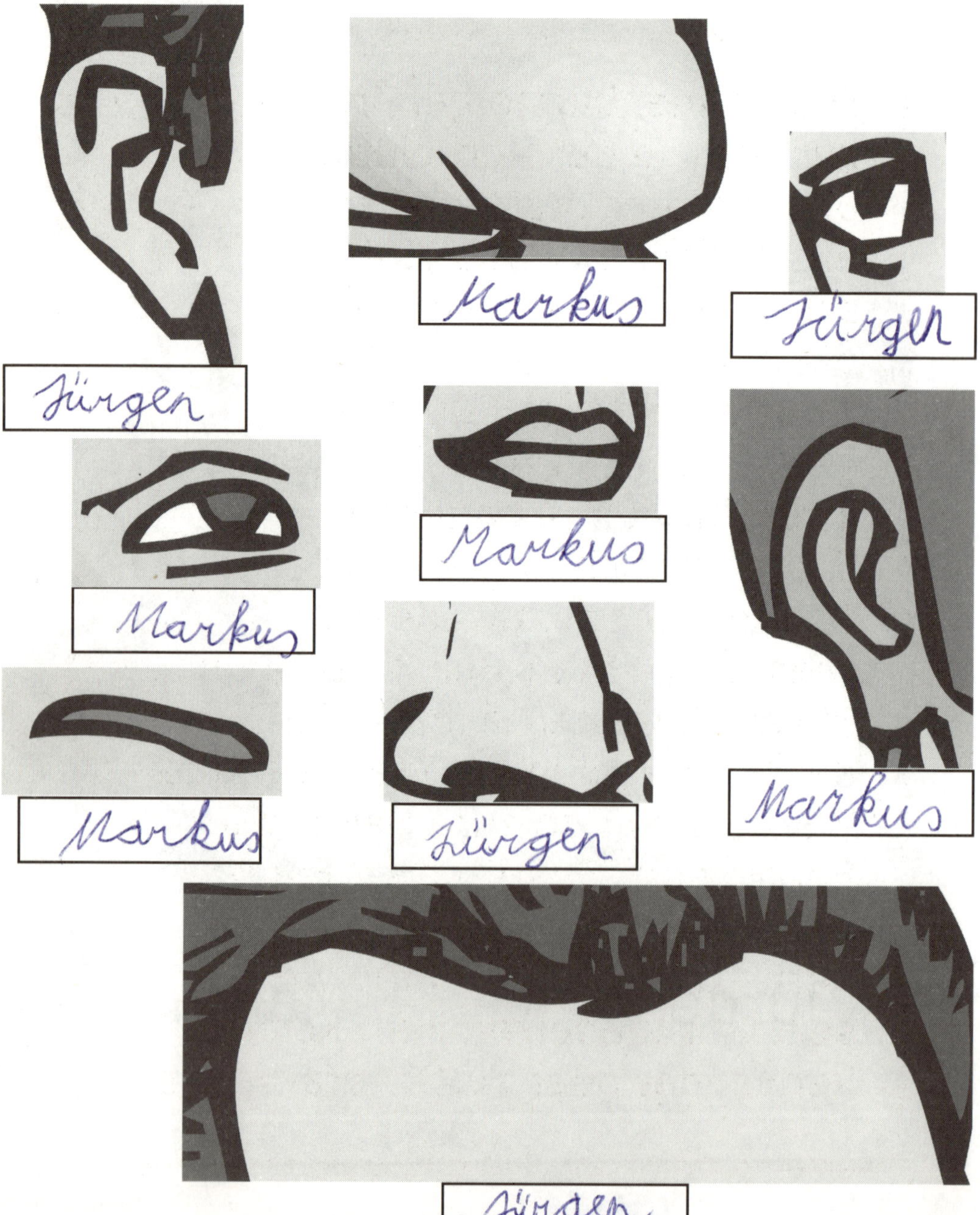

88a Ein Produkt der Sonne

Lesen Sie diesen Text einmal langsam durch und versuchen Sie, sich möglichst viele Einzelheiten einzuprägen.

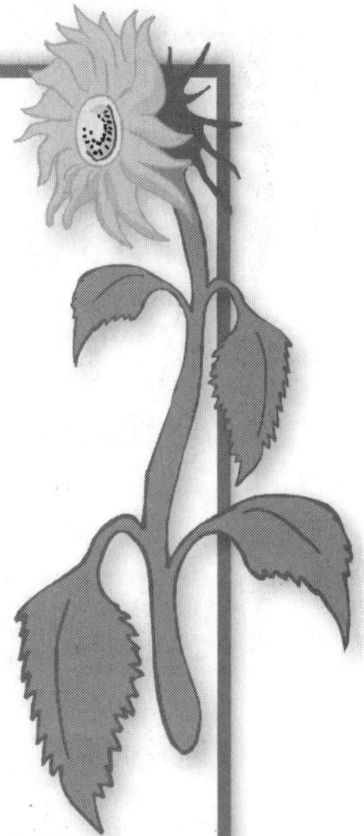

Die Sonnenblume gehört zur Familie der Korbblütler und stammt ursprünglich aus Amerika. Von spanischen Seefahrern wurden die ersten Samen im 16. Jahrhundert nach Europa gebracht. Die Pflanze erhielt ihren Namen nach ihrer Eigenart, sich immer dem Sonnenlicht zuzuwenden. Dies nennt man Heliotropismus. In vielen Sprachen enthält der Name der Sonnenblume daher auch das Wort Sonne, so zum Beispiel im Englischen, Spanischen, Französischen oder Ungarischen. Die Kerne der Sonnenblume werden seit Jahrhunderten zum Kochen verwendet oder zu Öl verarbeitet.

88b Ein Produkt der Sonne

Beantworten Sie folgende Fragen frei aus dem Gedächtnis.

1. Woher stammt die Sonnenblume?

   Antwort: __________

2. Zu welcher Familie gehört die Sonnenblume?

   Antwort: __________

3. In welchem Jahrhundert wurde sie von Seefahrern nach Europa gebracht?

   Antwort: __________

4. Nennen Sie drei Sprachen, in denen das Wort Sonne im Namen der Sonnenblume enthalten ist?

   Antwort: __________

5. Welcher Teil der Sonnenblume wird zu Öl verarbeitet?

   Antwort: __________

89a Ara

Prägen Sie sich dieses Bild ganz genau ein. Achten Sie dabei auf alle Einzelheiten.

89b Ara

Einige dieser Bildausschnitte stammen nicht vom Original auf der Vorderseite. Können Sie diese ausfindig machen?

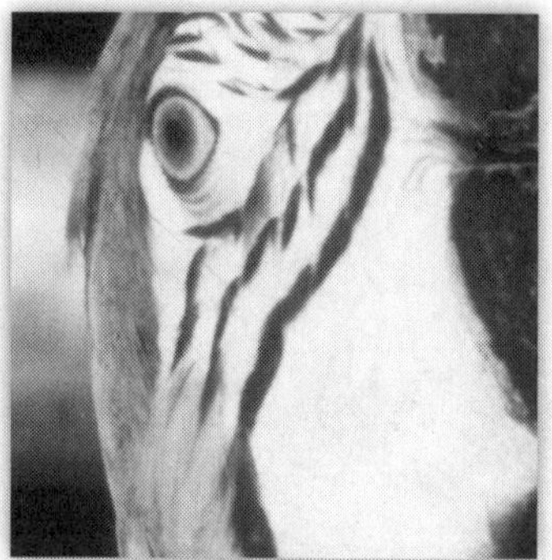

☐

☐

☐

☐

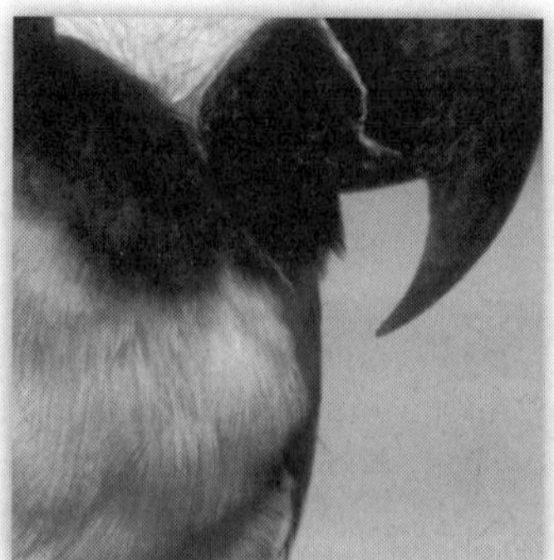

☐

☐

90a Formenvielfalt

Jetzt wird es sehr abstrakt. Können Sie diese Formen im Gedächtnis behalten? Richten Sie Ihr Augenmerk auf die objektiven Eigenschaften wie Farbe, Eckenanzahl usw.

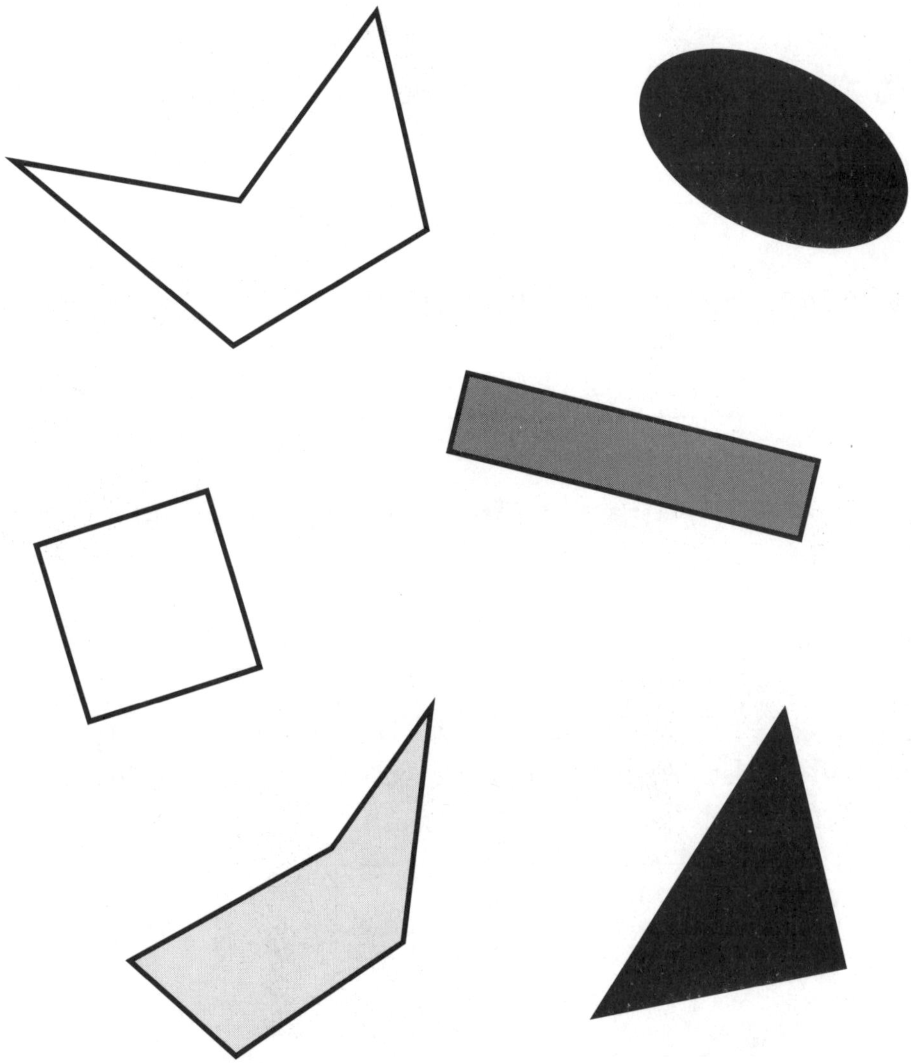

90b Formenvielfalt

Können Sie diese Fragen aus dem Gedächtnis beantworten?

1. Wie viele Formen konnten Sie insgesamt zählen?

   Antwort: ____________________

2. Wie viele davon haben mehr als vier Ecken?

   Antwort: ____________________

3. Wie viele Figuren sind grau?

   Antwort: ____________________

4. Welche Farbe hat die Figur mit den wenigsten Ecken?

   Antwort: ____________________

5. Wie viele Ecken haben alle schwarzen Figuren zusammen?

   Antwort: ____________________

91 Merken und rechnen

Mit dieser Aufgabe trainieren Sie Kopfrechnen und Gedächtnis in einem.
Zuerst sollen Sie sich den jeweils vorgegebenen Satz einmal durchlesen und dabei einprägen.
Dann decken Sie diesen Satz bitte zu und lösen die Rechenaufgabe darunter.
Abschließend notieren Sie in die leere Zeile alle Anfangsbuchstaben der Wörter des oberen Satzes. Doch bitte nicht nachsehen! Sie sollten versuchen, dies aus dem Gedächtnis zu bewältigen.

a	Die Stadt ist als Mittelzentrum eingestuft.
	26 + 37 =
	______________________

b	Früher wurden Metalle von Schmieden verarbeitet.
	85 + 29 =
	______________________

c	Während dieser Phase wurden hohe Zuwächse erreicht.
	9 x 7 =
	______________________

d	In Österreich verlief die Entwicklung wie in Deutschland.
	56 : 8 =
	______________________

Gedächtnistraining

Schritt 3

Im dritten Teil werden Sie richtig herausgefordert. Ein kurzer Blick genügt hier nicht mehr, um sich die Übungen zu merken. Lassen Sie sich bei Bedarf ruhig mehrere Minuten Zeit, um das Einzuprägende sicher im Gedächtnis abzuspeichern. Arbeiten Sie an Ihrer Fantasie – sie ist das Wichtigste für ein gutes Gedächtnis.

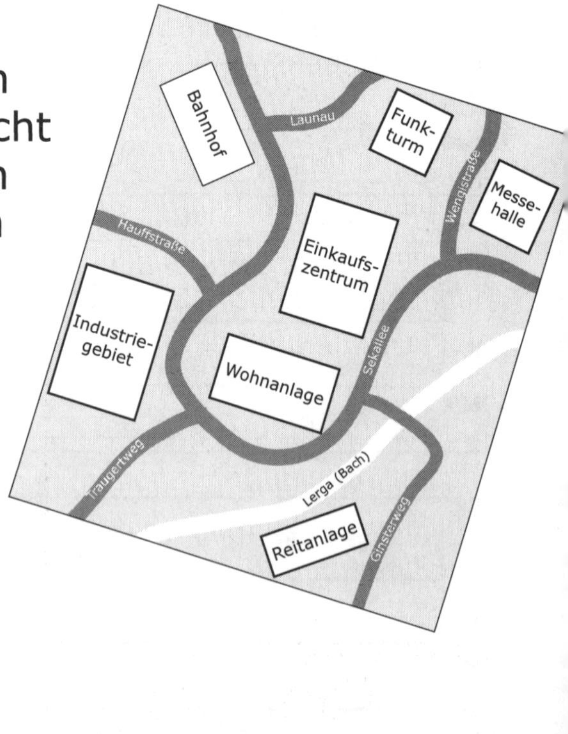

92a Fantasiesprache lernen

Prägen Sie sich zu den folgenden Bildern die jeweiligen Fantasiebezeichnungen ein. Blättern Sie dann um und lösen Sie auf der Rückseite die Aufgabe.

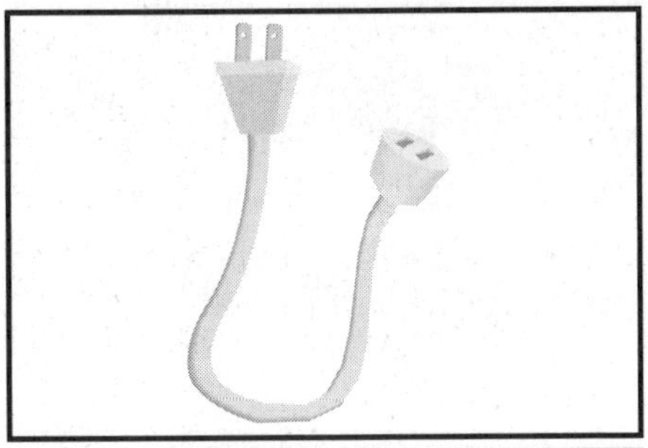

Blockol

Grackl

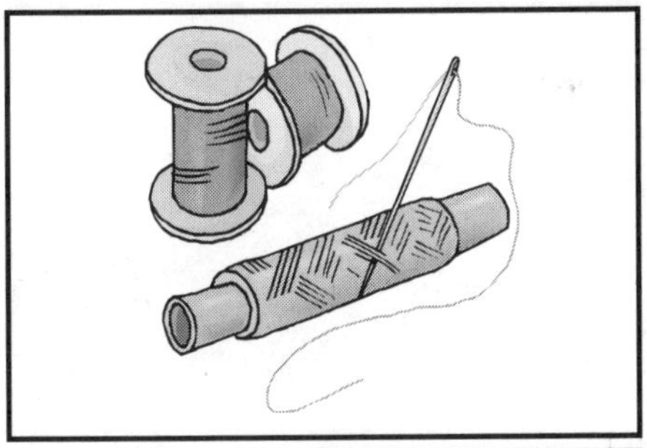

Wu

Drillio

Fagingal

Ins

92b Fantasiesprache lernen

Haben Sie sich alle Vokabeln gemerkt? Tragen Sie hier die fehlenden Bezeichnungen der jeweiligen Gegenstände ein.

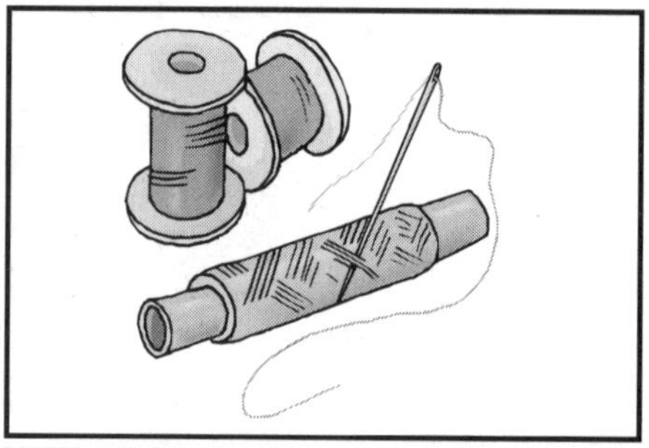

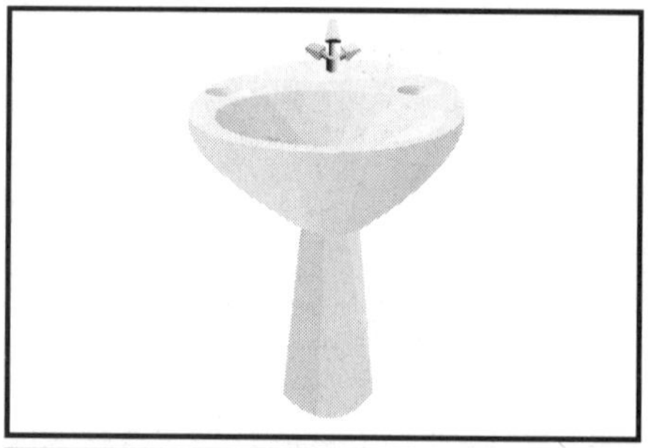

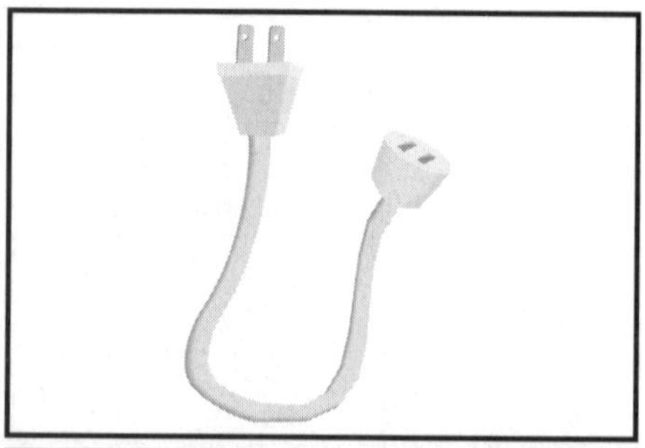

93a Personengedächtnis

Sehen Sie sich diese beiden Personen eine Minute lang ganz genau an und prägen Sie sich alle Details gut ein.

93b Personengedächtnis

Versuchen Sie hier, die Fragen zu den beiden Personen auf der Vorderseite zu beantworten.

1. Trägt der Mann eine Krawatte?

   Antwort: Ja

2. Welche Haarfarbe hat die Frau?

   Antwort: blod

3. Hält der Mann etwas in der Hand?

   Antwort: Ja

4. Trägt die Frau einen Rock?

   Antwort: Nein

5. Beschreiben Sie die Gesichtsausdrücke.

   Antwort: fröhlich

6. Hält die Frau eine Tasche in der Hand?

   Antwort: Nein

94a Gegensätzliche Begriffe

Prägen Sie sich folgende zwölf Begriffspaare ein. Beachten Sie dabei die gegenteilige Bedeutung der Wörter. Blättern Sie anschließend um.

steif ↔ locker

behäbig ↔ geschwind

fliehen ↔ entgegentreten

augenblicklich ↔ allmählich

redefreudig ↔ mundfaul

grundlos ↔ begründet

kollektiv ↔ individuell

einfach ↔ knifflig

dicht ↔ porös

unrentabel ↔ lukrativ

nachdrücklich ↔ leichthin

stunden ↔ einklagen

94b Gegensätzliche Begriffe

Tragen Sie den jeweils fehlenden Begriff ein.

	↔	kollektiv
leichthin	↔	
	↔	allmählich
lukrativ	↔	
	↔	entgegentreten
	↔	behäbig
fliehen	↔	
dicht	↔	
einklagen	↔	stunden
redefreudig	↔	mudfall
locker	↔	steif
kollgtiv	↔	individuell

95a Landkarte

Sie befinden sich auf einer Insel, die in fünf Gebiete eingeteilt ist, und wollen sich möglichst schnell zurechtfinden. Merken Sie sich dafür Namen und Form der Regionen. Überprüfen Sie anschließend auf der Rückseite, wie genau Sie sich diese Gebiete eingeprägt haben.

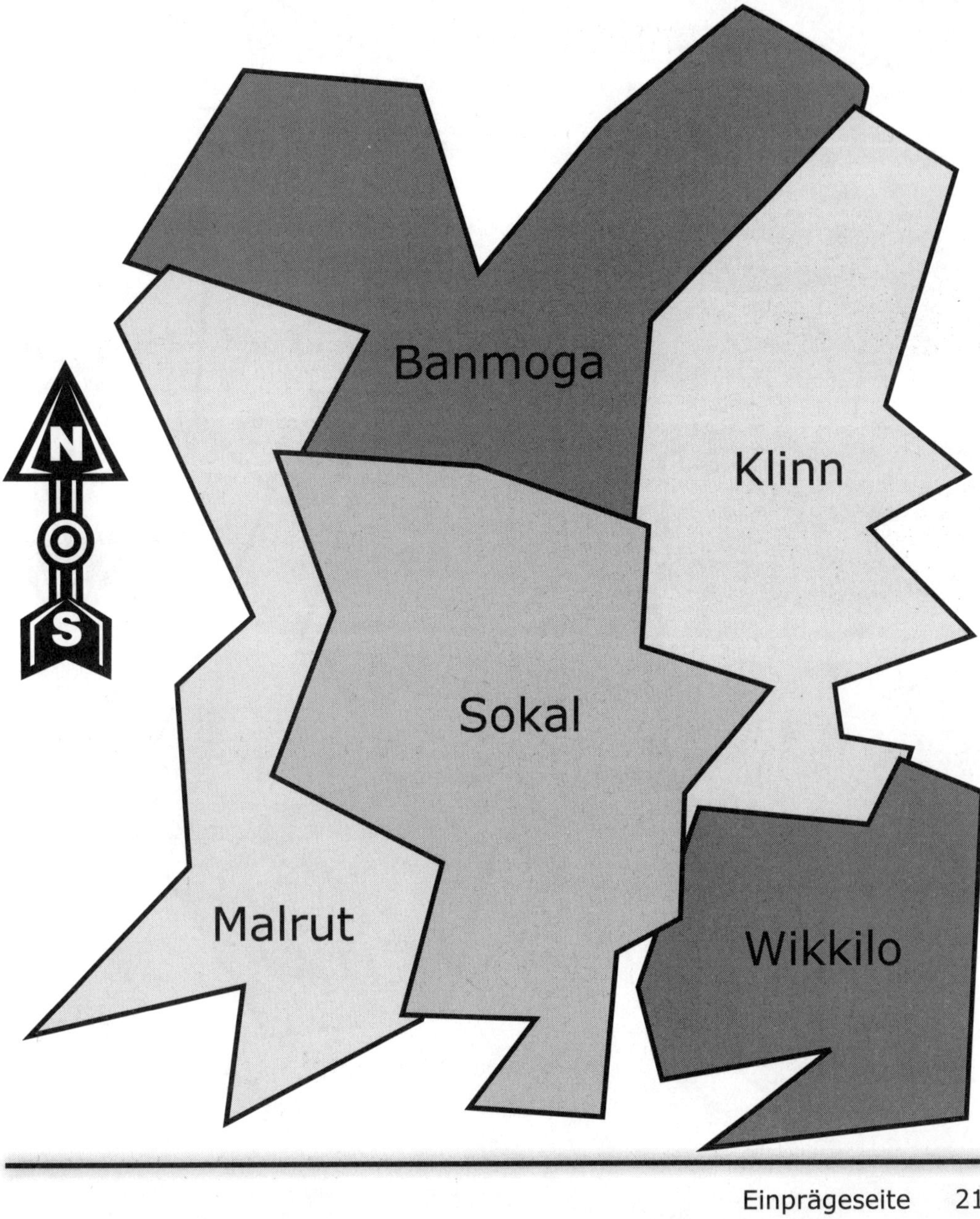

95b Landkarte

Die Insel zeigt sich hier aus einer anderen Perspektive. Erkennen Sie die Gebiete wieder? Tragen Sie deren Namen ein.

96a Route merken

Sehen Sie sich den Wegverlauf von A nach B gut an. Auf der Rückseite sollen Sie diesen aus dem Gedächtnis nachzeichnen.

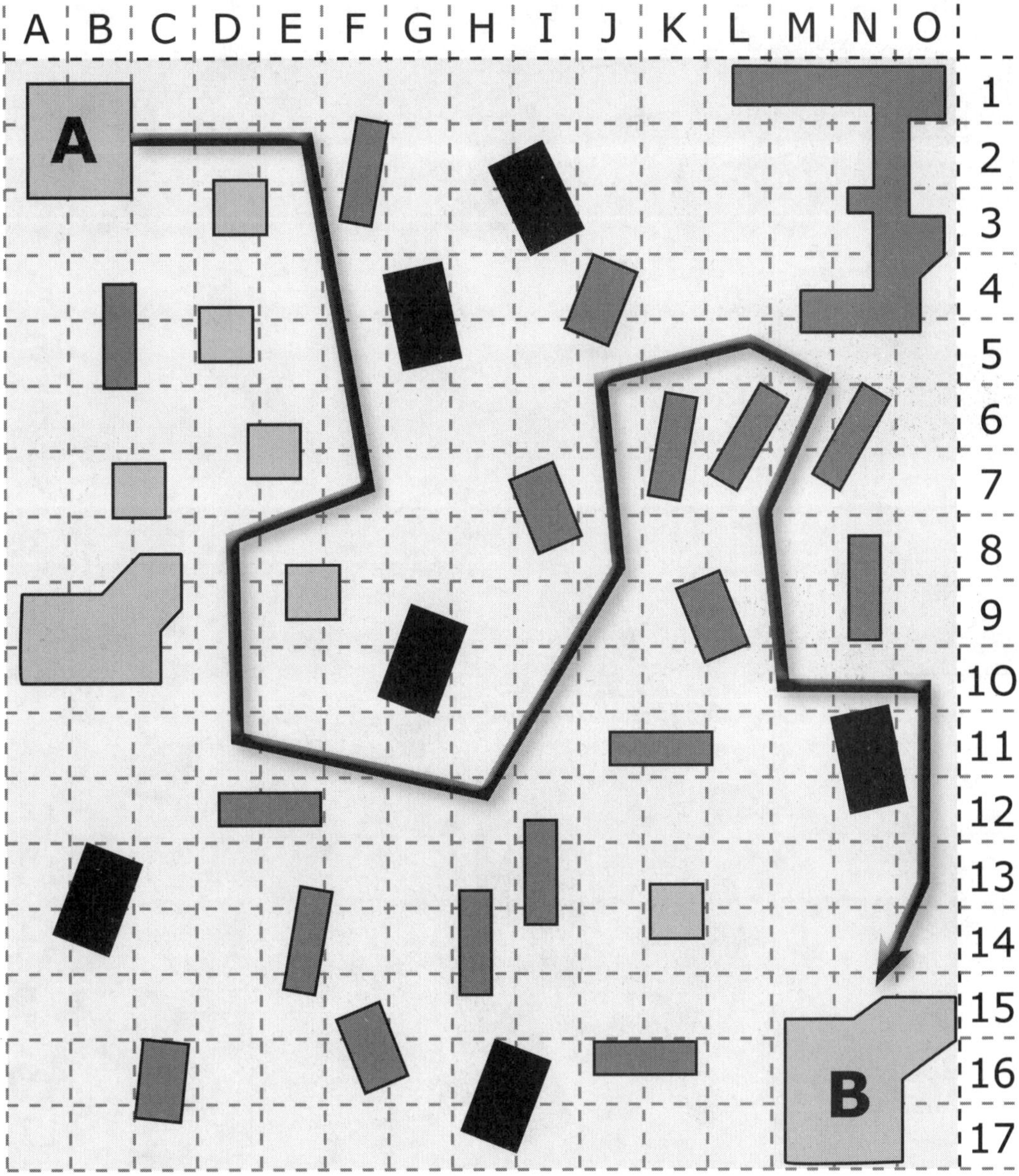

96b Route merken

Finden Sie auf dem gleichen Weg von A nach B? Können Sie ihn aus dem Gedächtnis einzeichnen?

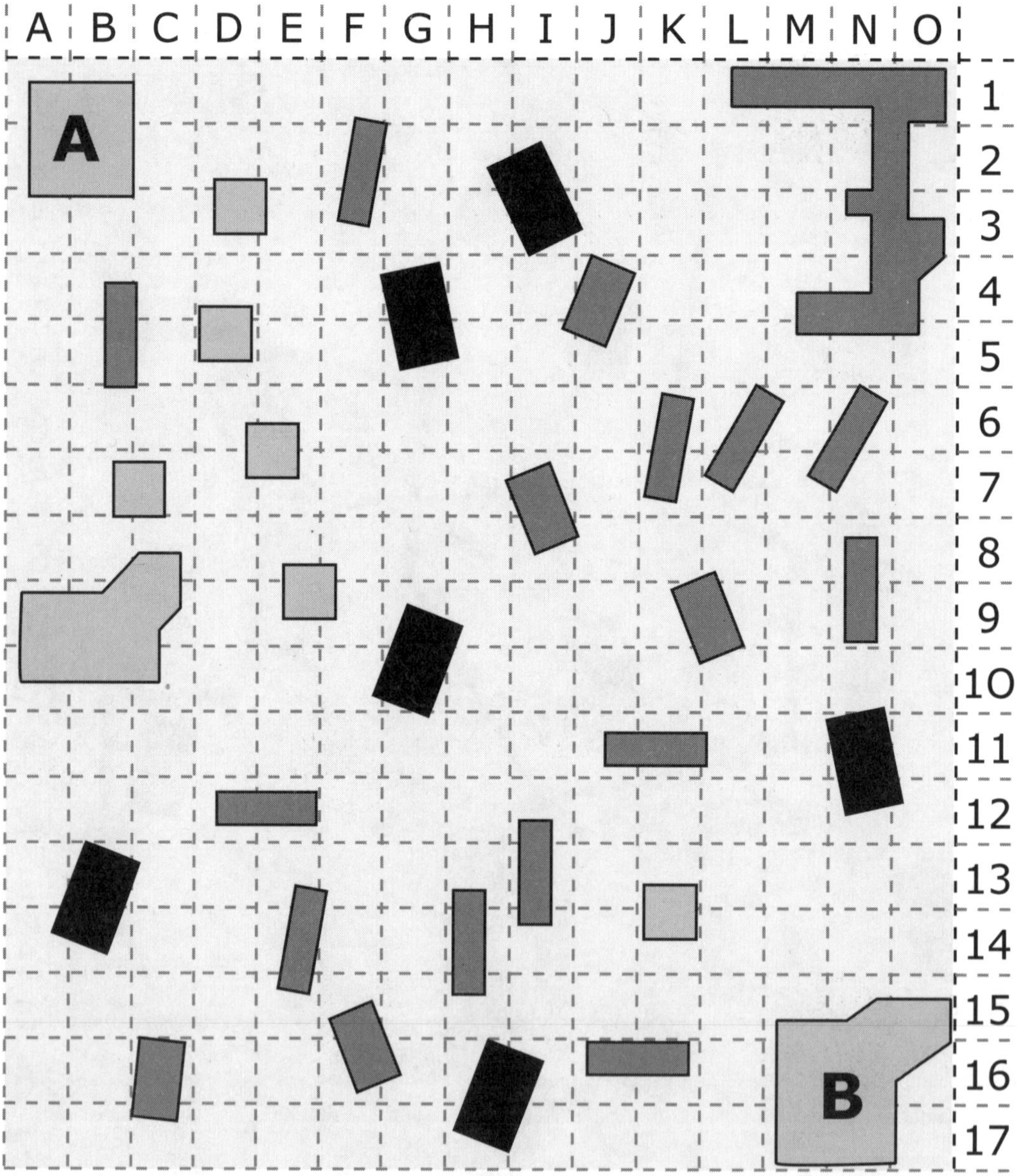

97a Bilderreihen merken

Prägen Sie sich bitte die vier Bilder und deren Nummer der jeweiligen Teilaufgabe gut ein. Blättern Sie dann jeweils um und überprüfen Sie Ihre Merkfähigkeit.

a)

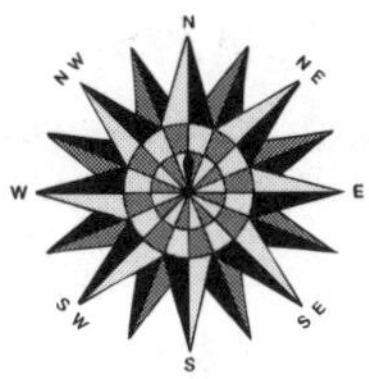

1

2

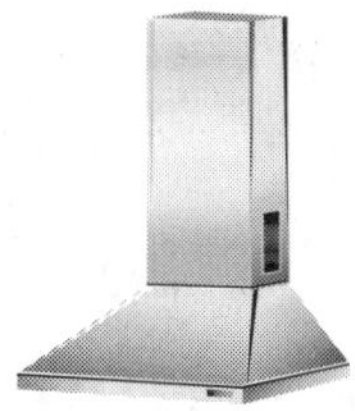

3

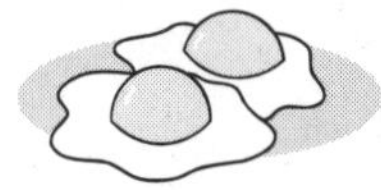

4

b)

1

2

3

4

c)

1

2

3

4

d)

1

2

3

4

97b Bildreihen merken

Hier sind in jeder Reihe drei von den jeweils vier Bildern dargestellt. Können Sie herausfinden, welches fehlt? Tragen Sie die entsprechende Feldnummer ins leere Kästchen ein.

a)

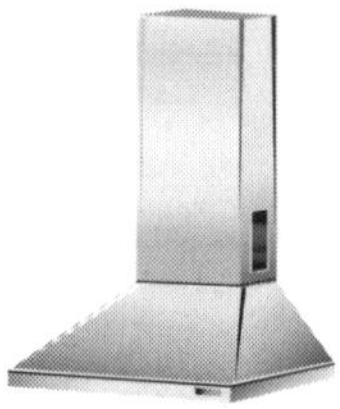

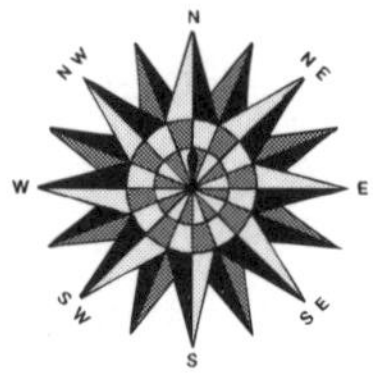

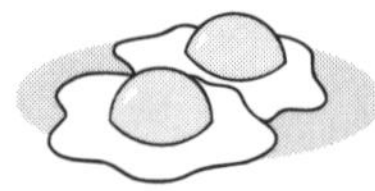

b)

c)

d)

98a Anordnungen merken

Prägen Sie sich jeweils einen Kasten (beginnend mit der Nummer 1) kurz ein. Dann blättern Sie um und suchen auf der Rückseite nach dem Kasten mit der gleichen Bilderanordnung.

1

2

3

4

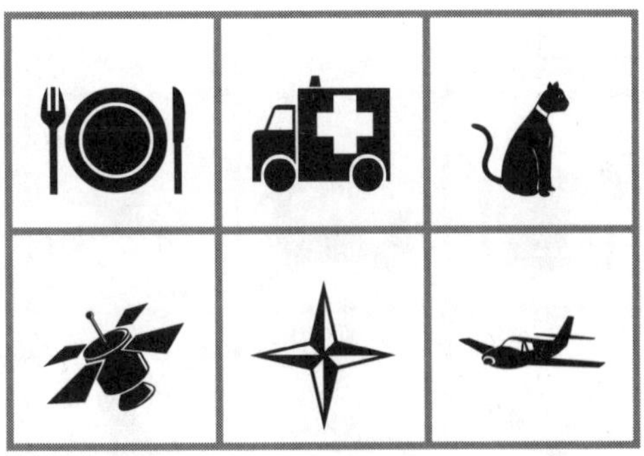

98b Anordnungen merken

Finden Sie hier jeweils den Kasten, den Sie sich auf der Vorderseite eingeprägt haben, und tragen Sie die entsprechende Nummer ins leere Feld ein.

99a Pferdeflüsterer

Prägen Sie sich die Buchstaben in diesem Bild gut ein. Merken Sie sich auch deren Position, denn auf der Rückseite sollen Sie die Buchstaben aus dem Gedächtnis wieder eintragen.

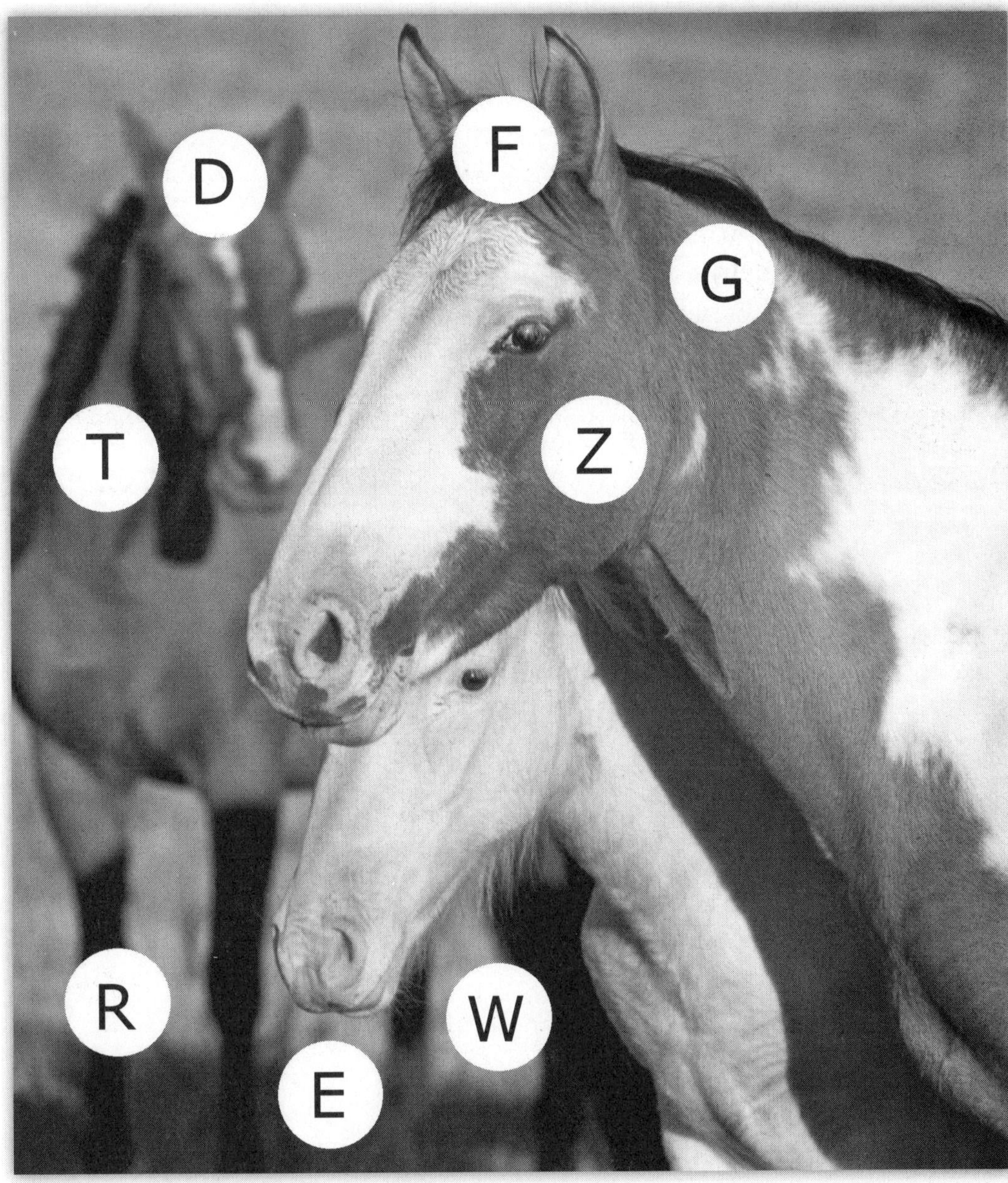

99b Pferdeflüsterer

Tragen Sie hier die Buchstaben ein, die Sie sich auf der Vorderseite eingeprägt haben. Beachten Sie, dass das Bild nun gespiegelt ist.

100a Rechnen mit Bildern

Diese Übung enthält die beiden Aufgaben 1 und 2. Prägen Sie sich zunächst die Bilder und die dazugehörenden Zahlen ein. Nehmen Sie sich dafür jeweils maximal zwei Minuten Zeit! Blättern Sie dann um auf die Rückseite.

1

 = 8

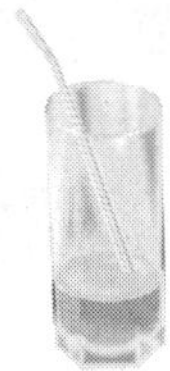 = 13

 = 17

 = 6

2

 = 14

 = 3

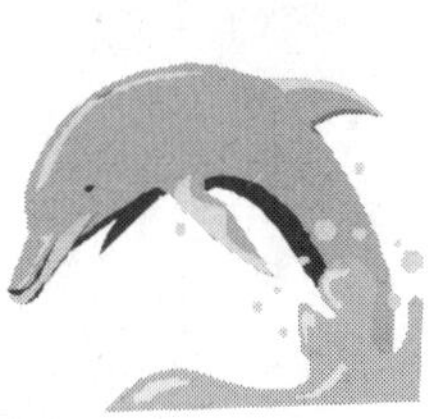 = 9

 = 12

100b Rechnen mit Bildern

Berechnen Sie folgende Aufgaben, indem Sie gedanklich die Bilder durch die zugehörigen Zahlen austauschen.

1

 +  +  =

 −  +  =

2

 +  +  =

 − 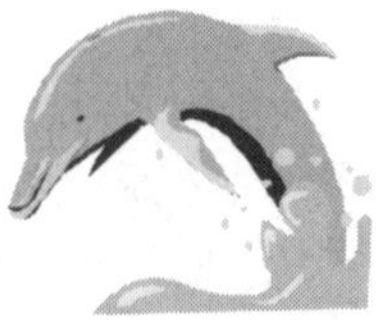 +  =

101a Sprüche merken

Sie sehen hier drei Bilder, in die je ein Zitat hineingeschrieben wurde. Darunter erscheint jeweils der Name des Autors. Prägen Sie sich diese Seite gut ein und blättern Sie dann um.

Bertolt Brecht

Wolfram Weidner

Volker Hell

101b Sprüche merken

Tragen Sie hier die Zitate in die entsprechenden Bilder sowie darunter deren Verfasser ein.

102a Schwarze Flecken

Sehen Sie sich dieses Fleckenfeld an und merken Sie sich das Muster. Erinnert Sie dieses Bild möglicherweise an etwas? Versuchen Sie, fantasievolle Eselsbrücken zu bauen.
Blättern Sie dann um. Auf der Rückseite sollen Sie die schwarzen Bereiche wiederfinden.

102b Schwarze Flecken

Erinnern Sie sich, welche Bereiche schwarz waren? Vielleicht dachten Sie bei diesem Bild an ein Tier oder an einen Golfplatz, und es fällt Ihnen daher leichter, die ursprünglich schwarzen Bereiche zu bestimmen. Malen Sie diese so aus, dass die Darstellung wie auf der Vorderseite aussieht.

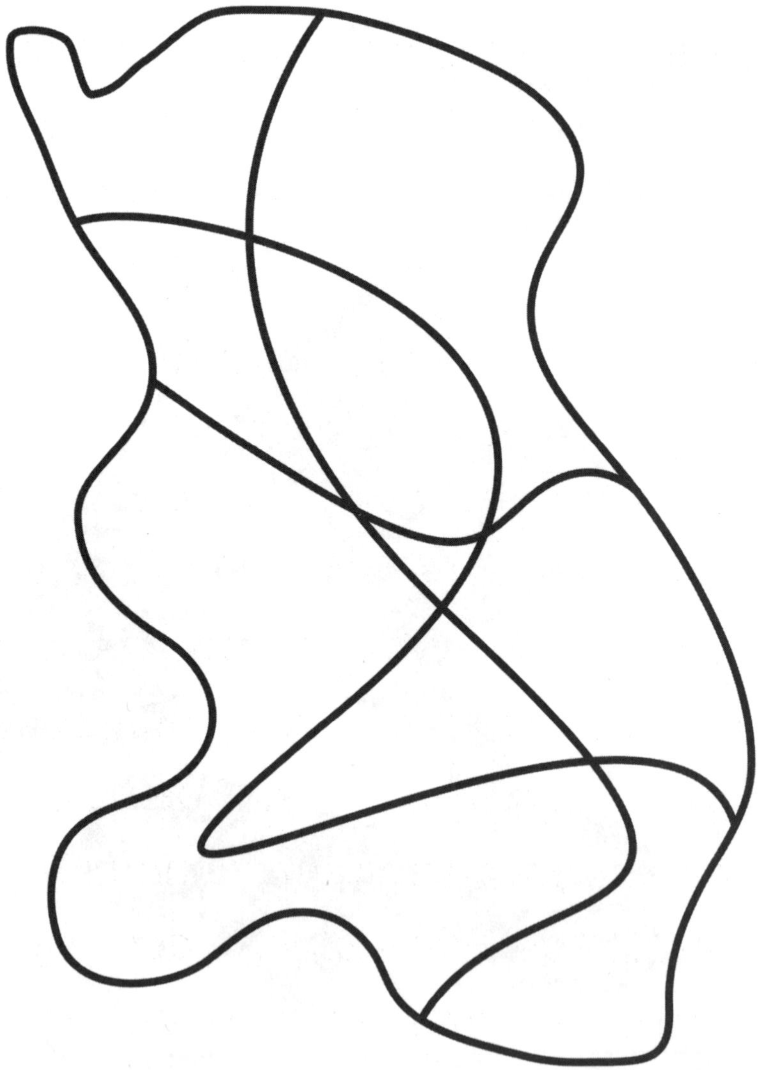

103a Einsame Insel

Lesen Sie diesen Text einmal in Ruhe durch. Stellen Sie sich jedes dort erwähnte Detail und auch sonst alles bildlich vor. Merken Sie sich auf diese Weise möglichst viel.

Trutzig liegt der ‚Bass Rock', ein weißer Felsen, in der Einfahrt des Meeresarms Firth of Forth. Ein flaches Gebäude mit einem Turm schmiegt sich in seine Wand. Die weißen Mauern erinnern an griechische Häuser, doch es ist der Leuchtturm, der den Weg durch die Nordsee nach Edinburgh weist, Schottlands Hauptstadt. Leuchttürme arbeiten heute vollautomatisch, nur ab und zu schaut ein Wärter vorbei und inspiziert die Technik. Dann ist er der einzige Mensch auf der Insel, die unter Naturschutz steht, denn hier nistet und brütet der Basstölpel – der Vogel, der seinen Namen der Insel verdankt.

103b Einsame Insel

Versuchen Sie nun, folgende Fragen zum Text zu beantworten.

1. Welche Farbe hat der Bass Rock?

   Antwort:

2. Welche Farbe hat das Gebäude?

   Antwort:

3. Zu welcher Stadt weist der Leuchtturm den Weg?

   Antwort:

4. Woran erinnern die Mauern des Gebäudes?

   Antwort:

5. Welcher Vogel verdankt der Insel seinen Namen?

   Antwort:

104a Familie Kammerer

Können Sie sich diesen Familienstammbaum einprägen? Stellen Sie sich die Beziehungen untereinander möglichst lebendig vor, etwa wie der Ehemann seiner Frau Blumen schenkt oder wie sich die Geschwister zanken usw.

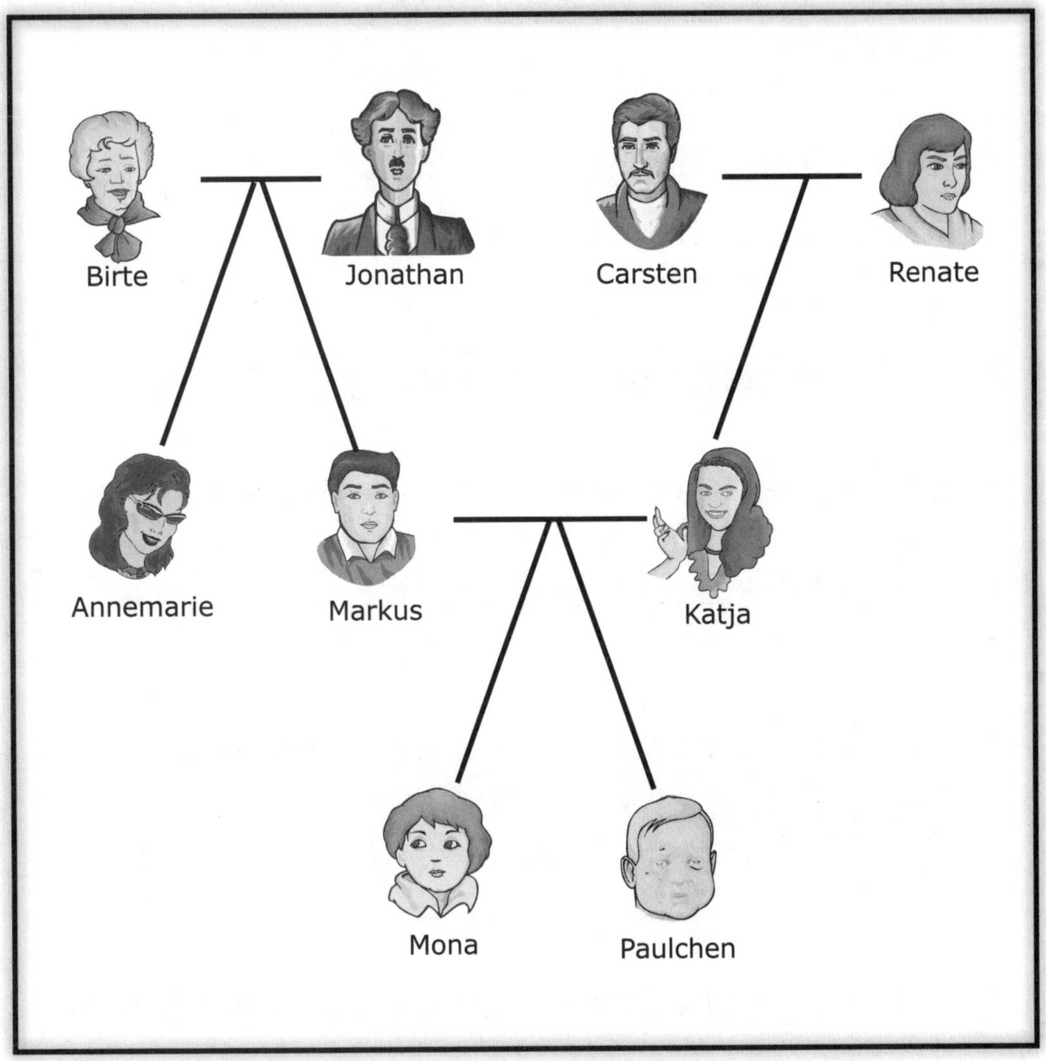

Horizontale Verbindungslinien bedeuten „verheiratet", von oben nach unten verlaufende Linien zeigen Eltern-Kind-Beziehungen an.

104b Familie Kammerer

Können Sie nun folgende Fragen zur Familie beantworten?

1. Wie heißt Jonathans Schwiegertochter?

   Antwort:

2. Wer ist Monas Tante?

   Antwort:

3. Wie heißt Katjas Schwägerin?

   Antwort:

4. Wer ist Markus' Schwiegermutter?

   Antwort:

5. Wie heißt Carstens Enkel?

   Antwort:

6. Wer ist Paulchens Oma väterlicherseits?

   Antwort:

105a Einkaufsliste

Prägen Sie sich die Liste mit den darin aufgeführten Gegenständen ein. Blättern Sie dann um.

- ➔ 1 Weizentoastbrot
- ➔ 3 x Tomatensaft
- ➔ 4 x Herrenduschbad
- ➔ 300 Gramm Schinken
- ➔ 1 x Druckerpapier
- ➔ 1 Kiste Wasser
- ➔ 1 x Backfett

105b Einkaufsliste

Erinnern Sie sich daran, was auf der Einkaufsliste stand?
Schreiben Sie alle Artikel in die Liste.

______	____________________
______	____________________
______	____________________
______	____________________
______	____________________
______	____________________
______	____________________

106a 17 + 4

Schauen Sie sich die Karten genau an und merken Sie sich diese gut.

106b 17 + 4

Erinnern Sie sich, welche Karten es waren? Markieren Sie sie.

☐ Herz-Dame

☐ Pik-König

☐ Kreuz-Bube

☐ Herzass

☐ Herz-Sieben

☐ Kreuzass

☐ Pik-Sechs

☐ Herz-Acht

☐ Karo-Neun

☐ Karoass

☐ Herz-Zehn

☐ Pik-Fünf

☐ Herz-Neun

☐ Kreuz-Sieben

107a Menü à la carte

Heute gibt es im Gasthaus folgendes Menü im Angebot:

Vorspeise:
Frühlingsrollen
mit süß-saurer Soße

Hauptspeise:
Entenbrust nach Thai-Art
mit Chilisoße

Beilage:
Thai-Bohnen-Salat

Nachspeise:
Kokospudding mit Ingwerraspeln

Läuft Ihnen schon das Wasser im Mund zusammen? Stellen Sie sich vor, wie gut (oder auch weniger gut) Ihnen die einzelnen Gänge schmecken.

107b Menü à la carte

Wissen Sie das heutige Menü noch?

Vorspeise:

Frühlingsrollen mit süß-sauer Suße

Hauptspeise:

Entenbrust nach Thai-Art mit Chilisoße

Beilage:

Thai Bohnen-Salat

Nachspeise:

Kokospudding mit Ingwerraspeln

108a Buntes Durcheinander

Schön bunt ist Jakobs Kinderzimmer. Alle Spielzeuge haben unterschiedliche Farben. Können Sie sich diese vor Ihrem geistigen Auge ausmalen und einprägen?

Rotes Ritterschwert

Türkiser Bagger

Blaues Seil

Grüne Leiter

Gelber Schwan

Violettes Schaukelpferd

Pinkfarbener Stuhl

108b Buntes Durcheinander

Wissen Sie noch, welche Spielzeuge in welcher Farbe auf der vorherigen Seite genannt wurden?

1. Welche Farbe hat der Stuhl?

   Antwort: Pinkfarbener

2. Welches Spielzeug ist blau?

   Antwort: Seil

3. Welches Spielzeug ist rot?

   Antwort: Ritterschwert

4. Welche Farbe hat der Schwan?

   Antwort: Gelb

5. Welches Spielzeug ist türkis?

   Antwort: Bagger

6. Welche Farbe hat die Leiter?

   Antwort: Grün

109a Ähnliche Bilder

Sie sehen hier acht ähnliche Bilder, denen je ein Buchstabe zugeordnet ist. Konzentrieren Sie sich auf die Besonderheit der jeweiligen Darstellung und finden Sie eine Eselsbrücke zwischen Bild und Buchstabe. Blättern Sie dann um.

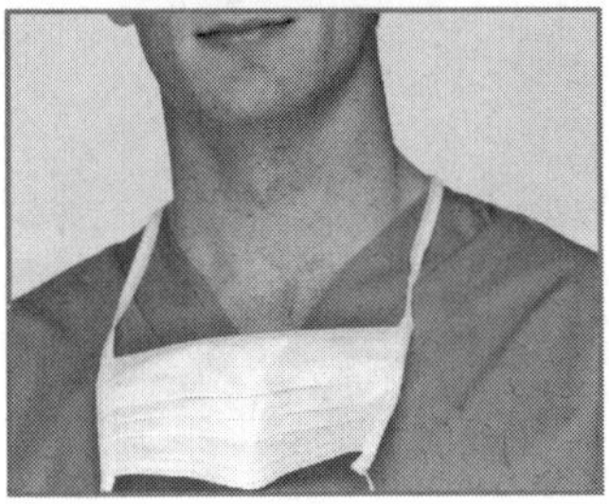

B

L

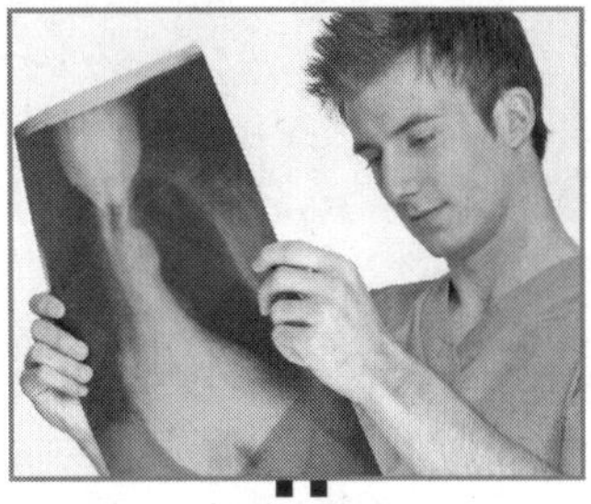

Ü

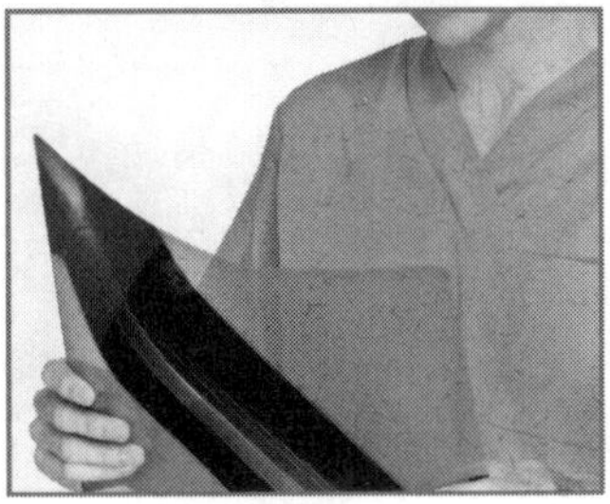

S

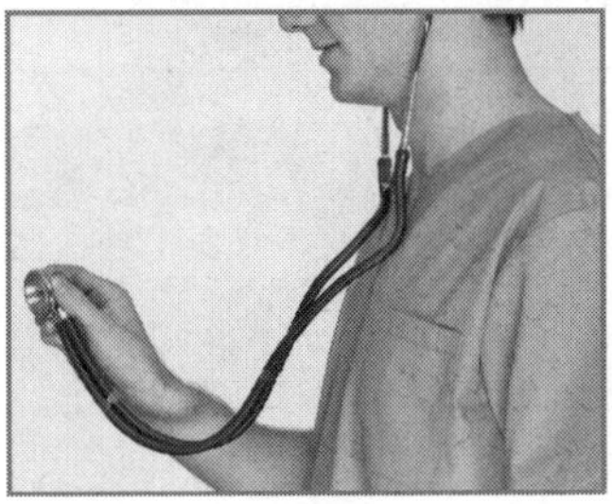

U

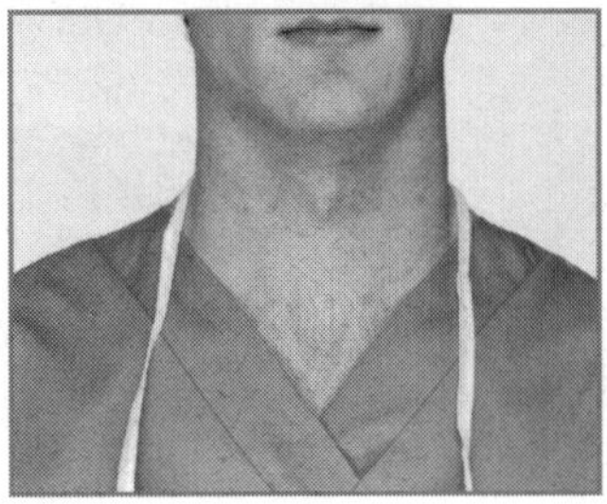

I

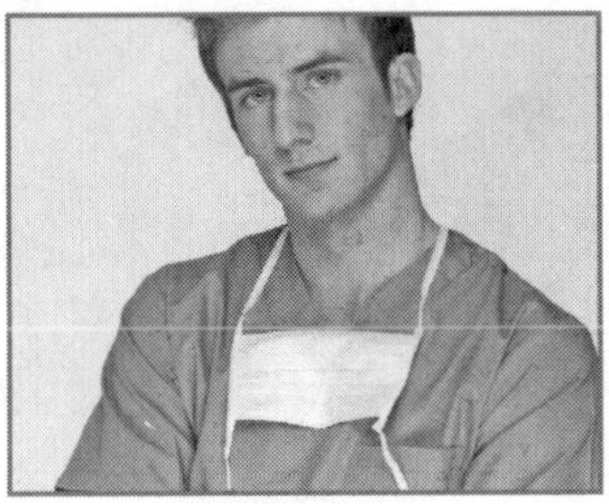

R

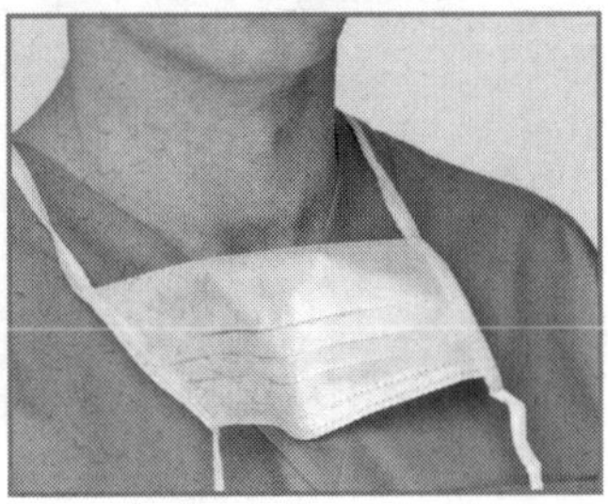

A

109b Ähnliche Bilder

Tragen Sie hier die fehlenden Buchstaben zum jeweiligen Bild ein.

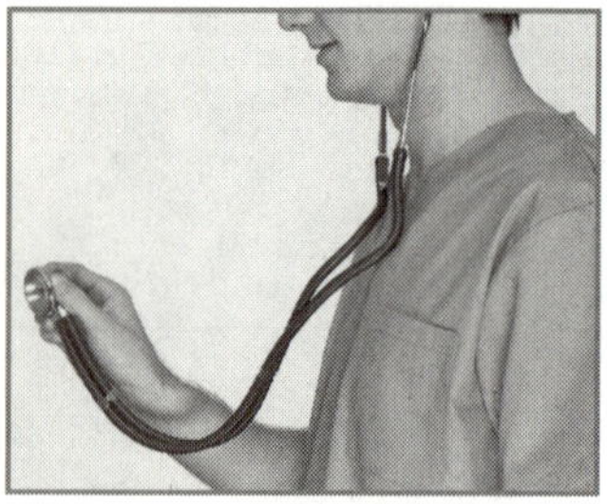

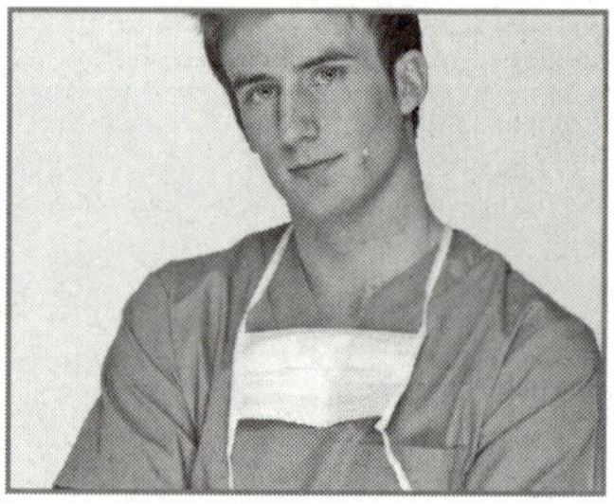

R

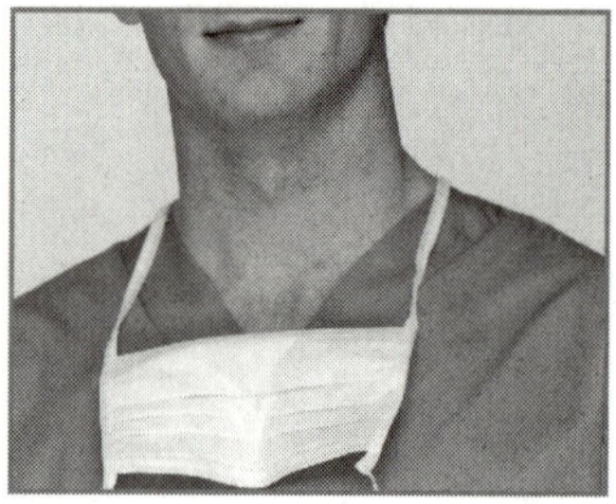

B

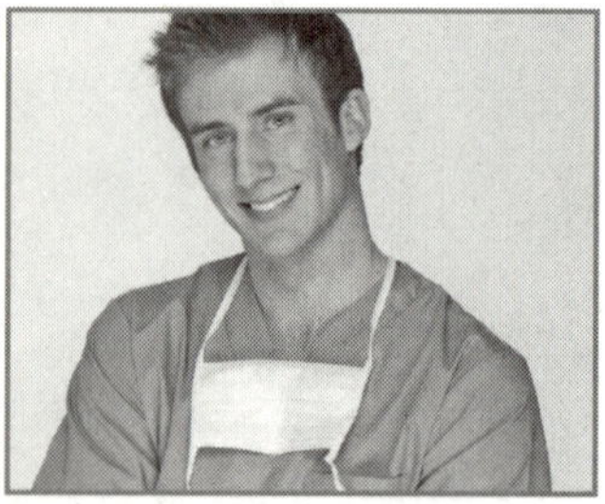

L

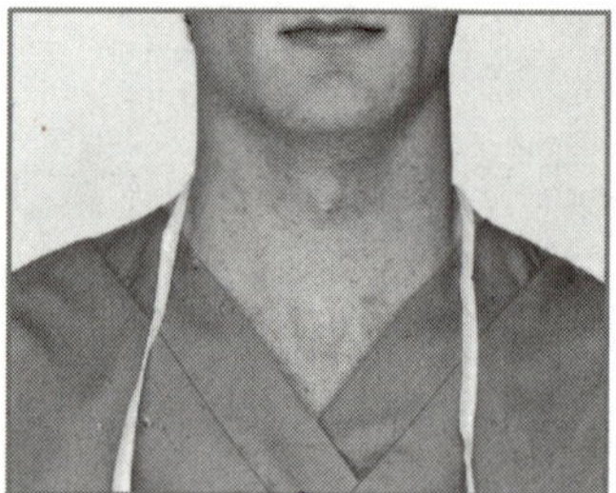

[illegible]

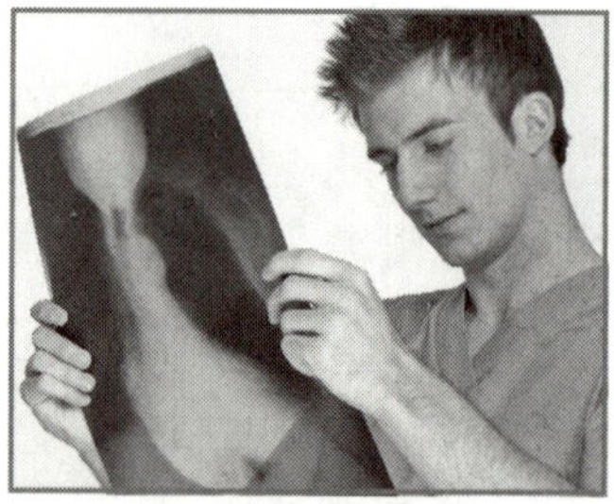

Ü

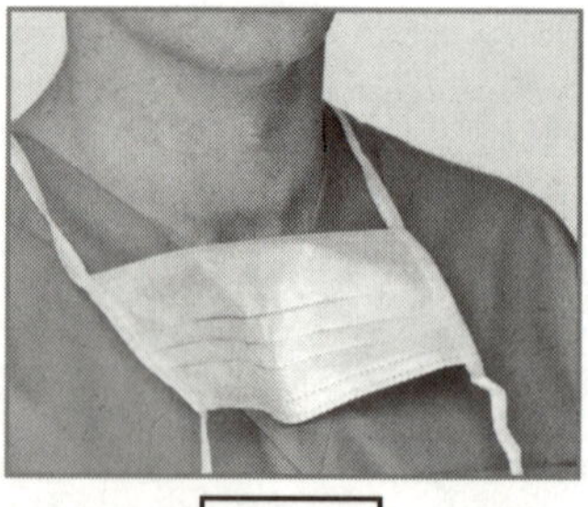

A

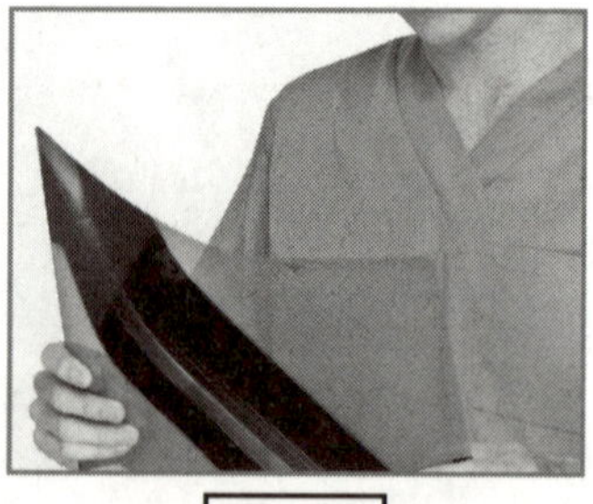

S

110a Der Schmerzpatient

Ein Mann kommt zum Arzt. Er klagt über folgende Symptome:

„Herr Doktor!

Ich habe extremen Muskelkater im linken Unterarm.

Da ist ein stechender Druckschmerz bei meinen rechten Rippen.

In meiner rechten Kniekehle habe ich einen Pilz.

Das linke Augenlid ist durch einen Steinspritzer gerötet.

Ein Auto ist heute über meinen rechten Fuß gefahren.

Von der lauten Feier gestern habe ich Ohrensausen."

Fühlen Sie sich in den Patienten ein und stellen Sie sich ganz konkret vor, wo genau die Beschwerden sind.

110b Der Schmerzpatient

Wissen Sie noch, über welche Beschwerden unser Patient klagte? Markieren Sie die Stellen, die dem Arzt genannt wurden.

111a Terminkalender

Sie haben in diesem Monat einige wichtige Termine, die Sie nicht vergessen dürfen. Natürlich haben Sie diese im Kalender vermerkt, doch um ganz sicherzugehen, wollen Sie sich die Termine auch fest ins Gedächtnis schreiben.

Montag	Dienstag	Mittwoch	Donnerstag	Freitag	Samstag	Sonntag
			1	2	3 **Skirennen**	4
5 **Hauskauf**	6	7	8	9 **Scheidung**	10	11
12	13	14 **Junggesellenabschied**	15	16 **Zoobesuch**	17	18
19	20	21	22 **Bergsteigen**	23	24	25
26 **Tauchschein**	27	28	29	30	31	

111b Terminkalender

Haben Sie sich die Termine gemerkt? Dann tragen Sie diese in den leeren Kalender ein.

Montag	Dienstag	Mittwoch	Donnerstag	Freitag	Samstag	Sonntag
			1	2	3 Ski-rennen	4
5 Hauskauf	6	7	8	9 Scheidung	10	11
12	13	14 Jung-gesellen-abschied	15	16 Zoo-besuch	17	18
19	20	21	22 Bergstei-gen	23	24	25
26 Tauch-schein	27	28	29	30	31	

112a Sitzordnung

Sechs Personen sitzen an einem runden Tisch. Können Sie sich vorstellen, wie sie sich miteinander unterhalten?

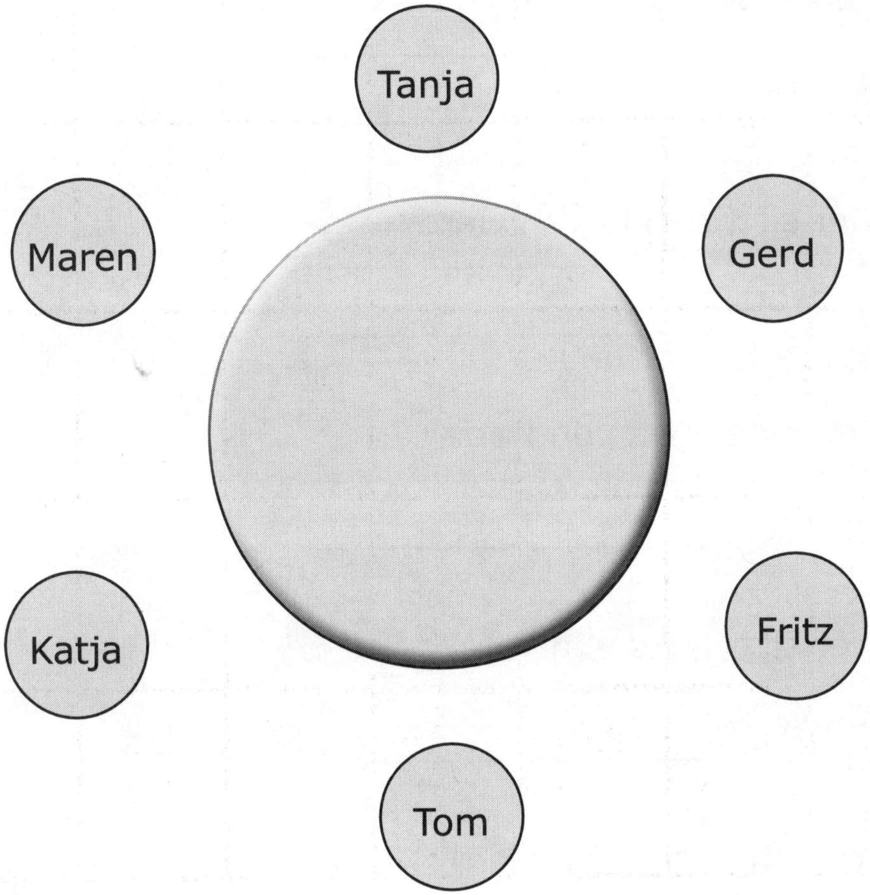

112b Sitzordnung

Können Sie diese Fragen aus dem Gedächtnis beantworten?

1. Wer sitzt rechts von Maren?

   Antwort:

2. Wer sitzt links von Fritz?

   Antwort:

3. Wer sitzt rechts von Gerd?

   Antwort:

4. Wer sitzt links von Katja?

   Antwort:

5. Wer sitzt links von Tom?

   Antwort:

6. Wer sitzt links von Gerd?

   Antwort:

113a Bildergruppe

Prägen Sie sich die sechs Bilder eines Viertels jeweils gut ein.
Lösen Sie dann die Aufgabe auf der nächsten Seite.

113b Bildergruppe

Von den sechs Bildern fehlt jeweils eins. Können Sie es benennen?

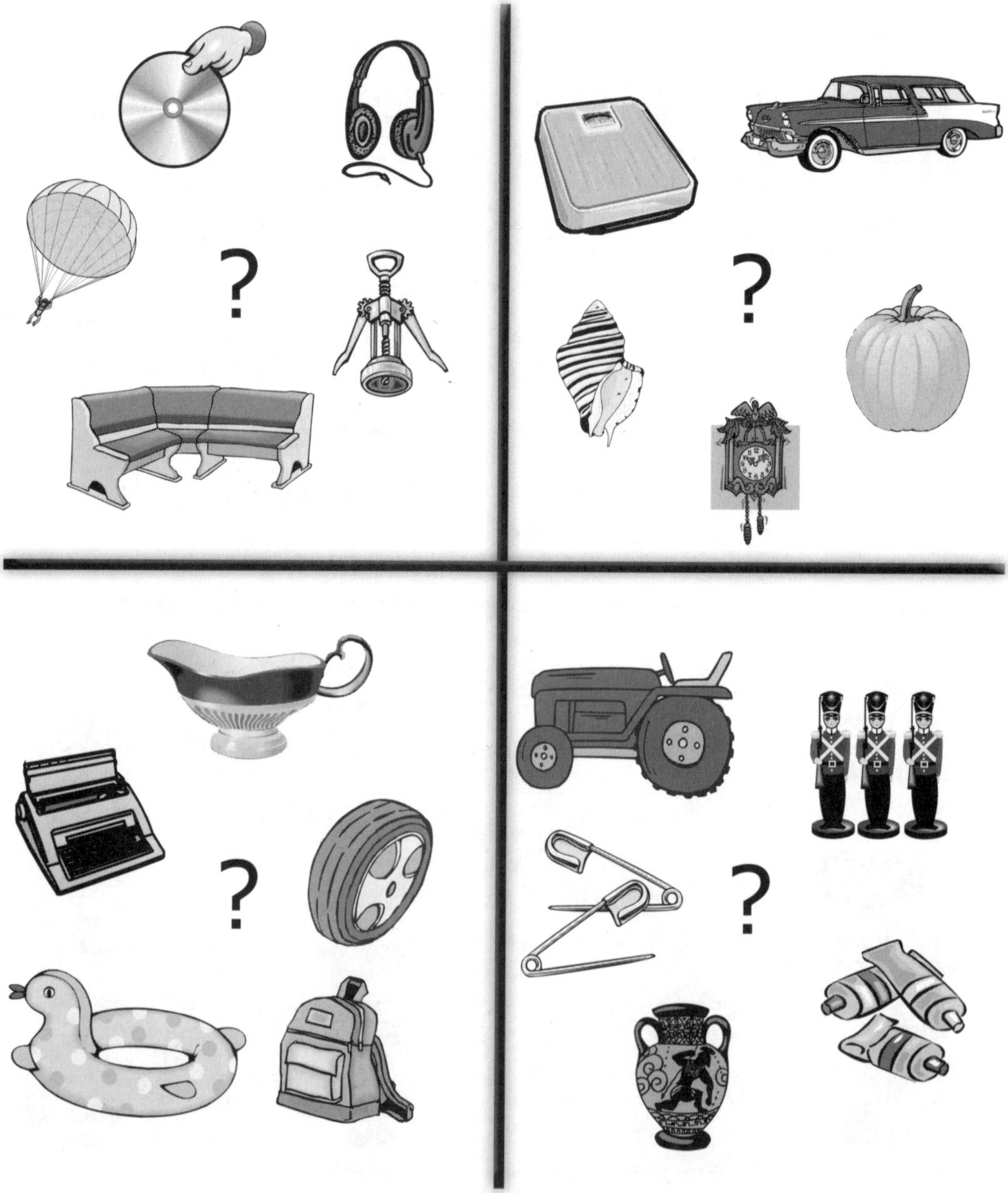

114a Datensätze

In den folgenden Sätzen ist jeweils mindestens eine Zahl enthalten. Versuchen Sie, diese Zahlen mit dem Inhalt des Satzes bildlich zu verknüpfen, und prägen Sie sich diese ein.

- Unter den fünf Weltreligionen ist das Judentum mit insgesamt 15 Millionen Mitgliedern die kleinste.
- Die Schweiz existiert als loser Staatenbund seit dem 13. Jahrhundert und gliedert sich seit 1979 in 26 Kantone.
- Der Ball beim Jai Alai ist 150 Gramm schwer und kann mit dem Cesta Punta auf bis zu 300 km/h beschleunigt werden.
- Nicolas Sarkozy hat dreimal geheiratet und ist Vater von drei Söhnen.

114b Datensätze

Beantworten Sie nun bitte folgende Fragen.

1. Von wie vielen Weltreligionen ist die Rede?

   Antwort:

2. Wie schwer ist der Jai-Alai-Ball?

   Antwort:

3. Wie viele Söhne hat Herr Sarkozy?

   Antwort:

4. Wie viele Mitglieder zählt das Judentum?

   Antwort:

5. Wie viele Kantone hat die Schweiz?

   Antwort:

6. Seit wann existiert der Schweizer Staatenbund?

   Antwort:

115a Bildertausch

Betrachten Sie die Symbole und merken Sie sich diese.
Auf der Rückseite sollen Sie bestimmen können, welche zwei Symbole jeweils ihre Plätze getauscht haben.

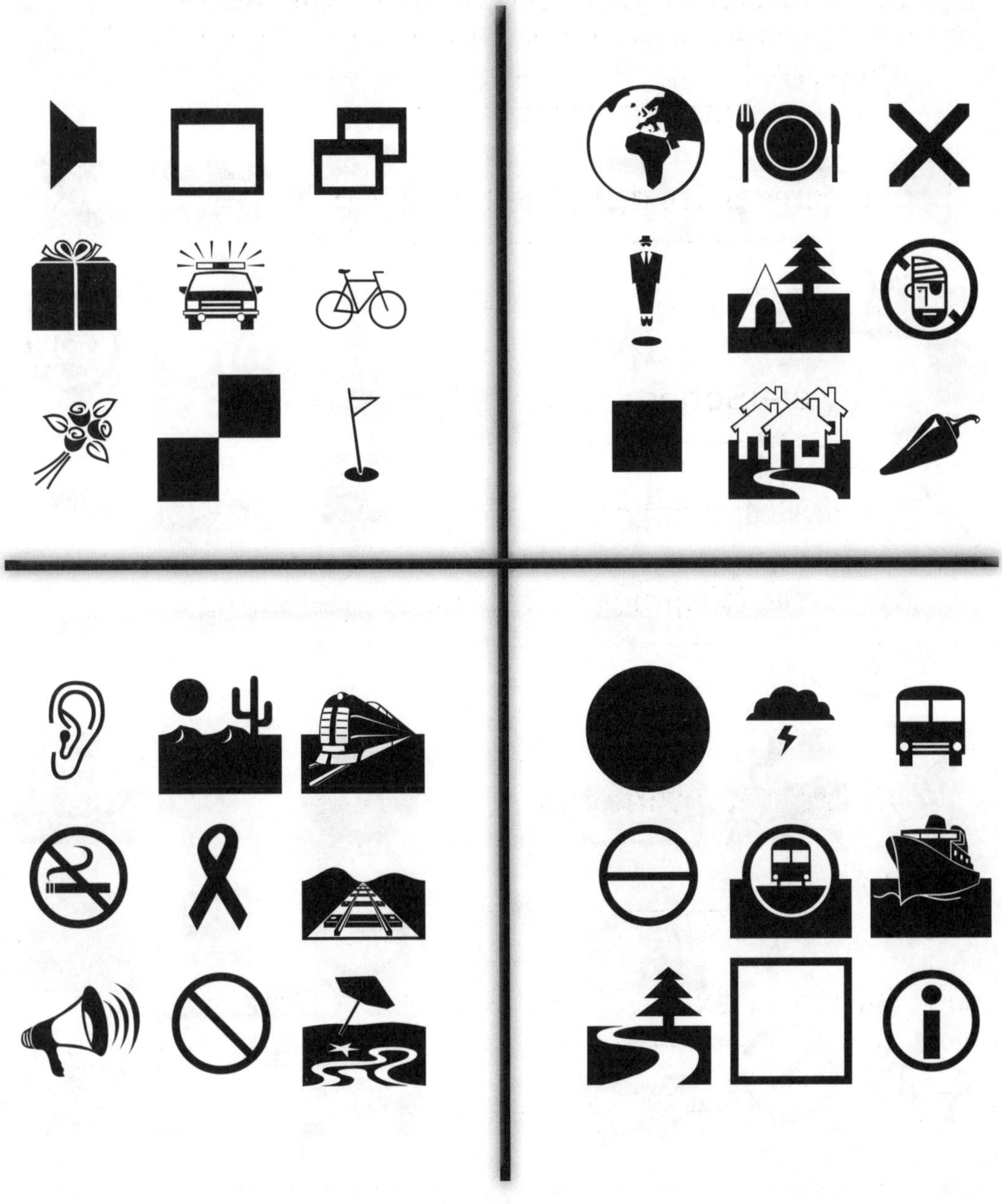

115b Bildertausch

Bestimmen Sie in jedem Viertel, welche zwei Bildchen ihre Plätze getauscht haben.

116a Vier Freundinnen

Trainieren Sie Ihr Personengedächtnis und prägen Sie sich diese vier Damen mit Namen, Beruf und Alter ein. Suchen Sie in den Gesichtern nach äußeren Auffälligkeiten. Versuchen Sie eine Verknüpfung zu finden zwischen den optischen Merkmalen, dem Namen, dem Beruf und dem Alter.

Helga
Arzthelferin
25 Jahre

Karla
Physio-
therapeutin
28 Jahre

Marta
Apothekerin
71 Jahre

Petra
Hausfrau
19 Jahre

116b Vier Freundinnen

Ordnen Sie die Begriffe 1 bis 10 den Gesichtern zu.

1 – Apothekerin
2 – 25 Jahre
3 – Karla
4 – Petra
5 – 71 Jahre
6 – Helga
7 – Arzthelferin
8 – Hausfrau
9 – 28 Jahre
10 – Marta

117a Abstrakte Bilder

Prägen Sie sich jeweils ein Bild gründlich ein. Lassen Sie hierbei Ihrer Fantasie freien Lauf. Was könnte es darstellen?

117b Abstrakte Bilder

Zeichnen Sie hier die Linien, so genau Sie können, aus der Erinnerung nach.

118a Stadt, Land, Fluss

Jede Tabelle besteht aus vier Oberbegriffen mit je drei Unterbegriffen. Das Besondere dabei ist, dass alle Unterbegriffe verschiedene Anfangsbuchstaben haben. Dieser Umstand ist für die Lösung auf der Folgeseite von Bedeutung.
Lernen Sie nun bitte je eine Tabelle auswendig und blättern Sie dann um.

Greifvogel	Staatsform	Rätselart	Bühnenstück
Seeadler	Republik	Quiz	Komödie
Chimango	Monarchie	Parabel	Oper
Geier	Diktatur	Irrgarten	Tragödie

Brauch	Tanz	Organ	Möbelstück
Sitte	Walzer	Haut	Ottomane
Mode	Polka	Auge	Vitrine
Folklore	Cancan	Leber	Diwan

118b Stadt, Land, Fluss

Können Sie sich daran erinnern, für welche Wörter die hier aufgelisteten Anfangsbuchstaben stehen? Schreiben Sie ins leere Feld den jeweils dazugehörigen Oberbegriff.

R:		I:	
P:		S:	
M:		K:	
C:		Q:	
T:		O:	
G:		D:	

C:		A:	
L:		S:	
P:		M:	
O:		D:	
W:		V:	
H:		F:	

119a Beobachtungsgabe

Betrachten Sie dieses Bild ganz genau. Prägen Sie sich möglichst viele Details davon ein.

119b Beobachtungsgabe

Im Folgenden lesen Sie mehrere Aussagen, die sich auf das Bild beziehen. Können Sie jeweils bestimmen, ob diese wahr (w) oder falsch (f) sind?

1. Die Frau sitzt barfüßig auf dem Sessel.

   Antwort: ☐

2. Im Hintergrund erkennt man ein Geländer.

   Antwort: ☐

3. Der Sessel hat gerundete Armlehnen.

   Antwort: ☐

4. Die Frau lächelt zufrieden.

   Antwort: ☐

5. Sie trägt einen Armreif.

   Antwort: ☐

6. Der Sessel steht auf einem Holzfußboden.

   Antwort: ☐

120a Zahlwörter

Diese Wortungetüme sind einfache Zahlwörter. Mit ihrer Hilfe schulen Sie Ihre Vorstellungskraft hinsichtlich Zahlen.
Lesen Sie jeweils ein Wort und merken Sie sich die Zahl, die damit ausgedrückt wird. Blättern Sie dann um und schreiben Sie die Zahl als normale Ziffernfolge.

A) Vierzehntausendsechshundertdreiundvierzig

B) Dreiundzwanzigtausendachthundertneunzig

C) Einundfünfzigtausendneunhundertzweiund-siebzig

D) Neunundfünfzigtausendsiebenhundertsieben-undsechzig

E) Zweiundsechzigtausendvierhundertachtund-zwanzig

F) Fünfundfünfzigtausendneunhundertdreiund-siebzig

G) Achtundneunzigtausendsiebenhundertacht-undsechzig

120b Zahlwörter

Notieren Sie hier die Zahlen in die leeren Felder.

A)

B)

C)

D)

E)

F)

G)

121a Tagesablauf

Prägen Sie sich folgende Termine genau ein. Stellen Sie sich jede Uhrzeit als etwas ganz Besonderes vor und verknüpfen Sie diese mit dem Ereignis, das zum jeweiligen Zeitpunkt stattfinden soll.

Dienstag, 21. April 2009
Fünf Termine:

- 06:55 Uhr: Herr Hinz, Autobahnraststätte
- 08:10 Uhr: Stoffwechseltraining
- 11:15 Uhr: Sauna mit Ina
- 14:35 Uhr: Chat mit Steuerberater
- 16:45 Uhr: Daniela, Museum

Sonntag, 6. September 2009
Fünf Termine:

- 03:15 Uhr: Liveshow aus Las Vegas
- 09:20 Uhr: Brunch im Adler mit Karl
- 14:40 Uhr: Nagelstudio Olga
- 19:30 Uhr: Heißes Bad
- 20:30 Uhr: Inder mit Ralf und Heide

121b Tagesablauf

Wenn Sie sich die Termine gut eingeprägt haben, fallen Ihnen sicher zu den folgenden Stichwörtern die dazugehörenden Uhrzeiten ein.

Training: _ _ : _ _ Uhr

Museum: _ _ : _ _ Uhr

Chat: _ _ : _ _ Uhr

Ina: _ _ : _ _ Uhr

Raststätte: _ _ : _ _ Uhr

Karl: _ _ : _ _ Uhr

Nagelstudio: _ _ : _ _ Uhr

Heide: _ _ : _ _ Uhr

Bad: _ _ : _ _ Uhr

Live: _ _ : _ _ Uhr

122a Wörter = Zahlen

Prägen Sie sich die jeweils fünf Wörter mitsamt den dazugehörigen Zahlen gut ein. Versuchen Sie in Ihrer Fantasie, eine Verknüpfung zwischen Zahl und Begriff zu konstruieren.

Kabel	=	11
Veranda	=	8
Glas	=	23
Dose	=	5
Trommel	=	2

Insel	=	2
Glocke	=	6
Fluss	=	9
Polizist	=	17
LKW	=	25

122b Wörter = Zahlen

Je zwei Wörter stehen sich hier gegenüber. Welches Wort davon gehört zur größeren Zahl? Notieren Sie entsprechend ein „>" oder ein „<" in das Kästchen.

Veranda	☐	Kabel
Dose	☐	Glas
Kabel	☐	Trommel
Dose	☐	Veranda
Glas	☐	Trommel

Insel	☐	Polizist
LKW	☐	Glocke
Fluss	☐	LKW
Polizist	☐	Glocke
Fluss	☐	Insel

123a Bildertabelle

Prägen Sie sich diese zwölf Bilder und deren exakte Lage ein. Merken Sie sich auch die dazugehörigen Koordinaten.

	1	2	3
A		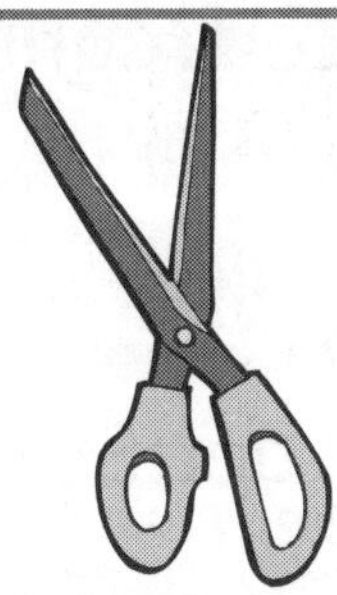	
B			
C	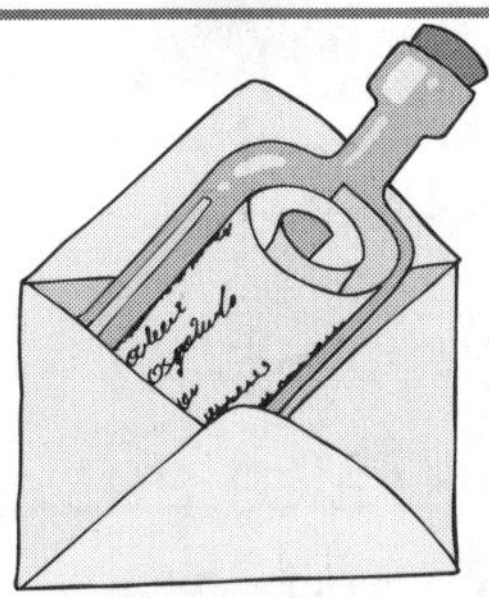		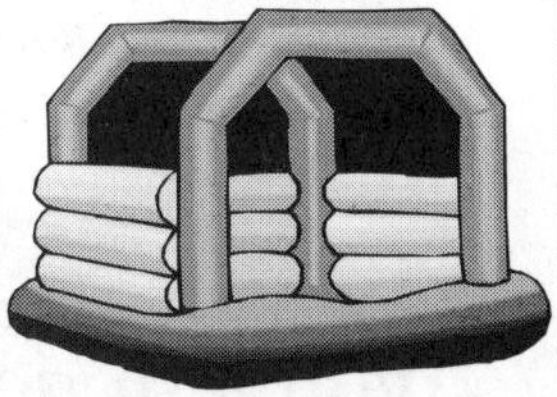
D			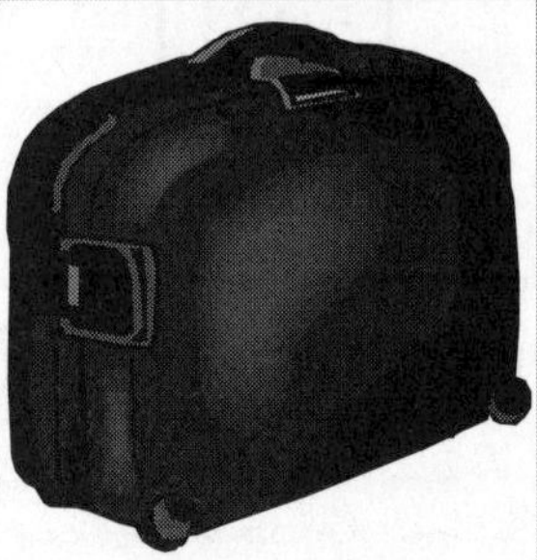

123b Bildertabelle

Die folgenden Sätze sind Hinweise, die sich auf jeweils ein Bild beziehen. Sie müssen daher zunächst erkennen, welches Bild gemeint ist. Dann tragen Sie die Lage des entsprechenden Bildes ein.

1. Es dient zum Zertrennen dünner Materialien.

   Lage: ☐

2. Der Vorgänger der Stereoanlage.

   Lage: ☐

3. Da können Kinder sich richtig austoben.

   Lage: ☐

4. Wer ihn mitschleppt, befindet sich auf Reisen.

   Lage: ☐

5. Von ihm gehen unsichtbare Kräfte aus.

   Lage: ☐

6. Ihn braucht man nicht oft zu gießen.

   Lage: ☐

124a Berühmte Puppenkiste

Lesen Sie diesen Text einmal in Ruhe durch und merken Sie sich möglichst viel.

Stars an Fäden – so hat mal jemand die Figuren von Deutschlands berühmtestem Marionettentheater bezeichnet, der Augsburger Puppenkiste. In der Spitalgasse 15 im denkmalgeschützten ‚Heilig-Geist-Spital' begeistert sie mit ihren Aufführungen seit 1948 kleine wie große Kinder. Die Puppenkiste ist ein Familienbetrieb und wurde 1943 von Walter Oehmichen, seiner Frau Rose und den Töchtern Hannelore und Ulla gegründet. Noch immer werden die Figuren selbst geschnitzt. Und mit dem kleinen dicken Ritter, Jim Knopf oder dem Urmel sind Generationen von Kindern glücklich geworden …

124b Berühmte Puppenkiste

Versuchen Sie nun, folgende Fragen zum Text zu beantworten.

1. Unter welcher Hausnummer findet man das Marionettentheater?

   Antwort: ____________

2. Seit wann gibt es dort Aufführungen?

   Antwort: ____________

3. Wann wurde die Puppenkiste gegründet?

   Antwort: ____________

4. Wie heißen die Töchter der Gründerfamilie?

   Antwort: ____________

5. Wie heißt das denkmalgeschützte Gebäude?

   Antwort: ____________

125a Richtig fernsehen

Prägen Sie sich die Zahlen in diesem Bild gut ein. Merken Sie sich auch deren Position, denn auf der Rückseite sollen Sie diese aus dem Gedächtnis wieder eintragen.

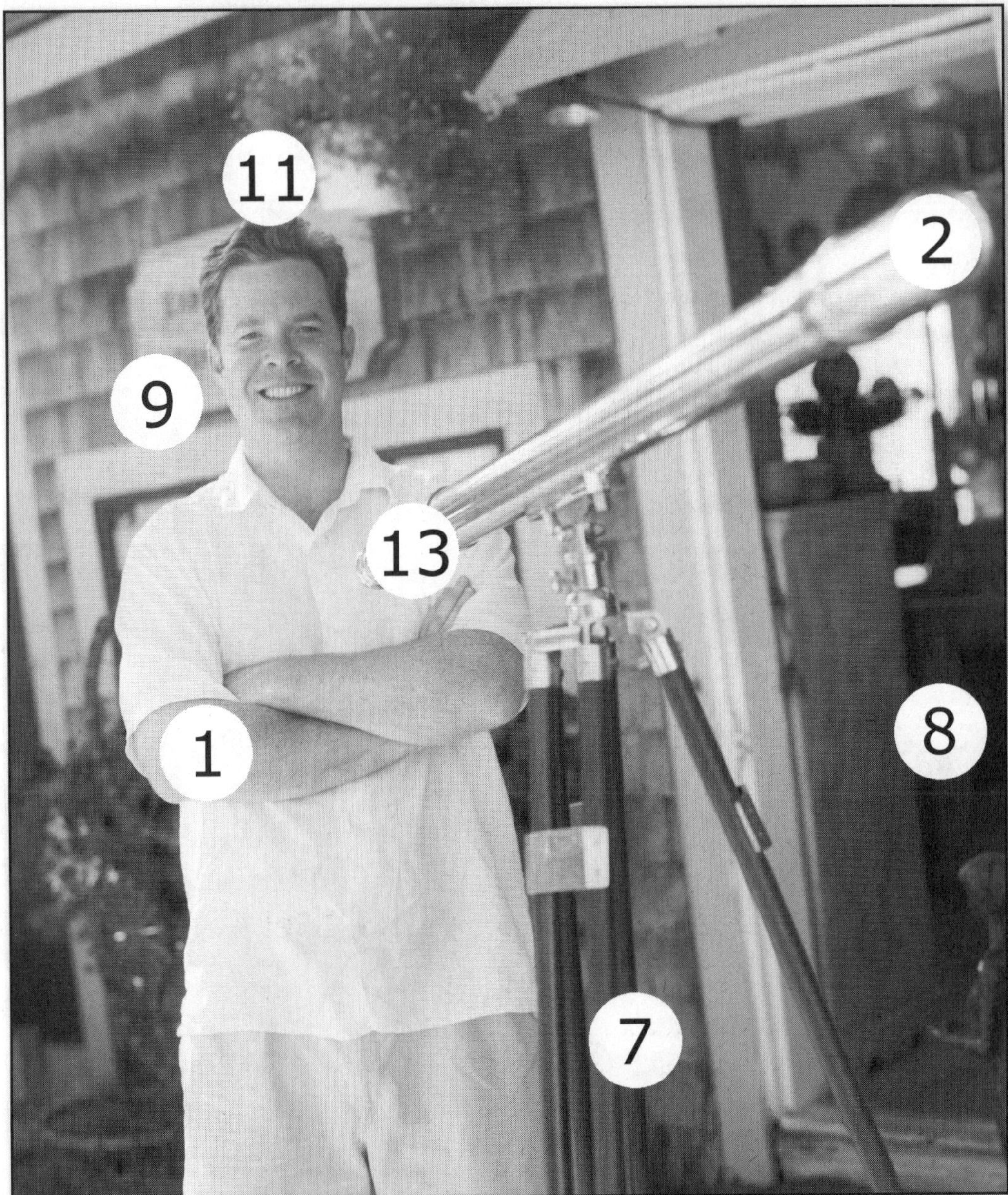

125b Richtig fernsehen

Tragen Sie hier die Zahlen ein, die Sie sich auf der Vorderseite eingeprägt haben. Beachten Sie, dass das Bild nun gespiegelt ist.

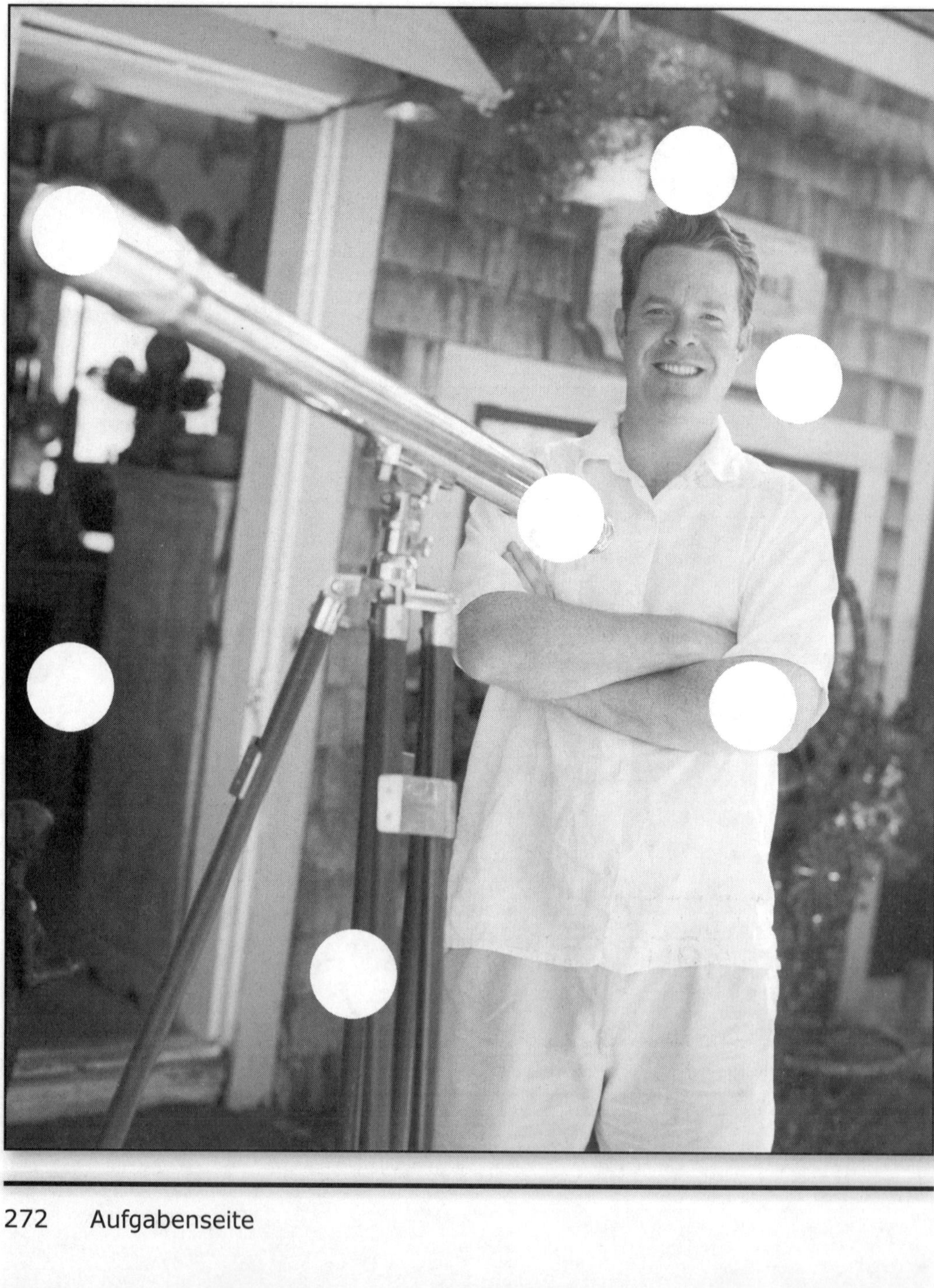

126a Dingliches Allerlei

Prägen Sie sich folgende Gegenstände ein. Versuchen Sie in Ihrer Vorstellung ein Bild zu erstellen, das all diese Dinge enthält.

Burg

Kokosnuss

Fußball

Globus

Schmetterling

Taschenlampe

Mikrofon

Zahnräder

Wippe

126b Dingliches Allerlei

Streichen Sie hier alle Gegenstände, die nicht auf der Vorderseite aufgeführt sind.

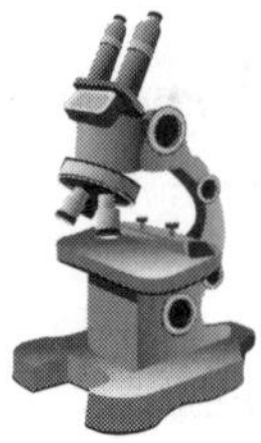

127a Um Mitternacht

Lesen Sie dieses Gedicht zweimal so aufmerksam wie möglich. Achten Sie dabei besonders auf den Klang der Wörter und Reime.

Gelassen stieg die Nacht an Land,
lehnt träumend an der Berge Wand;
ihr Auge sieht die goldne Waage nun
der Zeit in gleichen Schalen stille ruhen.
Und kecker rauschen die Quellen hervor,
sie singen der Mutter, der Nacht, ins Ohr
vom Tage,
vom heute gewesenen Tage.

Diese Verse wurden entnommen aus „Um Mitternacht"
von Eduard Mörike.

127b Um Mitternacht

Klingen Ihnen die Verse noch in den Ohren? – Dann können Sie hier sicher herausfinden, welche dieser folgenden Teilsätze nicht aus dem eben Gelesenen stammen.

- ☐ Und kecker rauschen
- ☐ stieg die Nacht entlang
- ☐ der Mutter, der Nacht
- ☐ die heute gewesene Frage
- ☐ an der Berge Hang
- ☐ die goldne Waage nun
- ☐ vom Tage
- ☐ lehnt träumend
- ☐ der Zeit in gleichen Scharen

128a Verfremdete Bilder

Prägen Sie sich diese fünf Bilder möglichst gut ein. Beachten Sie dabei auch Umrisse, Formen und kontraststarke Bereiche.

128b Verfremdete Bilder

Die fünf Bilder der Vorderseite wurden verändert und an eine andere Stelle gesetzt. Können Sie bestimmen, welche Grafik aus welchem Originalbild stammt?

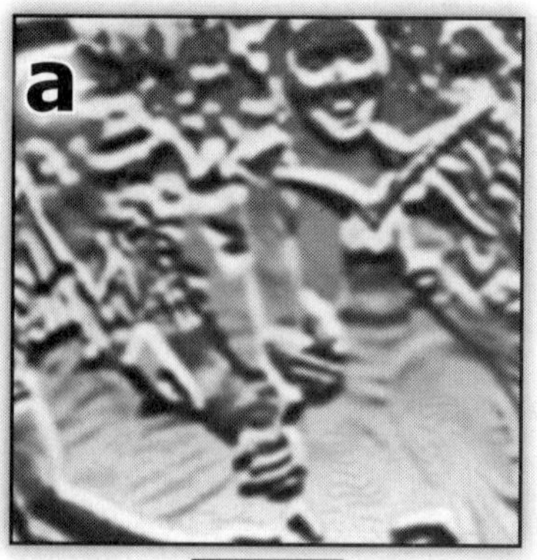

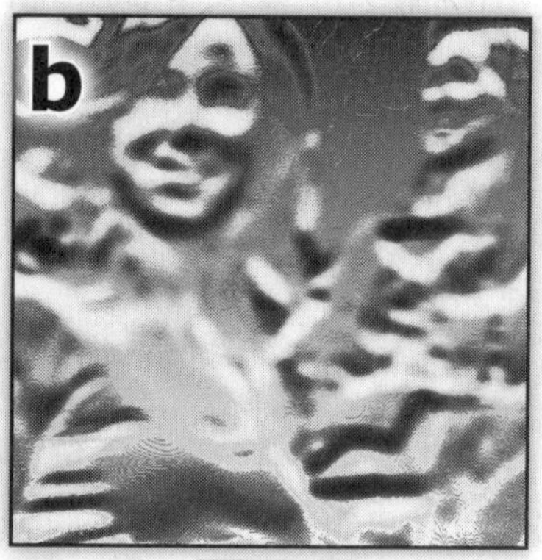

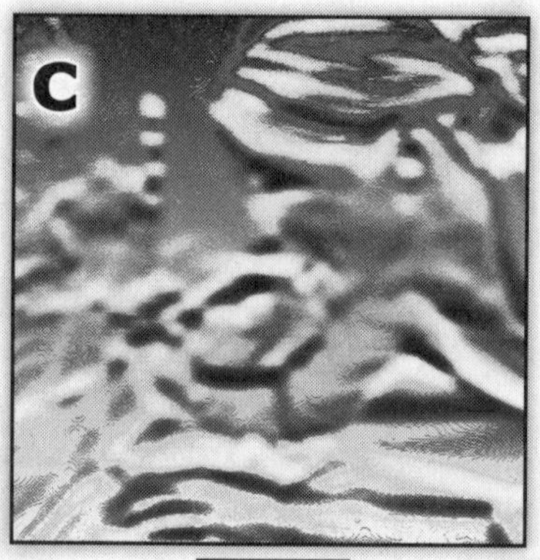

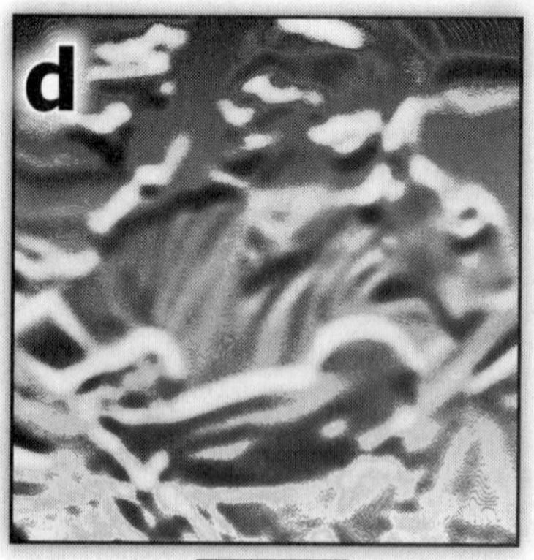

129a Zahlengedächtnis

Lernen Sie je eine Zahl auswendig. Versuchen Sie dabei, Eselsbrücken zu finden, also gedankliche Verknüpfungen mit etwas, das Sie bereits kennen. Blättern Sie dann um und lösen Sie die Aufgabe auf der Rückseite.

A	→	3254848
B	→	8152471
C	→	9053259
D	→	4528016
E	→	3465784
F	→	1251548
G	→	4862573

129b Zahlengedächtnis

Sind hier exakt die gleichen Zahlen zu sehen wie auf der Vorderseite? Oder wurden manche Ziffern ausgewechselt? Überprüfen Sie dies aus dem Gedächtnis und kreuzen Sie die falschen Ziffern an.

A	→	3254948
B	→	8152417
C	→	9052359
D	→	4528015
E	→	3456784
F	→	1251548
G	→	4862573

130a Gebietsplan

Können Sie sich diesen Plan einprägen? Stellen Sie sich vor, Sie würden dieses Gebiet mit dem Fahrrad abfahren. Auch die Straßenbezeichnungen eignen sich für bildhafte Verknüpfungen.

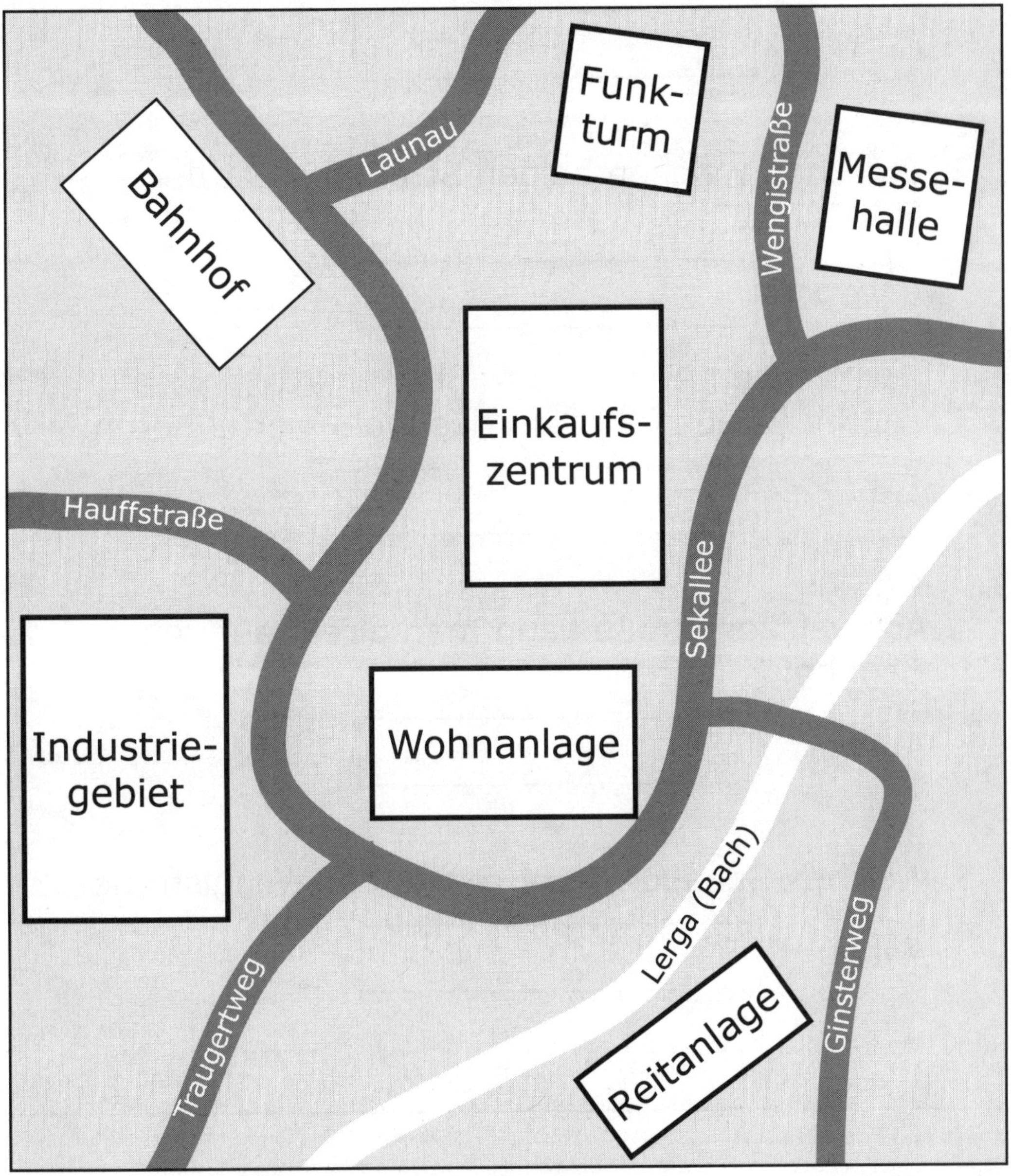

130b Gebietsplan

Beantworten Sie folgende Fragen frei aus dem Gedächtnis.

1. Welche Straße führt über die Lerga?

   Antwort:

2. Zwischen welchen beiden Straßen steht der Funkturm?

   Antwort:

3. Welche Straße führt um das Wohnviertel herum?

   Antwort:

4. Auf welcher Straße kann man direkt auf den Bahnhof zufahren?

   Antwort:

5. Welches Gebäude steht rechts der Wengistraße?

   Antwort:

131a Schwarz-grau-weiß

Dieses Muster aus schwarzen, grauen und weißen Feldern sollen Sie sich hier einprägen. Können Sie darin etwas erkennen? Vielleicht ein Zeichen, ein Bild oder sonst eine Bedeutung?

131b Schwarz-grau-weiß

Malen Sie hier die richtigen Felder schwarz bzw. grau aus, damit die gleiche Grafik erscheint wie auf der Vorderseite.

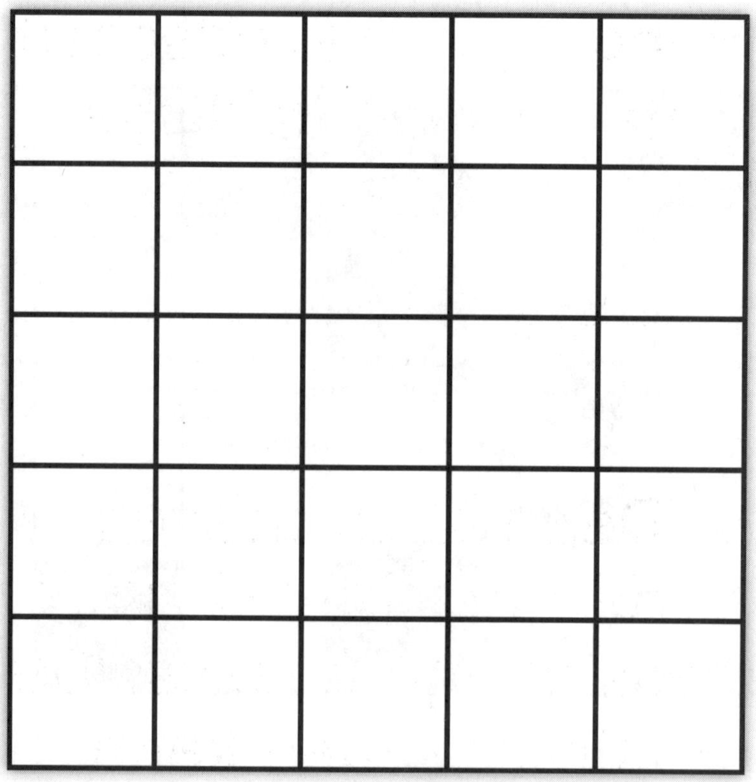

132a In einem Satz

Lernen Sie jeweils einen Satz auswendig und lösen Sie dann die Aufgabe auf der Folgeseite.

Nicht der Mangel der Liebe, sondern der Mangel an Freundschaft macht unglückliche Ehen.

Friedrich Nietzsche (1844-1900), dt. Philosoph

Denn auch dessen rühme ich mich ja, dass niemand dasselbe kürzer sagen kann als ich.

Platon (427-347), griech. Philosoph

132b In einem Satz

Wiederholen Sie jeweils den gerade gelernten Satz, jedoch rückwärts. Beginnen Sie also mit dem letzten Wort.

133a Zwei Studenten

Zwei Bilder sollen Sie hier bis ins Detail studieren. Auf der Folgeseite sollen Sie die Studenten anhand kleiner Ausschnitte wiedererkennen.

Stefan

Jakob

133b Zwei Studenten

Können Sie die Kopfausschnitte dem jeweiligen jungen Mann zuordnen?

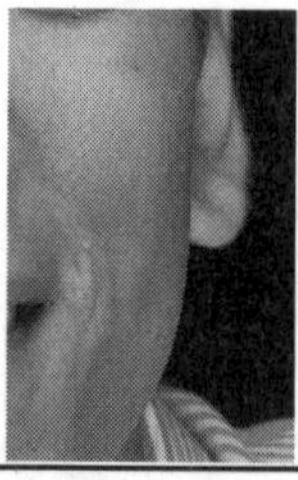

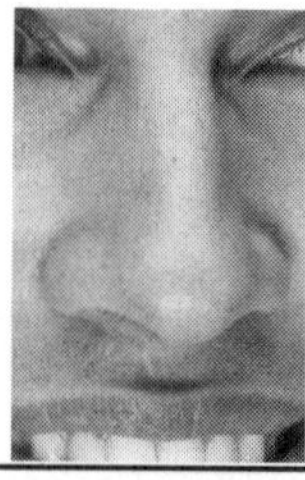
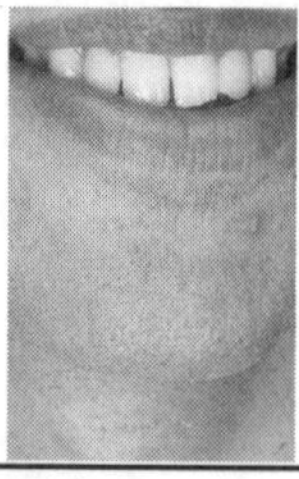
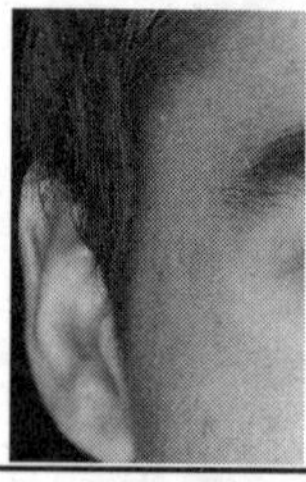
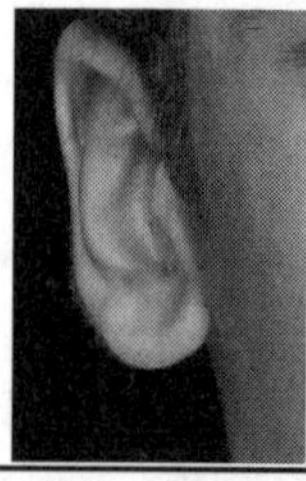
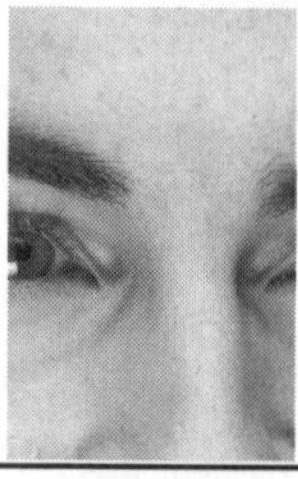
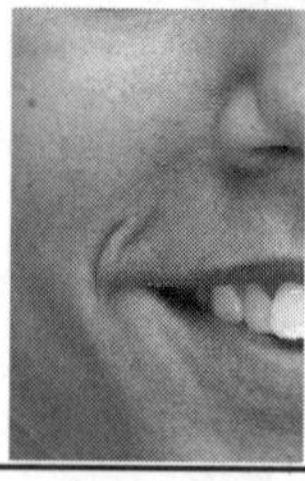
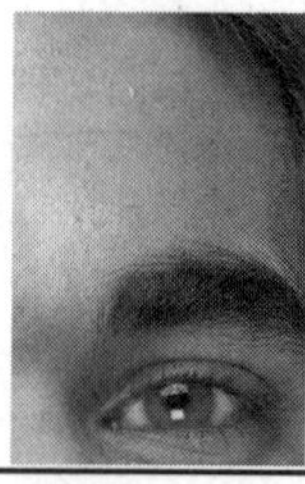
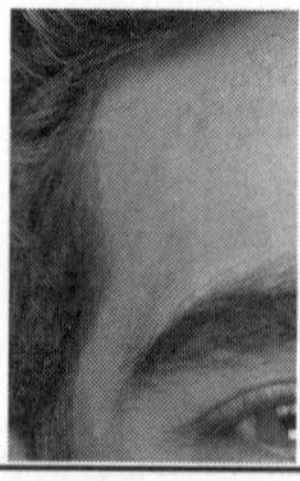
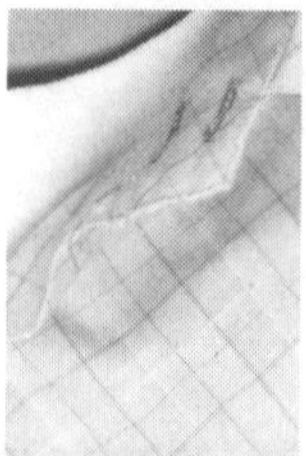
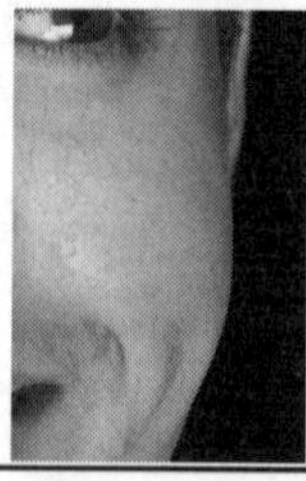

134a Der gute Zweck

Lesen Sie diesen Text einmal langsam durch und versuchen Sie, sich möglichst viele Einzelheiten einzuprägen.

Das bis dahin größte Rockkonzert der Geschichte fand am 13. Juli 1985 parallel auf zwei verschiedenen Kontinenten statt. Beim Benefizkonzert ‚Live Aid' traten über 16 Stunden lang abwechselnd die Topstars der 80er Jahre auf, darunter Queen, Elton John, Dire Straits, Mick Jagger und Madonna. Spektakulär war der Auftritt von Phil Collins: Nach seinem Konzert im Londoner Wembley Stadion flog er mit der Concorde nach New York und trat in Philadelphia im John-F.-Kennedy-Stadion auf.

134b Der gute Zweck

Beantworten Sie folgende Fragen frei aus dem Gedächtnis.

1. An welchem Datum fand das Konzert statt?

   Antwort:

2. Auf welchen beiden Kontinenten wurde gespielt?

   Antwort:

3. Welchen Namen hatte das Konzert?

   Antwort:

4. Welche dieser Musiker wurden nicht im Text genannt? – Michael Jackson, Mike Oldfield, Madonna, Elton John, George Michael.

   Antwort:

5. Wo trat Phil Collins zuerst auf?

   Antwort:

6. Mit welchem Flugzeug flog er dann weiter?

   Antwort:

135a Backe, backe Kuchen

Prägen Sie sich dieses Bild ganz genau ein. Achten Sie dabei auf alle Einzelheiten.

135b Backe, backe Kuchen

Einige dieser Bildausschnitte stammen nicht vom Original auf der Vorderseite. Können Sie diese ausfindig machen?

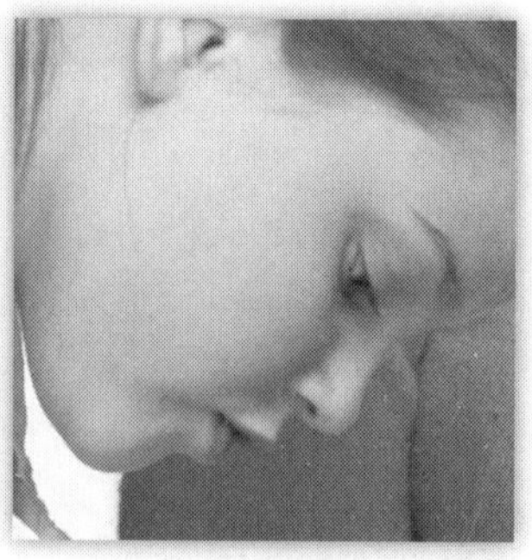
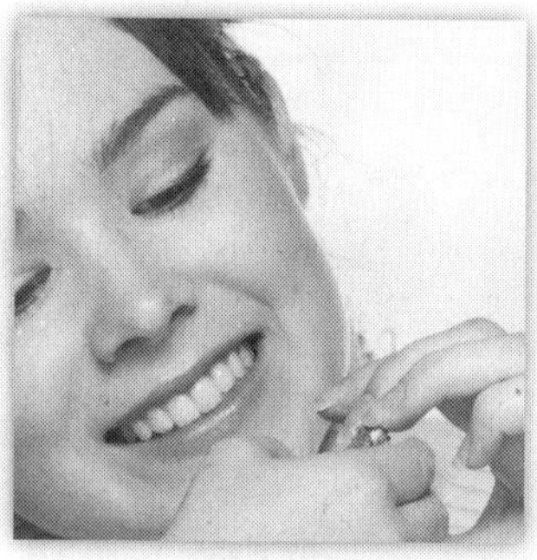
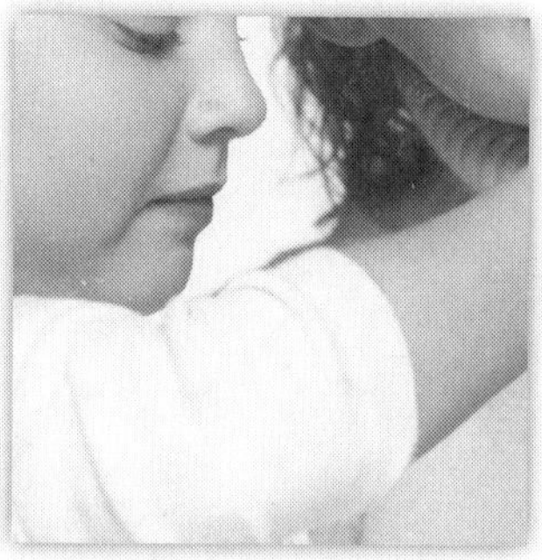

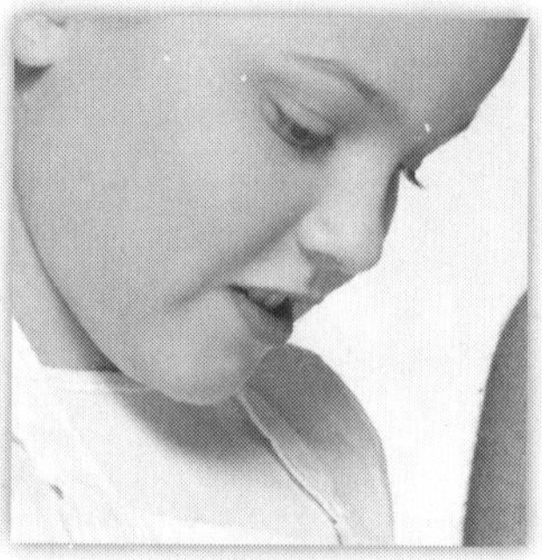

136a Formenvielfalt

Jetzt wird es sehr abstrakt. Können Sie diese Formen im Gedächtnis behalten? Richten Sie Ihr Augenmerk auf die objektiven Eigenschaften wie Farbe, Eckenanzahl usw.

136b Formenvielfalt

Können Sie diese Fragen aus dem Gedächtnis beantworten?

1. Wie viele Formen konnten Sie insgesamt zählen?

   Antwort:

2. Wie viele davon haben mehr als vier Ecken?

   Antwort:

3. Wie viele Figuren sind grau?

   Antwort:

4. Wie viele Ecken hat die Figur mit der Farbe, die am seltensten vorkommt?

   Antwort:

5. Wie viele Ecken haben alle grauen Figuren zusammen?

   Antwort:

137 Merken und rechnen

Mit dieser Aufgabe trainieren Sie Kopfrechnen und Gedächtnis in einem.
Zuerst sollen Sie sich den jeweils vorgegebenen Satz einmal durchlesen und dabei einprägen.
Dann decken Sie diesen Satz bitte zu und lösen die Rechenaufgabe darunter.
Abschließend notieren Sie in die leere Zeile alle Anfangsbuchstaben der Wörter des oberen Satzes. Doch bitte nicht nachsehen! Sie sollten versuchen, dies aus dem Gedächtnis zu bewältigen.

a

Außerdem wurde der Stil in anderen Gebieten Irlands übernommen.

58 + 67 =

____

b

Der Begriff sagt wenig über die Sachkenntnis von Amateuren aus.

108 – 69 =

____

c

Alimente bedeutet in der französischen Sprache so viel wie „Lebensmittel" oder „Nahrung".

12 x 9 =

____

d

Zugleich gewann die Bewertung dieser Daten immer größere Bedeutung.

156 + 309 =

____

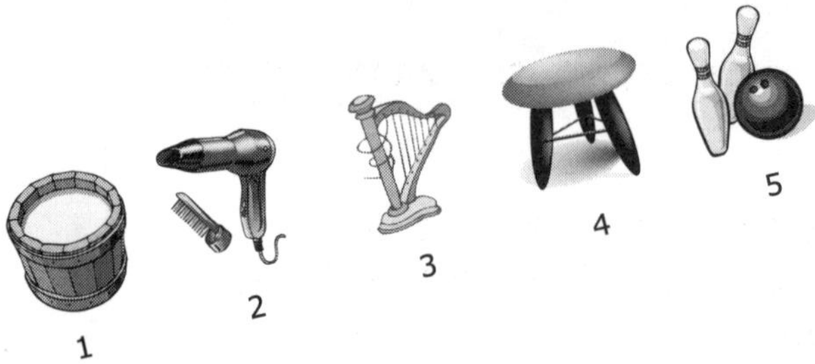

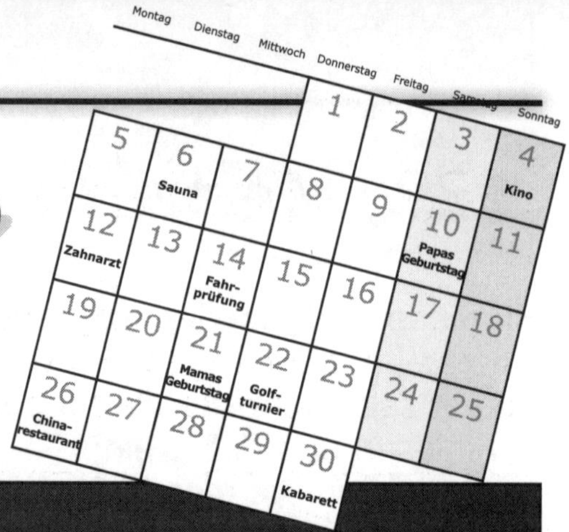

Gedächtnistraining

Schritt 4

Nun wird es bereits recht anspruchsvoll. Doch wichtig – und das soll Ihre Motivation aufrechterhalten – ist allein der Trainingseffekt. Dabei ist es zweitrangig, ob Sie alles fehlerfrei bewältigen.
Nehmen Sie sich für jede der folgenden 45 Übungen ausreichend Zeit und versuchen Sie, so lange wie möglich konzentriert zu bleiben.

138a Fantasiesprache lernen

Prägen Sie sich zu den folgenden Bildern die jeweiligen Fantasiebezeichnungen ein. Blättern Sie dann um und lösen Sie auf der Rückseite die Aufgabe.

Klepler

Nur

Mialobei

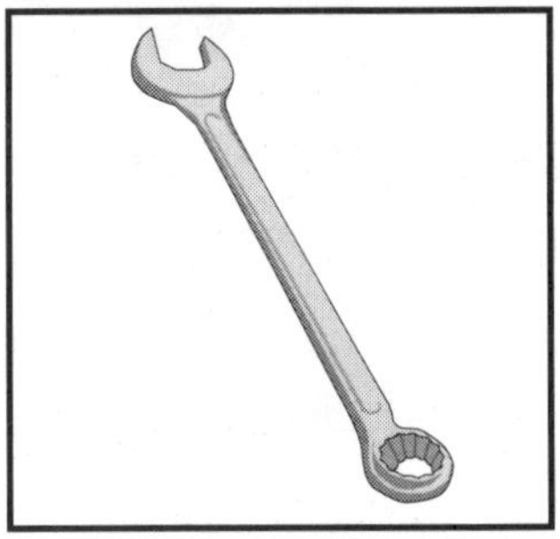
Pfuck

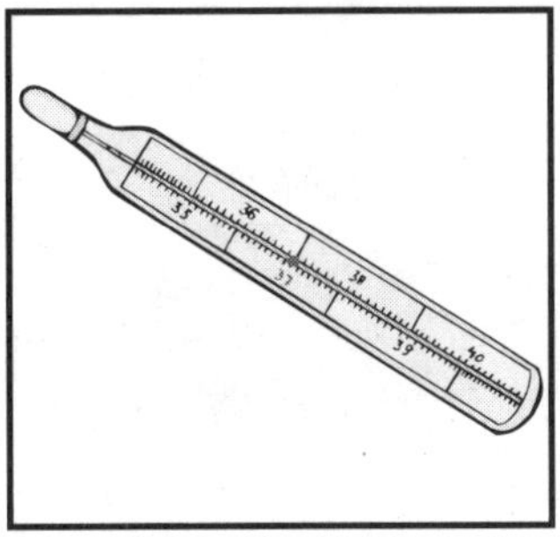
Zeihej

Quaum

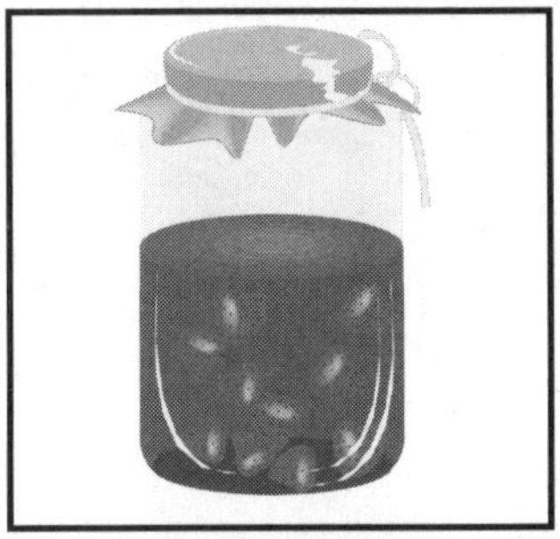
Chiega

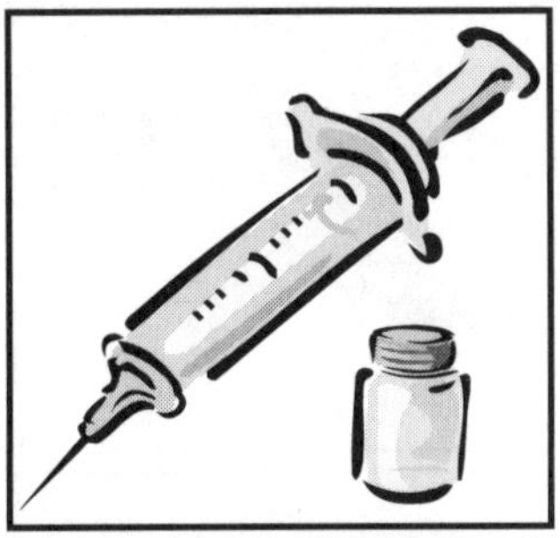
Ilkef

Lufe

138b Fantasiesprache lernen

Haben Sie sich alle Vokabeln gemerkt? Tragen Sie hier die fehlenden Bezeichnungen der jeweiligen Gegenstände ein.

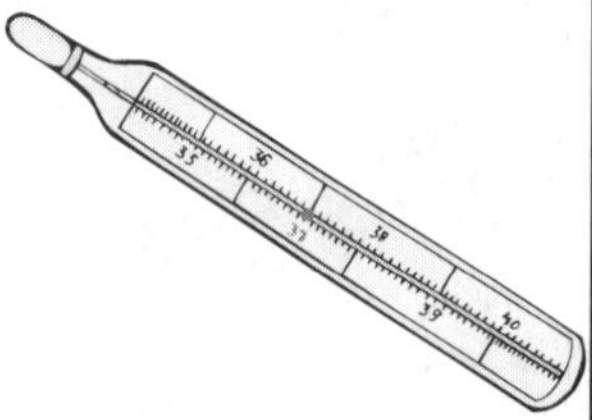

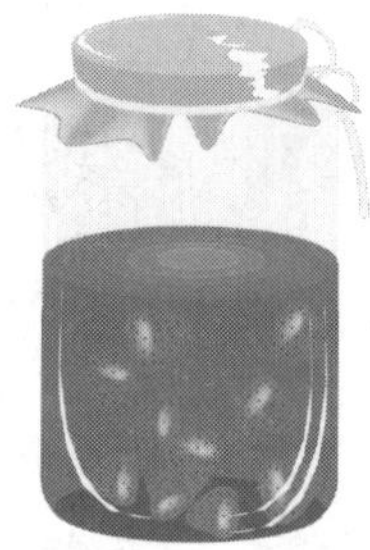

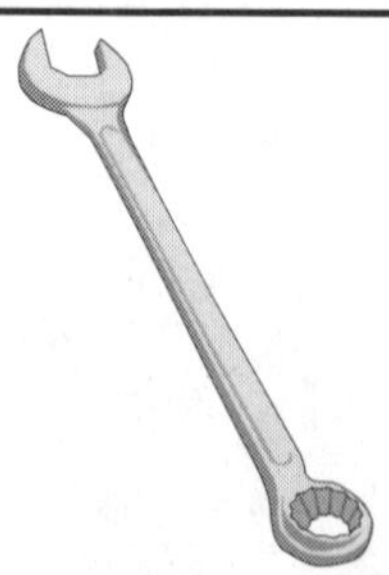

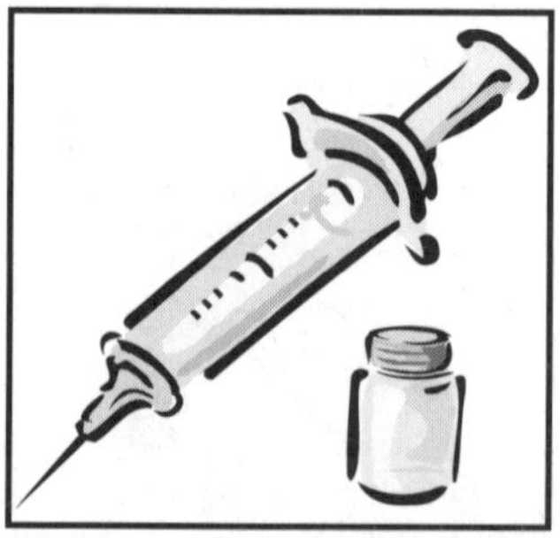

139a Personengedächtnis

Sehen Sie sich diese junge Familie eine Minute lang gut an und prägen Sie sich auch die Details ganz genau ein.

139b Personengedächtnis

Versuchen Sie hier, die Fragen zu den drei Personen auf der Vorderseite zu beantworten.

1. Trägt die Frau eine Brille?

   Antwort: ______

2. Sind alle sechs Hände zu sehen?

   Antwort: ______

3. Trägt der Mann Hemd oder T-Shirt?

   Antwort: ______

4. Haben beide Elternteile einen Ring am jeweils linken Ringfinger?

   Antwort: ______

5. Hat der Junge die Haarfarbe der Mutter oder des Vaters?

   Antwort: ______

6. Trägt der Mann eine Armbanduhr?

   Antwort: ______

140a Gegensätzliche Begriffe

Prägen Sie sich folgende 15 Begriffspaare ein. Beachten Sie dabei die gegenteilige Bedeutung der Wörter. Blättern Sie anschließend um.

Geselligkeit	↔	Einsamkeit
Abschied	↔	Begrüßung
Senke	↔	Erhebung
Auftakt	↔	Abschluss
Nervosität	↔	Gleichmut
Absatz	↔	Kauf
Flucht	↔	Attacke
Stille	↔	Getöse
Harmonie	↔	Zwietracht
Liebe	↔	Abneigung
Probe	↔	Ernst
Gemeingut	↔	Privateigentum
Schaden	↔	Nutzen
Überfluss	↔	Mangel
Impertinenz	↔	Bescheidenheit

140b Gegensätzliche Begriffe

Tragen Sie den jeweils fehlenden Begriff ein.

	↔	Kauf
Gleichmut	↔	
	↔	Gemeingut
	↔	Impertinenz
Harmonie	↔	
	↔	Geselligkeit
Nutzen	↔	
	↔	Liebe
Begrüßung	↔	
	↔	Mangel
Attacke	↔	
	↔	Senke
Ernst	↔	
Auftakt	↔	
	↔	Stille

141a Landkarte

Sie befinden sich auf einer Insel, die in sechs Gebiete eingeteilt ist, und wollen sich möglichst schnell zurechtfinden. Merken Sie sich dafür Namen und Form der Regionen. Überprüfen Sie anschließend auf der Rückseite, wie genau Sie sich diese Gebiete eingeprägt haben.

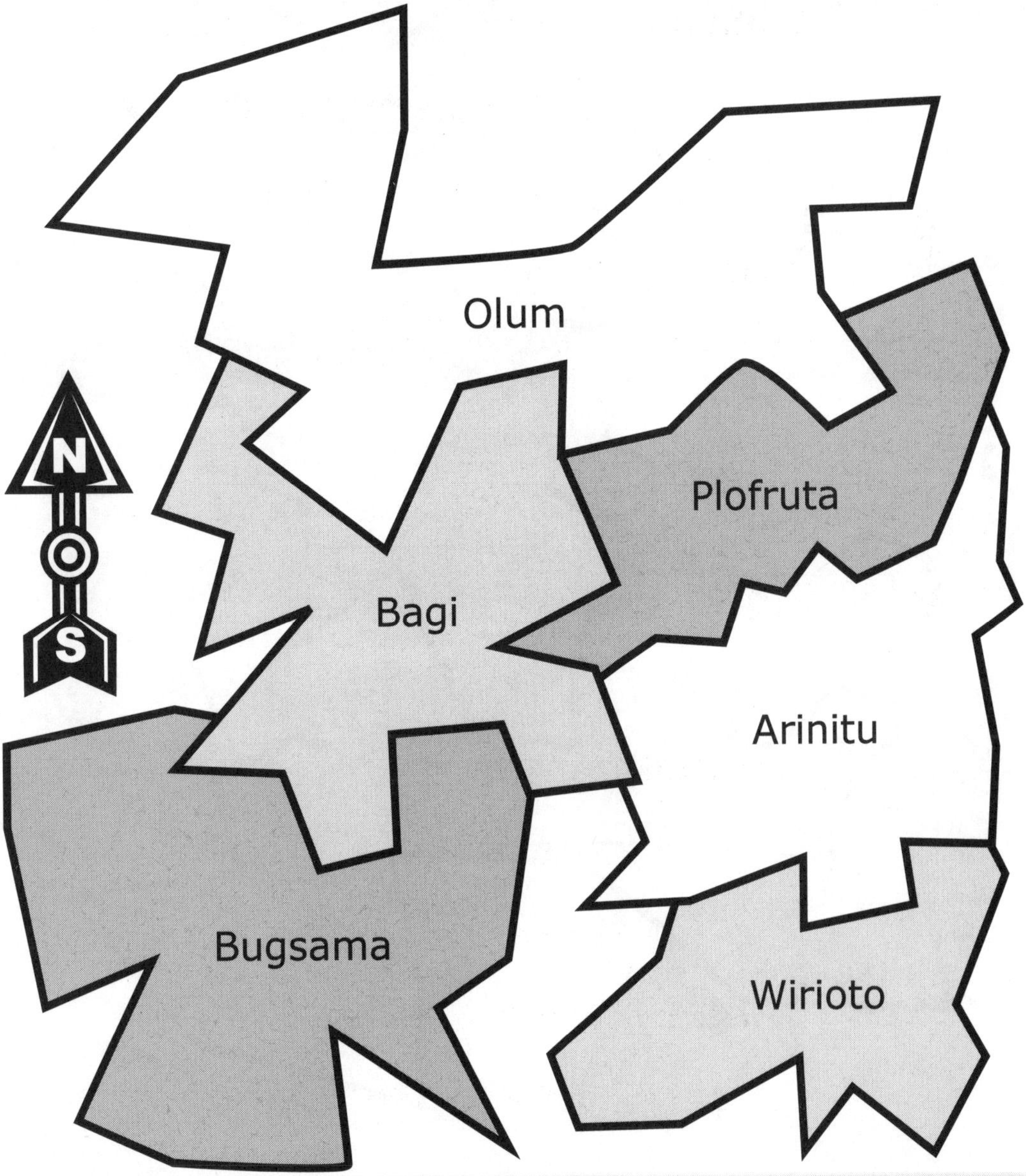

141b Landkarte

Die Insel zeigt sich hier aus einer anderen Perspektive. Erkennen Sie die Gebiete wieder? Wie heißen sie?

142a Route merken

Sehen Sie sich den Wegverlauf von A nach B gut an. Auf der Rückseite sollen Sie diesen aus dem Gedächtnis nachzeichnen.

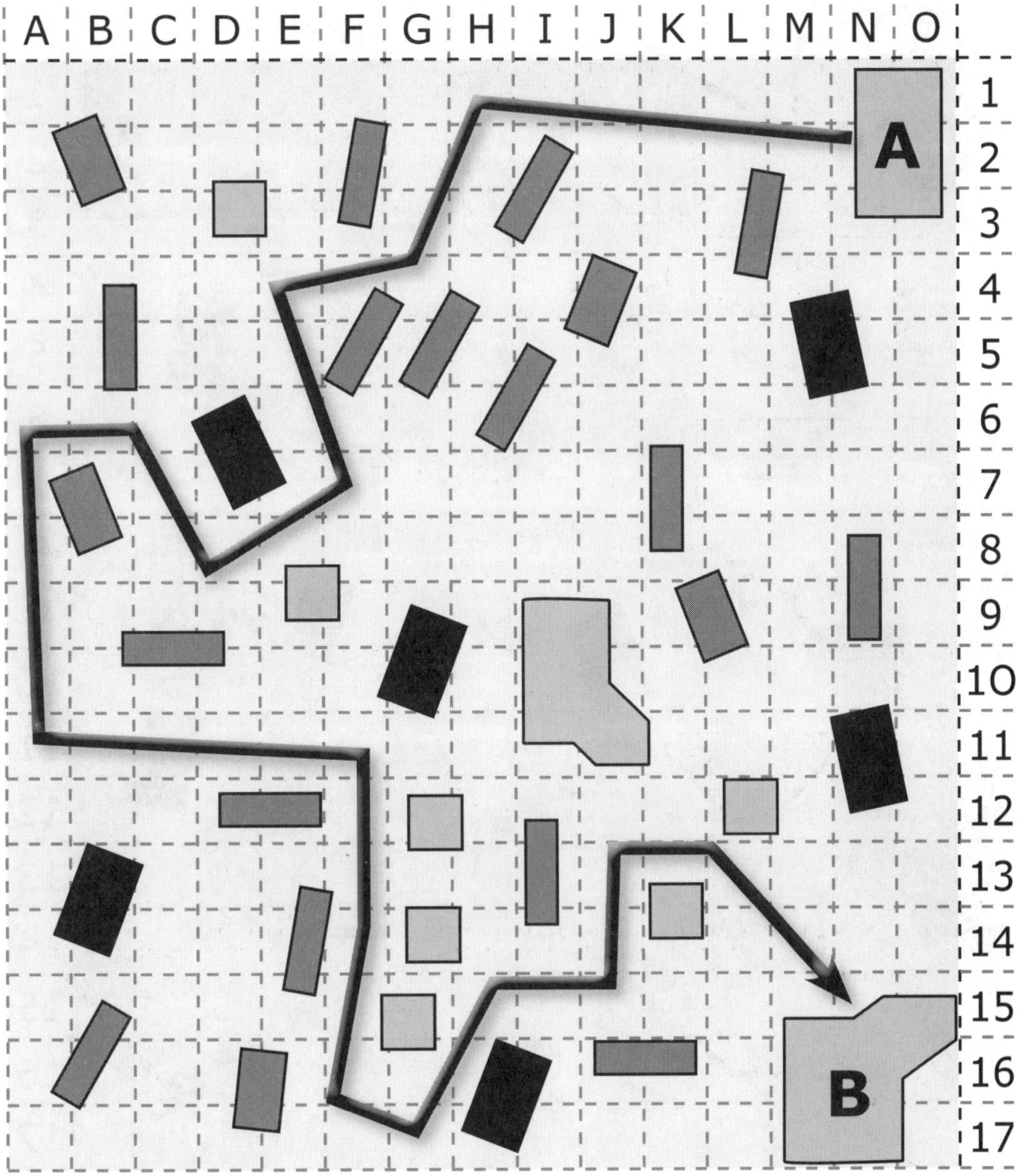

142b Route merken

Finden Sie auf dem gleichen Weg von A nach B? Können Sie ihn aus dem Gedächtnis einzeichnen?

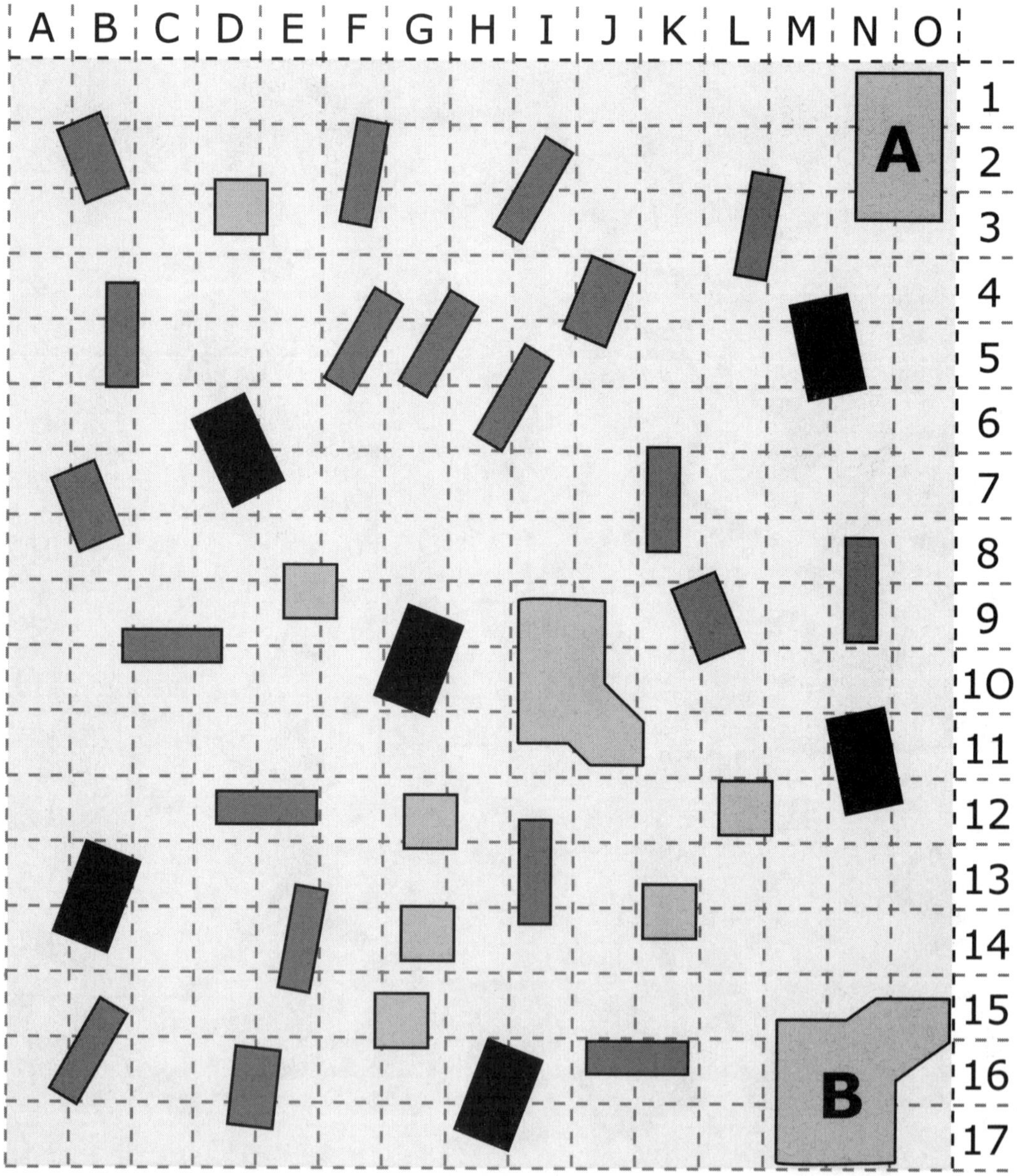

143a Bilderreihen merken

Je fünf Bilder sollen Sie sich pro Teilaufgabe einprägen. Blättern Sie dann jeweils um und überprüfen Sie Ihre Merkfähigkeit.

a)

1 2 3 4 5

b)

1 2 3 4 5

c)

1 2 3 4 5

d)

1 2 3 4 5

143b Bildreihen merken

Hier sind in jeder Reihe vier von den jeweils fünf Bildern dargestellt. Können Sie herausfinden, welches fehlt? Tragen Sie die entsprechende Feldnummer ins leere Kästchen ein.

a)    

b)    

c)  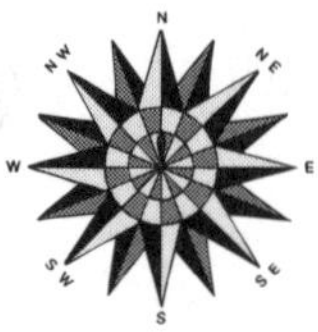  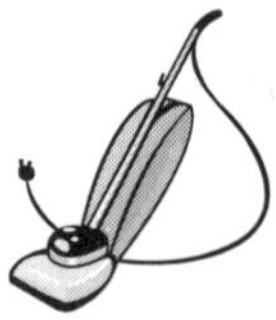

d)    

144a Anordnungen merken

Prägen Sie sich jeweils einen Kasten (beginnend mit der Nummer 1) kurz ein. Dann blättern Sie um und suchen auf der Rückseite nach dem Kasten mit der gleichen Symbolanordnung.

1

♦	♐	◆
♎	⌘	♏

2

⌘	♐	◆
♎	♏	♦

3

♦	⌘	♎
♏	♐	◆

4

♦	♐	⌘
♏	◆	♎

5

♏	♎	♦
♎	♐	◆

6

⌘	♐	♦
♏	⌘	◆

144b Anordnungen merken

Finden Sie hier jeweils den Kasten, den Sie sich auf der Vorderseite eingeprägt haben, und tragen Sie die entsprechende Nummer ins leere Feld ein.

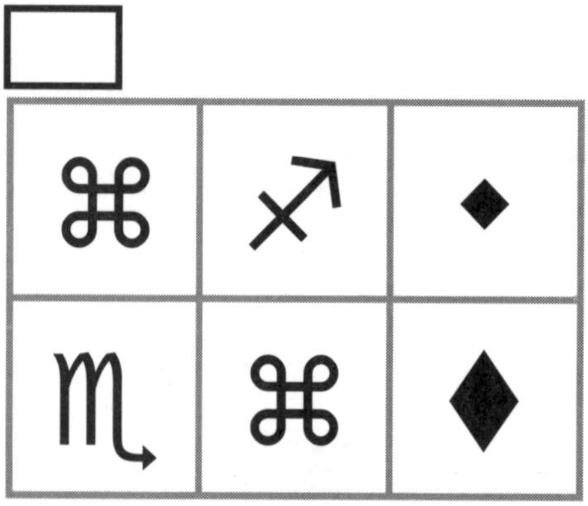

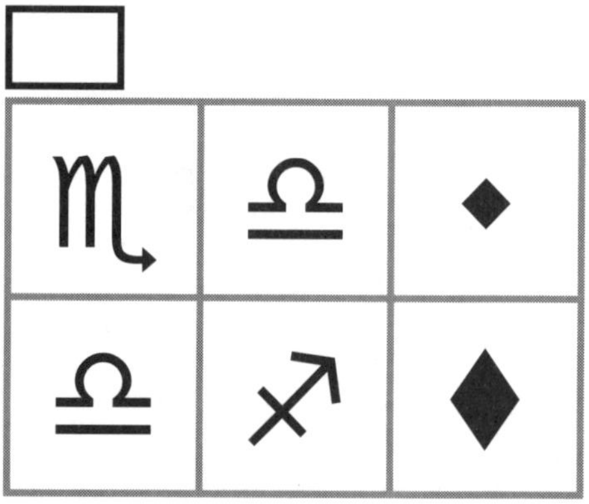

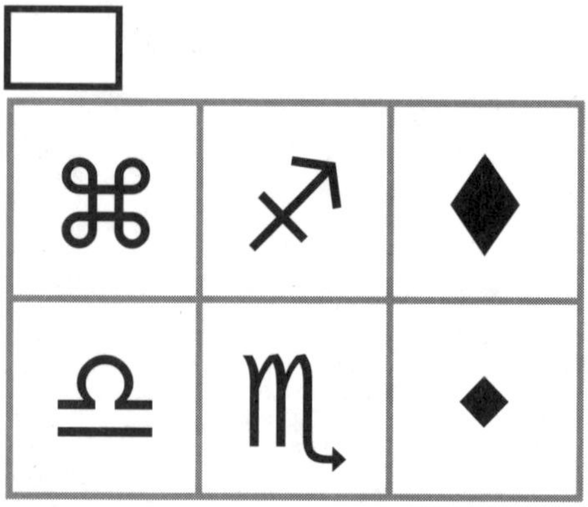

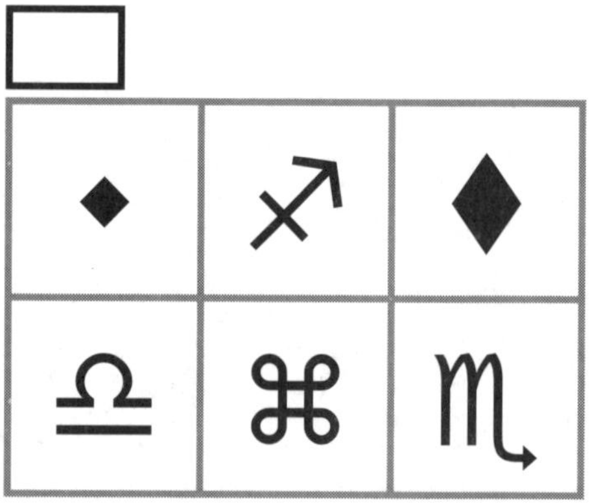

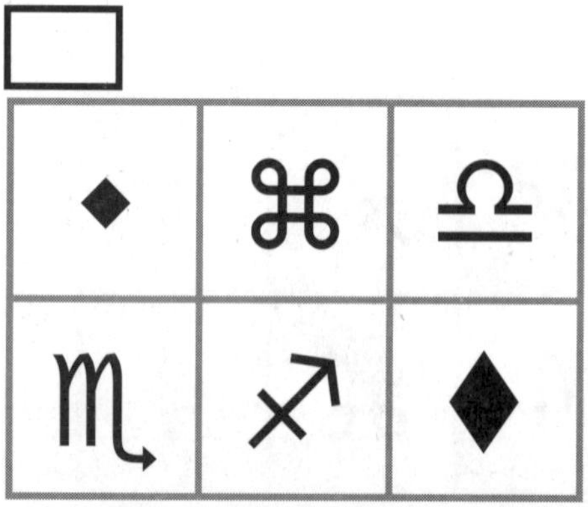

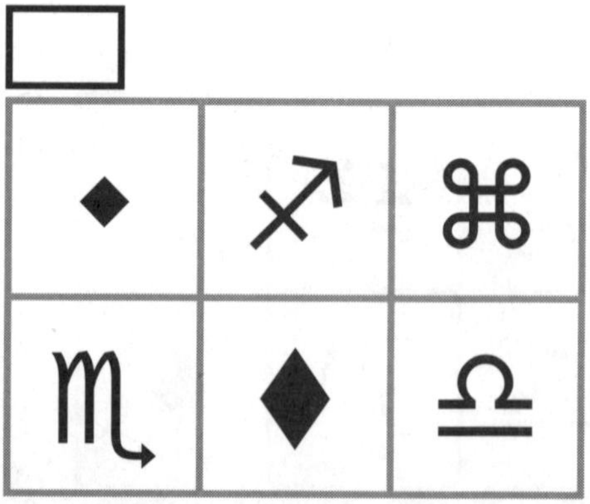

145a Fotos am Arbeitsplatz

Prägen Sie sich die Buchstaben in diesem Bild gut ein. Merken Sie sich auch deren Position, denn auf der Rückseite sollen Sie die Buchstaben aus dem Gedächtnis wieder eintragen.

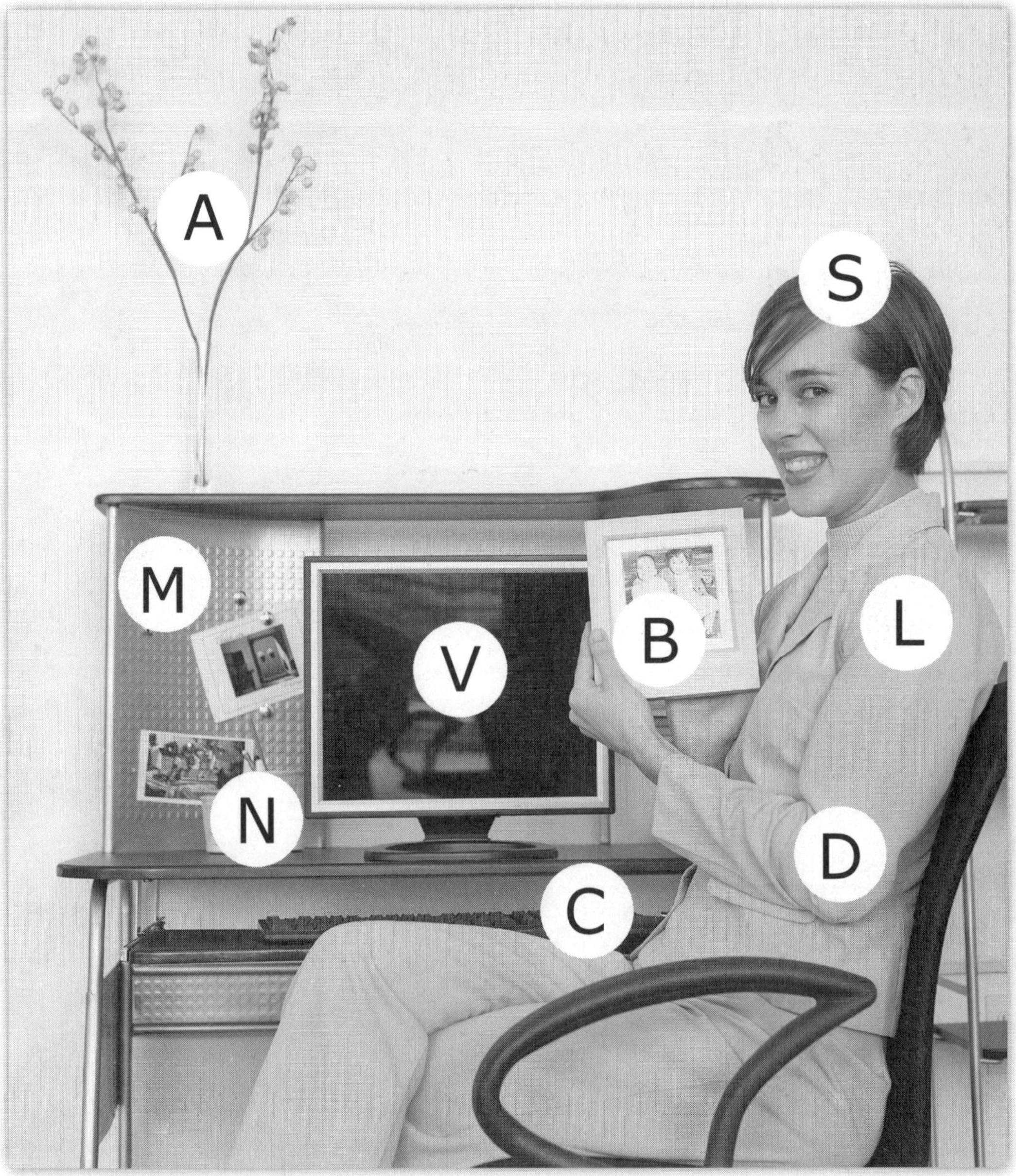

145b Fotos am Arbeitsplatz

Tragen Sie hier die Buchstaben ein, die Sie sich auf der Vorderseite eingeprägt haben. Beachten Sie, dass das Bild nun gespiegelt ist.

146a Rechnen mit Bildern

Diese Übung enthält die beiden Aufgaben 1 und 2. Prägen Sie sich zunächst die Bilder und die dazugehörenden Zahlen ein. Nehmen Sie sich dafür jeweils etwa zwei Minuten Zeit. Blättern Sie dann um auf die Rückseite.

1

 = 14

 = 8

 = 15

 = 6

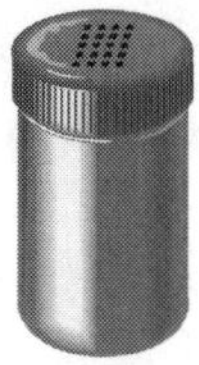 = 23

2

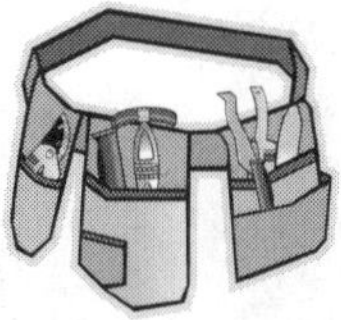 = 28

 = 12

 = 9

 = 8

 = 13

146b Rechnen mit Bildern

Berechnen Sie folgende Aufgaben, indem Sie gedanklich die Bilder durch die zugehörigen Zahlen austauschen.

1

 +  +  =

 +  –  =

2

 +  –  =

 + 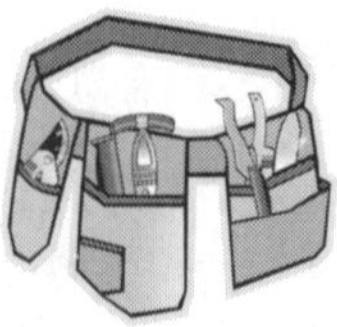 –  =

147a Sprüche merken

Sie sehen hier vier Bilder, in die je ein Zitat hineingeschrieben wurde. Darunter erscheint jeweils der Name des Autors. Prägen Sie sich diese Seite gut ein und blättern Sie dann um.

Joan Collins

Pythagoras

Georg Kreisler

Ephraim Kishon

147b Sprüche merken

Tragen Sie hier die Zitate in die entsprechenden Bilder sowie darunter deren Verfasser ein.

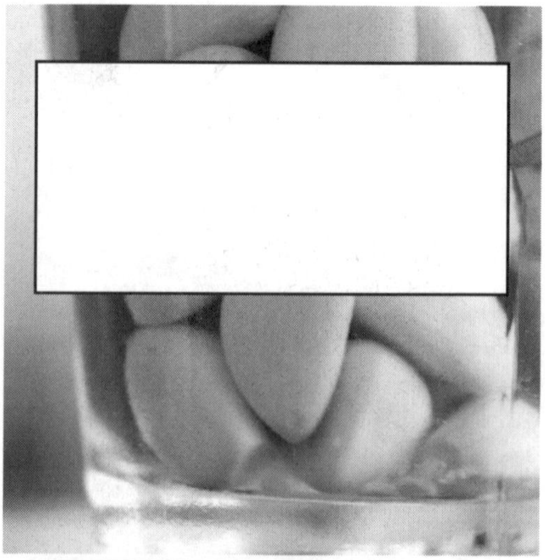

148a Schwarze Flecken

Sehen Sie sich dieses Fleckenfeld an und merken Sie sich das Muster. Erinnert Sie dieses Bild möglicherweise an etwas? Versuchen Sie, fantasievolle Eselsbrücken zu bauen.
Blättern Sie dann um. Auf der Rückseite sollen Sie die schwarzen Bereiche wiederfinden.

148b Schwarze Flecken

Erinnern Sie sich, welche Bereiche schwarz waren? Vielleicht dachten Sie bei diesem Bild an ein Tier oder an einen Golfplatz, und es fällt Ihnen daher leichter, die ursprünglich schwarzen Bereiche zu bestimmen. Malen Sie diese so aus, dass die Darstellung wie auf der Vorderseite aussieht.

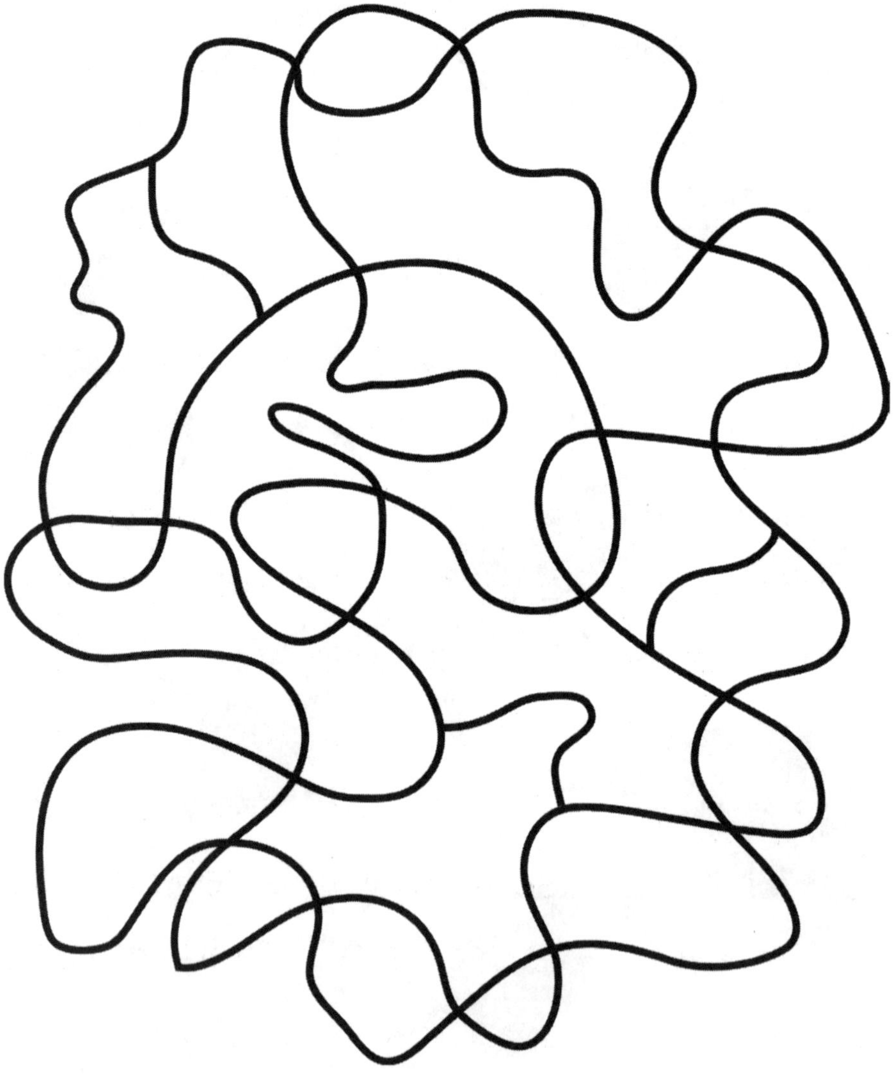

149a Wie aus 1001 Nacht

Lesen Sie diesen Text einmal in Ruhe durch. Stellen Sie sich jede dort erwähnte Person und auch sonst alles bildlich vor. Merken Sie sich auf diese Weise möglichst viel.

Es gibt sie noch, die Märchen aus 1001 Nacht. In Dubai zum Beispiel, jenem Emirat, das mit sechs anderen Emiraten die Föderation „Vereingte Arabische Emirate" (VAE) bildet. Die VAE sind etwas kleiner als Österreich – und, dank des Erdöls, unermesslich reich. Zumindest gilt das für Dubai, dem nach Abu Dhabi zweitgrößten Emirat. Sein Herrscher, Scheich Muhammed bin Raschid Al Maktum, schenkt jedem Brautpaar eine Villa. Und vor den Küsten der Hauptstadt Dubai lässt er fantastische Inseln anlegen: zwei in Palmenform und eine als Weltkarte, auf der jedes Land als Insel dargestellt ist.

149b Wie aus 1001 Nacht

Versuchen Sie nun, folgende Fragen zum Text zu beantworten.

1. Aus wie vielen Emiraten bestehen die VAE?

   Antwort: ____________

2. Welches im Text genannte europäische Land ist größer als die VAE?

   Antwort: ____________

3. Welches ist das größte Emirat?

   Antwort: ____________

4. Was schenkt der Scheich jedem Brautpaar?

   Antwort: ____________

5. Wie viele Inseln wurden in Palmenform angelegt?

   Antwort: ____________

150a Stammbaum

Können Sie sich diesen Familienstammbaum einprägen? Stellen Sie sich die Beziehungen untereinander möglichst lebendig vor, etwa wie der Ehemann seiner Frau Blumen schenkt oder wie sich die Geschwister zanken usw.

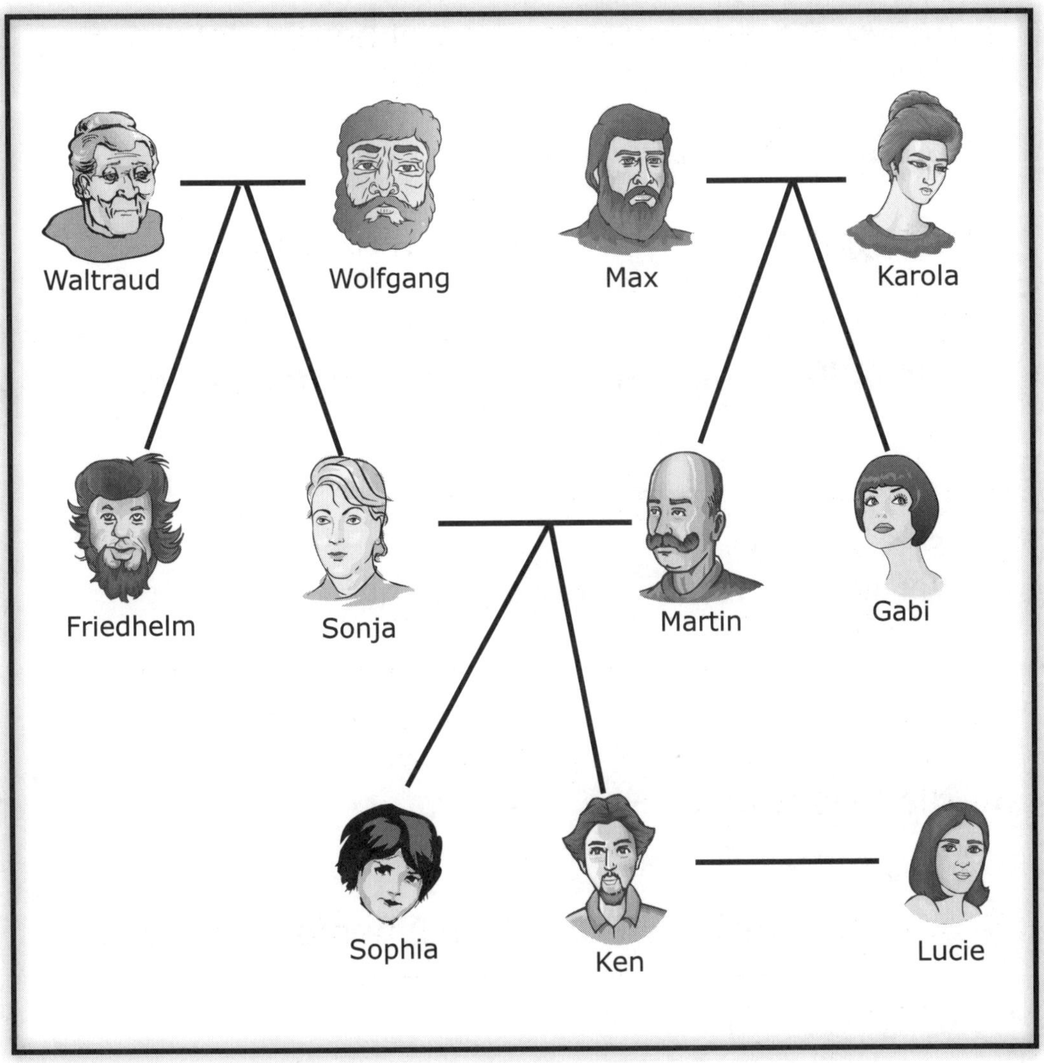

Horizontale Verbindungslinien bedeuten „verheiratet", von oben nach unten verlaufende Linien zeigen Eltern-Kind-Beziehungen an.

150b Stammbaum

Können Sie nun folgende Fragen zur Familie beantworten?

1. Wie heißt Lucies Schwiegermutter?

   Antwort:

2. Wer ist Friedhelms Neffe?

   Antwort:

3. Wie heißt Kens Großvater mütterlicherseits?

   Antwort:

4. Wer ist Waltrauds Schwiegersohn?

   Antwort:

5. Wie heißt Sonjas Schwiegervater?

   Antwort:

6. Wer ist Sophias Tante?

   Antwort:

151a Einkaufsliste

Prägen Sie sich die Liste mit den darin aufgeführten Gegenständen ein. Blättern Sie dann um.

➔ 8 x Joghurt fettarm

➔ 5 Dosen Fisch

➔ 1 x Windeln Gr. 4

➔ 1 x Waschpulver

➔ 7 x Schokolade, diverse

➔ 1 Kiste Limonade

➔ 3 x Ofenanzünder

➔ 2 x Backpapier

151b Einkaufsliste

Erinnern Sie sich daran, was auf der Einkaufsliste stand?
Schreiben Sie alle Artikel in die Liste.

152a Lageplan

Betrachten Sie dieses Muster und prägen Sie sich die Lage der dunklen Felder genau ein.

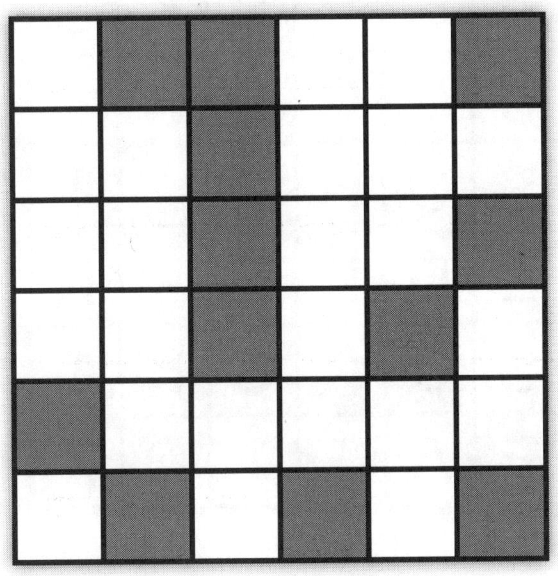

152b Lageplan

Wissen Sie noch, welche Felder auf der Vorderseite dunkel waren? Die Buchstaben in diesen Feldern ergeben, der Reihe nach gelesen, ein Lösungswort.

A	G	E	B	K	S
U	V	C	P	W	L
S	Q	H	P	J	I
Z	D	R	E	R	N
S	Ü	R	G	H	I
F	A	T	T	O	Z

Lösungswort: _ _ _ _ _ _ _ _ _ _ _ _

Das Lösungswort finden Sie auf der letzten Seite des Buches.

153a Menü à la carte

Heute gibt es beim Italiener folgendes Menü im Angebot:

Vorspeise:
Crostini mit Rucola- oder Tomatenpesto

Hauptspeise 1:
Meeresfrüchtesalat mit Zitrone und Olivenöl

Hauptspeise 2:
Capellini mit Knoblauch und Olivenöl

Hauptspeise 3:
Saltimbocca mit Parmaschinken und Salbei

Nachspeise:
Panna cotta mit Früchten

Läuft Ihnen schon das Wasser im Mund zusammen? Stellen Sie sich vor, wie gut (oder auch weniger gut) Ihnen die einzelnen Gänge schmecken.

153b Menü à la carte

Wissen Sie das heutige Menü noch?

Vorspeise:

___

___

Hauptspeise 1:

___

___

Hauptspeise 2:

___

___

Hauptspeise 3:

___

___

Nachspeise:

___

154a Bunte Gefühle

Auch Gefühle haben Farben: Rot ist die Liebe, Grün bekanntlich die Hoffnung. Prägen Sie sich bitte folgende frei erfundenen Zuordnungen ein.

Blaue Sanftmut

Grüne Trauer

Rosa Stolz

Braune Freude

Grauer Zorn

Rotes Glück

Schwarze Gleichmut

Türkise Wut

154b Bunte Gefühle

Kennen Sie noch die Farben und deren zugeordnete Gefühle? Das können Sie hier unter Beweis stellen.

1. Welche Gefühlslage ist schwarz?

   Antwort: Gleichmut

2. Welches Gefühl ist grün?

   Antwort: Trauer

3. Welche Farbe hat die Wut?

   Antwort: Türkise

4. Welche Farbe hat der Stolz?

   Antwort: Rosa

5. Welches Gefühl ist blau?

   Antwort: Sanftmut

6. Welche Farbe hat die Freude?

   Antwort: Braun

155a Ähnliche Bilder

Sie sehen hier neun ähnliche Bilder, denen je ein Buchstabe zugeordnet ist. Konzentrieren Sie sich auf die Besonderheit der jeweiligen Darstellung und finden Sie eine Eselsbrücke zwischen Bild und Buchstabe. Blättern Sie dann um.

M

D

F

J

W

T

S

F

P

155b Ähnliche Bilder

Tragen Sie hier die fehlenden Buchstaben zum jeweiligen Bild ein.

156a Die Schmerzpatientin

Eine Frau kommt zum Arzt. Sie klagt über folgende Symptome:

„Herr Doktor!

Meine Blasenprobleme haben sich wieder gemeldet.

Und mein fehlender Blinddarm verursacht Phantomschmerzen.

Auch eine Bronchitis kündigt sich schon an.

An meinem rechten Fuß ist ein Zehennagel eingewachsen.

Vom vielen Joggen schmerzt mein Schienbein.

Gestern hatte ich kurzfristig etwas Herzrasen.

Meine rechte Schulter ist höllisch verspannt."

Fühlen Sie sich in die Patientin ein und stellen Sie sich ganz konkret vor, wo genau die Beschwerden sind.

156b Die Schmerzpatientin

Wissen Sie noch, über welche Beschwerden unsere Patientin klagte? Zeigen Sie anhand je eines Pfeils die Stellen, die dem Arzt genannt wurden.

157a Terminkalender

Sie haben in diesem Monat einige wichtige Termine, die Sie nicht vergessen dürfen. Natürlich haben Sie diese im Kalender vermerkt, doch um ganz sicherzugehen, wollen Sie sich die Termine auch fest ins Gedächtnis schreiben.

Montag	Dienstag	Mittwoch	Donnerstag	Freitag	Samstag	Sonntag
			1	2	3	4 **Kino**
5	6 **Sauna**	7	8	9	10 **Papas Geburtstag**	11
12 **Zahnarzt**	13	14 **Fahr-prüfung**	15	16	17	18
19	20	21 **Mamas Geburtstag**	22 **Golf-turnier**	23	24	25
26 **China-restaurant**	27	28	29	30 **Kabarett**		

157b Terminkalender

Haben Sie sich die Termine gemerkt? Dann tragen Sie diese in den leeren Kalender ein.

Montag	Dienstag	Mittwoch	Donnerstag	Freitag	Samstag	Sonntag
			1	2	3	4 Kino
5	6 Sauna	7	8	9	10 Papas Geburtstag	11
12 Zahnarzt	13	14 Fahr-prüfung	15	16	17	18
19	20	21 Mamas Geburtstag	22 Golf-turnier	23	24	25
26 China-restaurant	27	28	29	30 Kabarett		

158a Sitzordnung

Sieben Personen sitzen an einem runden Tisch. Können Sie sich vorstellen, wie sie sich miteinander unterhalten?

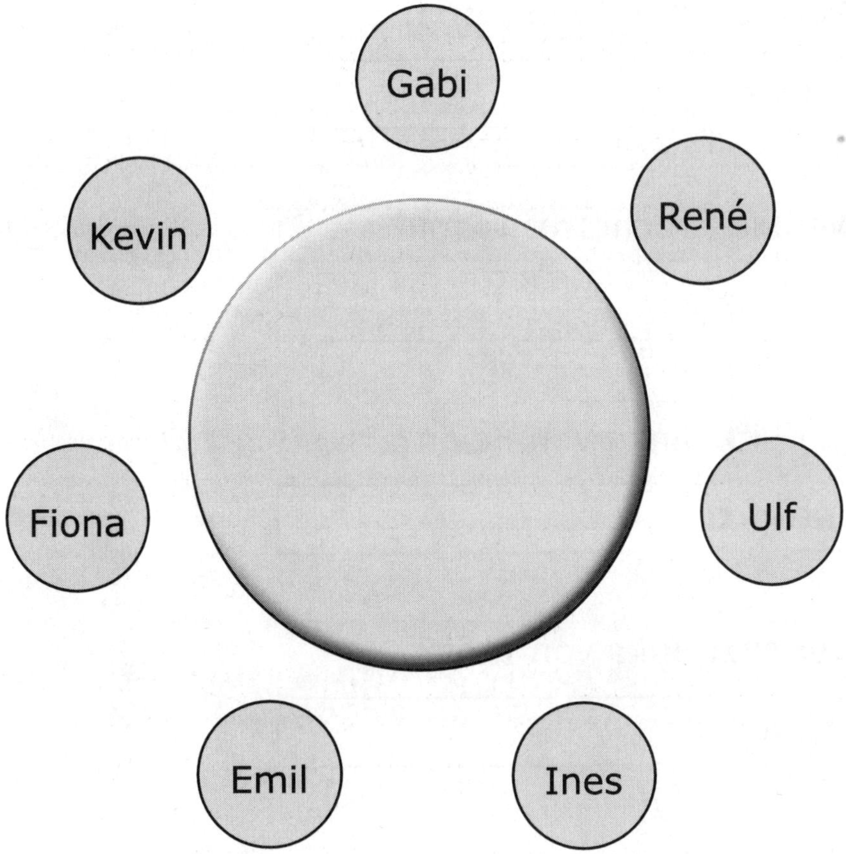

158b Sitzordnung

Können Sie diese Fragen aus dem Gedächtnis beantworten?

1. Wer sitzt rechts von Ulf?

   Antwort:

2. Wer sitzt links von Fiona?

   Antwort:

3. Wer sitzt rechts von Emil?

   Antwort:

4. Wer sitzt links von Kevin?

   Antwort:

5. Wer sitzt links von Ines?

   Antwort:

6. Wer sitzt links von Ulf?

   Antwort:

159a Bildergruppe

Prägen Sie sich die acht Bilder einer Hälfte jeweils gut ein.
Lösen Sie dann die Aufgabe auf der nächsten Seite.

159b Bildergruppe

Von den acht Bildern fehlen jeweils zwei. Können Sie sie benennen?

?

?

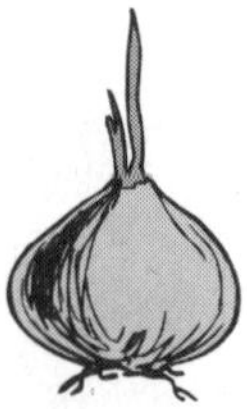

?

?

160a Datensätze

In den folgenden Sätzen ist jeweils mindestens eine Zahl enthalten. Versuchen Sie, diese Zahlen mit dem Inhalt des Satzes bildlich zu verknüpfen, und prägen Sie sich diese ein.

- 43 Prozent der Stiftungen verfügen zu Beginn über Einlagen von maximal 100.000 Euro.
- Am 30. September 1943 starb er in Los Angeles. Seine Urne wurde am 21. Mai 2007 in ein Ehrengrab überführt.
- Im Jahr 1900 stellte der deutsche Mathematiker eine Liste von 23 bis dahin ungelösten Problemen der Mathematik zusammen.
- Der Mittelmeerraum erstreckt sich über 1,35 Millionen km^2 Landfläche und 2,5 Millionen km^2 Meeresfläche.

160b Datensätze

Beantworten Sie nun bitte folgende Fragen.

1. Wie viele km^2 groß ist das Mittelmeer?

   Antwort: ______

2. Wo starb er 1943?

   Antwort: ______

3. Von welchem prozentualen Anteil der Stiftungen ist die Rede?

   Antwort: ______

4. Wie viele ungelöste Probleme enthielt die Liste?

   Antwort: ______

5. Wie groß ist die zum Mittelmeerraum gehörende Landfläche?

   Antwort: ______

6. Wann wurde er in ein Ehrengrab überführt?

   Antwort: ______

161a Bildertausch

Betrachten Sie die Symbole und merken Sie sich diese.
Auf der Rückseite haben jeweils zwei Paare ihre Plätze getauscht.
Diese sollen Sie bestimmen können.

161b Bildertausch

Bestimmen Sie in jeder Hälfte, welche zwei Bilderpaare jeweils ihre Plätze getauscht haben. (Es sind also jeweils vier Symbole an einer anderen Stelle.)

162a Personengedächtnis

Trainieren Sie Ihr Personengedächtnis und prägen Sie sich diese fünf Personen mit Namen und Hobby ein. Suchen Sie in den Gesichtern nach äußeren Auffälligkeiten. Versuchen Sie eine Verknüpfung zu finden zwischen den optischen Merkmalen, den Namen und dem Hobby.

Agnes Taubert, Malen

Carsten Meizin, Astrologie

Linda Malefski, Tierschutz

Tina Krawujek, Partys

Lars Göbinger, Rennsport

162b Personengedächtnis

Ordnen Sie die Begriffe 1 bis 12 den Gesichtern zu.

1 – Meizin
2 – Tierschutz
3 – Lars
4 – Taubert
5 – Astrologie
6 – Partys
7 – Krawujek
8 – Linda
9 – Malen
10 – Rennsport
11 – Malefski
12 – Carsten

163a Abstrakte Kunst

Prägen Sie sich dieses Bild gründlich ein. Lassen Sie hierbei Ihrer Fantasie freien Lauf. Was könnte es darstellen?

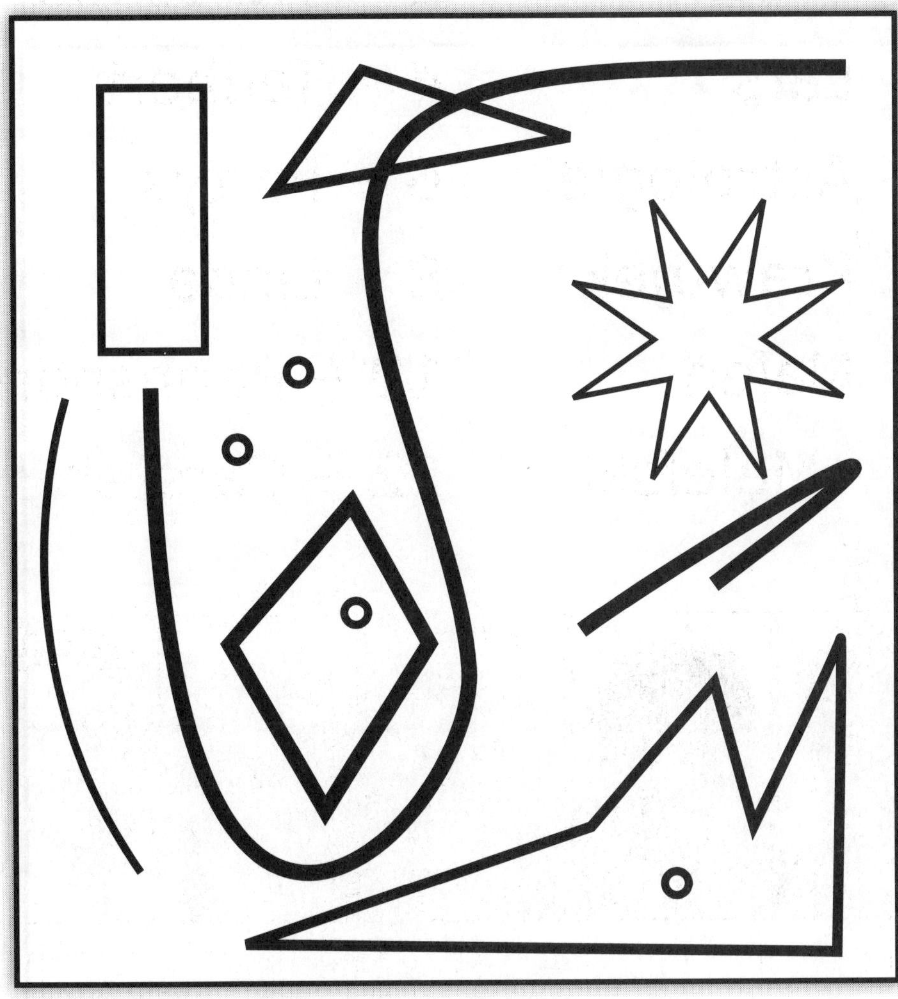

163b Abstrakte Kunst

Zeichnen Sie hier die Linien, so genau Sie können, aus der Erinnerung nach.

164a Stadt, Land, Fluss

Jede Tabelle besteht aus vier Oberbegriffen mit je vier Unterbegriffen. Das Besondere dabei ist, dass alle Unterbegriffe verschiedene Anfangsbuchstaben haben. Dieser Umstand ist für die Lösung auf der Folgeseite von Bedeutung.
Lernen Sie nun bitte je eine Tabelle auswendig und blättern Sie dann um.

Europäer	Hauptstadt	Instrument	Energiequelle
Belgier	Helsinki	Violine	Torf
Este	Lissabon	Cello	Gas
Deutscher	Addis Abeba	Fagott	Kernkraft
Ire	Madrid	Pauke	Wind

Hochseefisch	Illustration	Insekt	Organ
Zitteraal	Bild	Hummel	Lunge
Sprotte	Foto	Käfer	Ohr
Dorsch	Grafik	Erdfloh	Niere
Hai	Porträt	Ameise	Magen

164b Stadt, Land, Fluss

Können Sie sich daran erinnern, für welche Wörter die hier aufgelisteten Anfangsbuchstaben stehen? Schreiben Sie ins leere Feld den jeweils dazugehörigen Oberbegriff.

V:		D:	
M:		K:	
B:		E:	
T:		H:	
C:		P:	
G:		A:	

G:		S:	
E:		K:	
B:		Z:	
L:		H:	
D:		O:	
N:		P:	

165a Beobachtungsgabe

Betrachten Sie dieses Bild ganz genau. Prägen Sie sich möglichst viele Details davon ein.

165b Beobachtungsgabe

Im Folgenden lesen Sie mehrere Aussagen, die sich auf das Bild beziehen. Können Sie jeweils bestimmen, ob diese wahr (w) oder falsch (f) sind?

1. Eine der Personen trägt eine Brille.

   Antwort: ☐

2. Am Fenster hängen Vorhänge.

   Antwort: ☐

3. Rechts steht ein Besen.

   Antwort: ☐

4. Beide Männer tragen eine Krawatte.

   Antwort: ☐

5. Die Frau trägt deutlich sichtbare Ohrringe.

   Antwort: ☐

6. Die Haustür – links im Bild – ist geöffnet.

   Antwort: ☐

166a Zahlwörter

Diese Wortungetüme sind einfache Zahlwörter. Mit ihrer Hilfe schulen Sie Ihre Vorstellungskraft hinsichtlich Zahlen.
Lesen Sie jeweils ein Wort und merken Sie sich die Zahl, die damit ausgedrückt wird. Blättern Sie dann um und schreiben Sie die Zahl als normale Ziffernfolge.

A) Dreihundertvierundsechzigtausendsiebenhundertzweiundneunzig

B) Sechshunderteinundsechzigtausendvierhundertneunundfünfzig

C) Dreihundertsiebenundzwanzigtausendzweihundertdreiundachtzig

D) Einhundertachtundsiebzigtausendsiebenhundertsiebenundzwanzig

E) Achthundertneunundvierzigtausendachthundertdreiundsechzig

F) Zweihundertvierunddreißigtausenddreihundertachtundneunzig

166b Zahlwörter

Notieren Sie hier die Zahlen in die leeren Felder.

A)

B)

C)

D)

E)

F)

167a Tagesablauf

Prägen Sie sich folgende Termine genau ein. Stellen Sie sich jede Uhrzeit als etwas ganz Besonderes vor und verknüpfen Sie diese mit dem Ereignis, das zum jeweiligen Zeitpunkt stattfinden soll.

Donnerstag, 15. Oktober 2009
Sieben Termine:

- 07:25 Uhr: Walking mit Gabi
- 09:40 Uhr: Spanischkurs in VHS
- 12:10 Uhr: Essen mit Geschäftsführer beim Chinesen
- 13:45 Uhr: Yogastunde bei Doris
- 15:15 Uhr: Besichtigungstermin mit Makler
- 17:50 Uhr: Sven von der Kita holen
- 20:10 Uhr: Ausstellung in Künstlergasse

167b Tagesablauf

Wenn Sie sich die Termine gut eingeprägt haben, fallen Ihnen sicher zu den folgenden Stichwörtern die dazugehörenden Uhrzeiten ein.

Geschäftsführer: _ _ : _ _ Uhr

Spanisch: _ _ : _ _ Uhr

Künstlergasse: _ _ : _ _ Uhr

Chinarestaurant: _ _ : _ _ Uhr

Sven: _ _ : _ _ Uhr

Walking: _ _ : _ _ Uhr

Yoga: _ _ : _ _ Uhr

VHS: _ _ : _ _ Uhr

Makler: _ _ : _ _ Uhr

Ausstellung: _ _ : _ _ Uhr

Kita: _ _ : _ _ Uhr

Doris: _ _ : _ _ Uhr

168a Wörter = Zahlen

Prägen Sie sich die jeweils sechs Wörter mitsamt den dazugehörigen Zahlen gut ein. Versuchen Sie in Ihrer Fantasie, eine Verknüpfung zwischen Zahl und Begriff zu konstruieren.

Wolf	=	3
Kammer	=	31
Taube	=	6
Nadel	=	46
Gummi	=	9
Frachthafen	=	72

Tollhaus	=	19
Gendarm	=	53
Fisch	=	12
Linkshänder	=	78
Dreirad	=	92
Freudentanz	=	45

168b Wörter = Zahlen

Je zwei Wörter stehen sich hier gegenüber. Welches Wort davon gehört zur größeren Zahl? Notieren Sie entsprechend ein „>“ oder ein „<“ in das Kästchen.

Taube	☐	Kammer
Frachthafen	☐	Gummi
Wolf	☐	Nadel
Frachthafen	☐	Kabel
Nadel	☐	Wolf
Gummi	☐	Taube

Fisch	☐	Tollhaus
Dreirad	☐	Linkshänder
Gendarm	☐	Freudentanz
Linkshänder	☐	Gendarm
Freudentanz	☐	Fisch
Tollhaus	☐	Dreirad

169a Bildertabelle

Prägen Sie sich diese 16 Bilder und deren exakte Lage ein.
Merken Sie sich auch die dazugehörigen Koordinaten.

	1	2	3	4
A				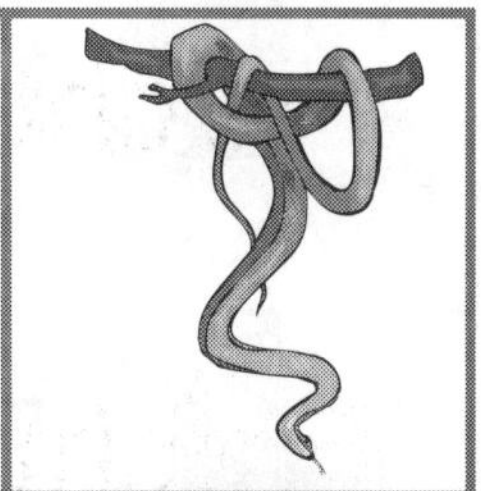
B				
C			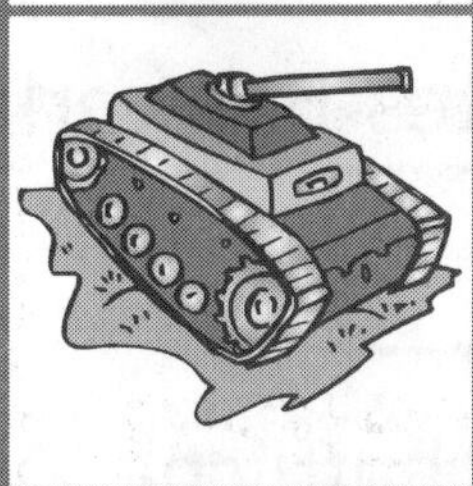	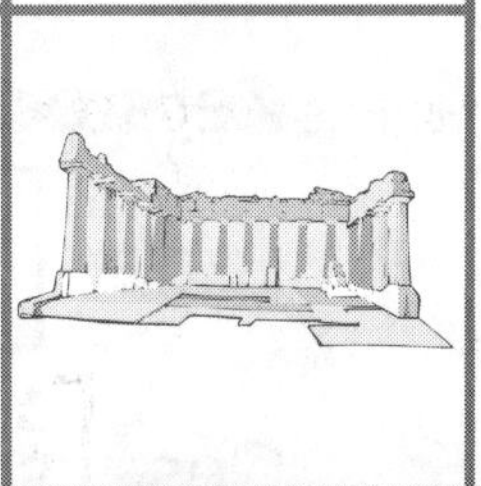
D				

169b Bildertabelle

Die folgenden Sätze sind Hinweise, die sich auf jeweils ein Bild beziehen. Sie müssen daher zunächst erkennen, welches Bild gemeint ist. Dann tragen Sie die Lage des entsprechenden Bildes ein.

1. Manche geben vor, darin die Zukunft erkennen zu können.

   Lage: ☐

2. Er sorgt für die tiefen Grundtöne.

   Lage: ☐

3. Drehbares Ruheplätzchen.

   Lage: ☐

4. Zerstörtes Bauwerk, das gern besichtigt wird.

   Lage: ☐

5. Gesellschaftliche Zweisamkeit.

   Lage: ☐

6. Der asiatische Artverwandte des Einhöckrigen.

   Lage: ☐

170a Sparen fürs Fest

Lesen Sie diesen Text einmal in Ruhe durch und merken Sie sich möglichst viel.

Sie hatte während der vergangenen Monate jeden Abend, nachdem die beiden Kinder ins Bett gegangen waren, ihr Portemonnaie auf dem Küchentisch ausgeleert, die Münzen gezählt und sie danach in ein leeres Marmeladenglas gegeben. „Fest-Geld" nannte sie es spaßeshalber: keine Festgeldanlage, sondern Geld fürs Schützenfest, das nächstes Wochenende stattfinden sollte. Jule und Lars freuten sich so sehr darauf, und mit den mittlerweile sechsundzwanzig Euro und fünfundachtzig Cent wollte sie ihren Kindern ein paar schöne Stunden ermöglichen.

170b Sparen fürs Fest

Versuchen Sie nun, folgende Fragen zum Text zu beantworten.

1. Seit wann hatte sie auf diese Weise gespart?

   Antwort: _____

2. Wie heißt die Mutter? Oder wird ihr Name nicht erwähnt?

   Antwort: _____

3. Wie viele Kinder hat sie?

   Antwort: _____

4. Wann soll das Fest stattfinden?

   Antwort: _____

5. Wo zählte sie allabendlich das Münzgeld?

   Antwort: _____

6. Wie viel Geld kam mittlerweile zusammen?

   Antwort: _____

171a Netzwerk

Prägen Sie sich diesen Plan gut ein. Er zeigt verschiedene Orte (Buchstaben), die über bestimmte Wege miteinander verbunden sind. Die Zahlen geben die jeweiligen Entfernungskilometer an.

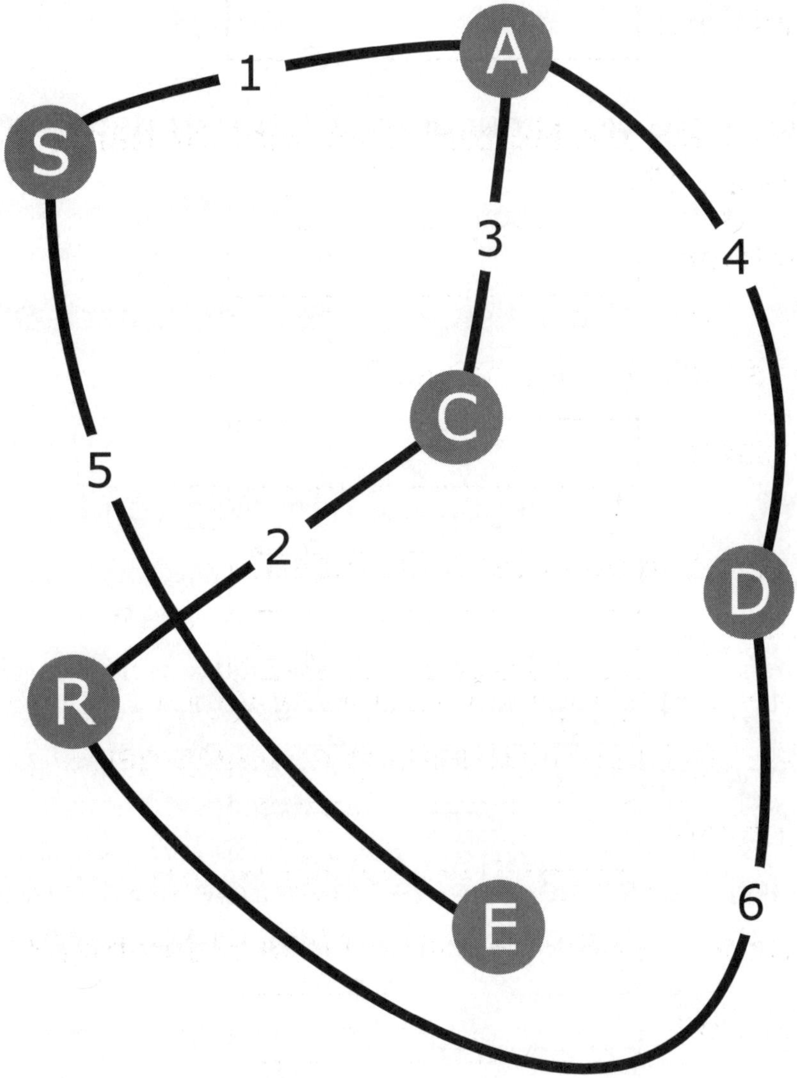

171b Netzwerk

Versuchen Sie nun, folgende Fragen zu beantworten.

1. Wie viele Orte zeigt der Plan?

   Antwort:

2. Wie viele Verbindungsstrecken sind dargestellt?

   Antwort:

3. Wie lang ist der kürzeste Weg von C nach D?

   Antwort:

4. Wie viele Orte liegen auf dem Weg von E nach C?

   Antwort:

5. Wie lang ist der kürzeste Weg von A nach R?

   Antwort:

6. Wie lang ist die längste Route, die man fahren kann, ohne eine Strecke zweimal zu benutzen?

   Antwort:

172a Kollegen im Büro

Prägen Sie sich die Zahlen in diesem Bild gut ein. Merken Sie sich auch deren Position, denn auf der Rückseite sollen Sie diese aus dem Gedächtnis wieder eintragen.

172b Kollegen im Büro

Tragen Sie hier die Zahlen ein, die Sie sich auf der Vorderseite eingeprägt haben. Beachten Sie, dass das Bild nun gespiegelt ist.

173a Dingliches Allerlei

Prägen Sie sich folgende Gegenstände ein. Versuchen Sie in Ihrer Vorstellung ein Bild zu erstellen, das all diese Dinge enthält.

Spielkarte

Taucher

Floh

Seifenblase

Toilette

Raubkatze

Gartenweg

Videokassette

Bräutigam

Skateboard

Indianerzelt

173b Dingliches Allerlei

Streichen Sie hier alle Gegenstände, die nicht auf der Vorderseite aufgeführt sind.

174a Herr von Ribbeck

Lesen Sie dieses Gedicht zweimal so aufmerksam wie möglich. Achten Sie dabei besonders auf den Klang der Wörter und Reime.

Herr von Ribbeck auf Ribbeck im Havelland,
Ein Birnbaum in seinem Garten stand,
Und kam die goldene Herbsteszeit
Und die Birnen leuchteten weit und breit,
Da stopfte, wenn's Mittag vom Turme scholl,
Der von Ribbeck sich beide Taschen voll.
Und kam in Pantinen ein Junge daher,
So rief er: „Junge, wiste ,ne Beer?"
Und kam ein Mädel, so rief er: „Lütt Dirn,
Kumm man röwer, ick hebb ,ne Birn".

Diese Verse wurden entnommen aus „Herr von Ribbeck auf Ribbeck im Havelland" von Theodor Fontane.

174b Herr von Ribbeck

Klingen Ihnen die Verse noch in den Ohren? – Dann können Sie hier sicher herausfinden, welche dieser folgenden Teilsätze nicht aus dem eben Gelesenen stammen.

- ☐ von Ribbeck auf Ribbeck
- ☐ hebb ,ne Birn
- ☐ in Pantienen
- ☐ wiste ,ne Birn
- ☐ güldene Sommerzeit
- ☐ Doch die Birnen
- ☐ Da stopfte
- ☐ der gute Ribbeck
- ☐ man röwer

175a Verfremdete Bilder

Prägen Sie sich diese sechs Bilder möglichst gut ein. Beachten Sie dabei auch Umrisse, Formen und kontraststarke Bereiche.

175b Verfremdete Bilder

Die sechs Bilder der Vorderseite wurden verändert und an eine andere Stelle gesetzt. Können Sie bestimmen, welche Grafik aus welchem Originalbild stammt?

176a Zahlengedächtnis

Lernen Sie je eine Zahl auswendig. Versuchen Sie dabei, Eselsbrücken zu finden, also gedankliche Verknüpfungen mit etwas, das Sie bereits kennen. Blättern Sie dann um und lösen Sie die Aufgabe auf der Rückseite.

A	→	63295865
B	→	28415262
C	→	849562313
D	→	265848512
E	→	3629588569
F	→	3695965247
G	→	1963254248

176b Zahlengedächtnis

Sind hier exakt die gleichen Zahlen zu sehen wie auf der Vorderseite? Oder wurden manche Ziffern ausgewechselt? Überprüfen Sie dies aus dem Gedächtnis und kreuzen Sie die falschen Ziffern an.

A	→	62295865
B	→	28415362
C	→	849562313
D	→	265484512
E	→	3629588659
F	→	3695865247
G	→	2963264258

177a Gebietsplan

Können Sie sich diesen Plan einprägen? Stellen Sie sich vor, Sie würden dieses Gebiet mit dem Fahrrad abfahren. Auch die Straßenbezeichnungen eignen sich für bildhafte Verknüpfungen.

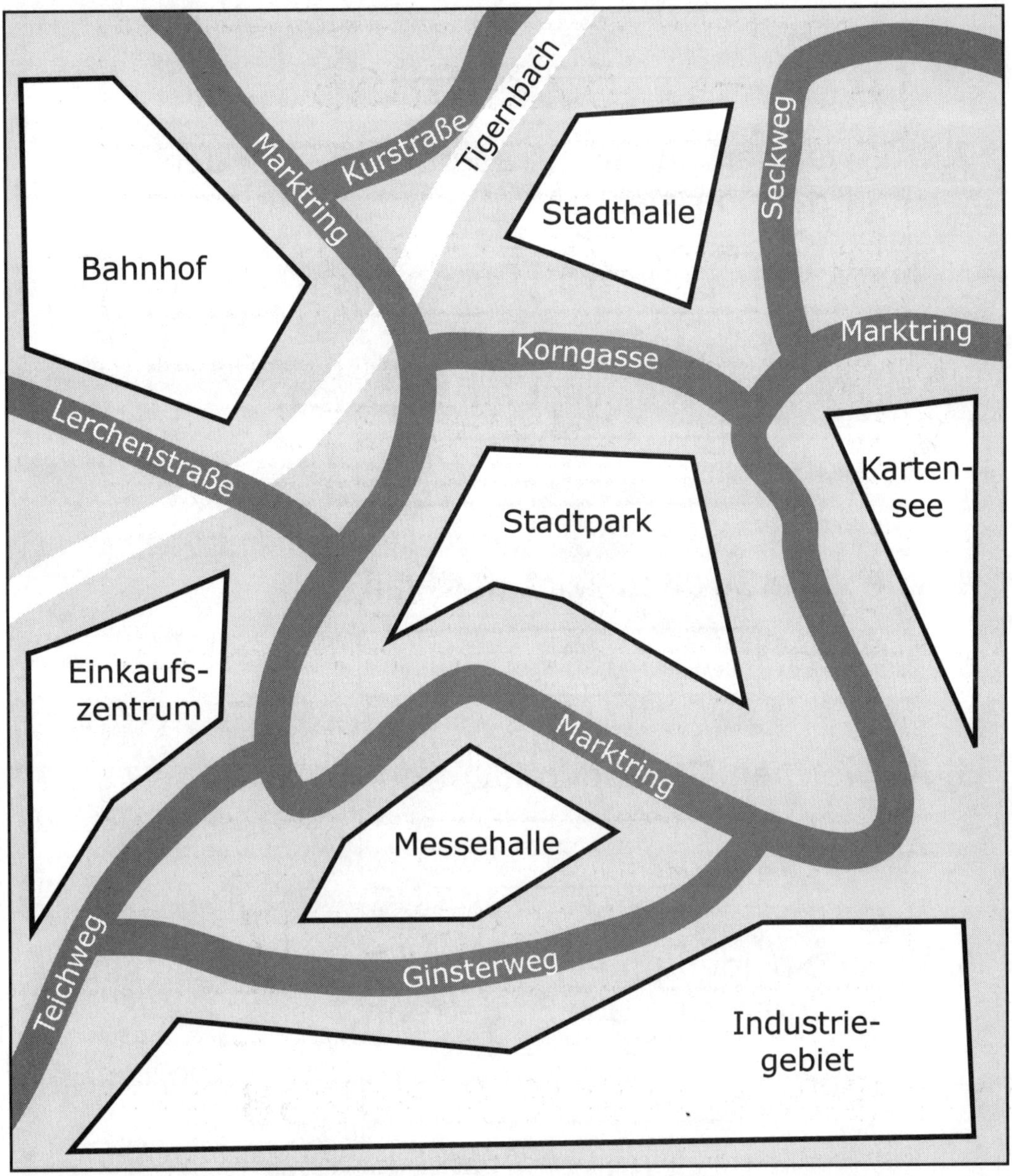

177b Gebietsplan

Beantworten Sie folgende Fragen frei aus dem Gedächtnis.

1. Welche Straße führt am See vorbei?

   Antwort: Marktring

2. Auf welchen beiden Straßen kann man den Stadtpark passieren?

   Antwort: Korngasse, Marktring

3. Welches Gebäude liegt am Seckweg?

   Antwort:

4. Wie viele Straßen zeigt der Plan?

   Antwort:

5. An welchen Gebäuden fließt der Bach vorbei?

   Antwort:

6. Welche beiden im Plan enthaltenen Anlagen sind nicht durch eine Straße getrennt?

   Antwort:

178a Schwarz-grau-weiß

Dieses Muster aus schwarzen, grauen und weißen Feldern sollen Sie sich hier einprägen. Können Sie darin etwas erkennen? Vielleicht ein Zeichen, ein Bild oder sonst eine Bedeutung?

178b Schwarz-grau-weiß

Malen Sie hier die richtigen Felder schwarz bzw. grau aus, damit die gleiche Grafik erscheint wie auf der Vorderseite.

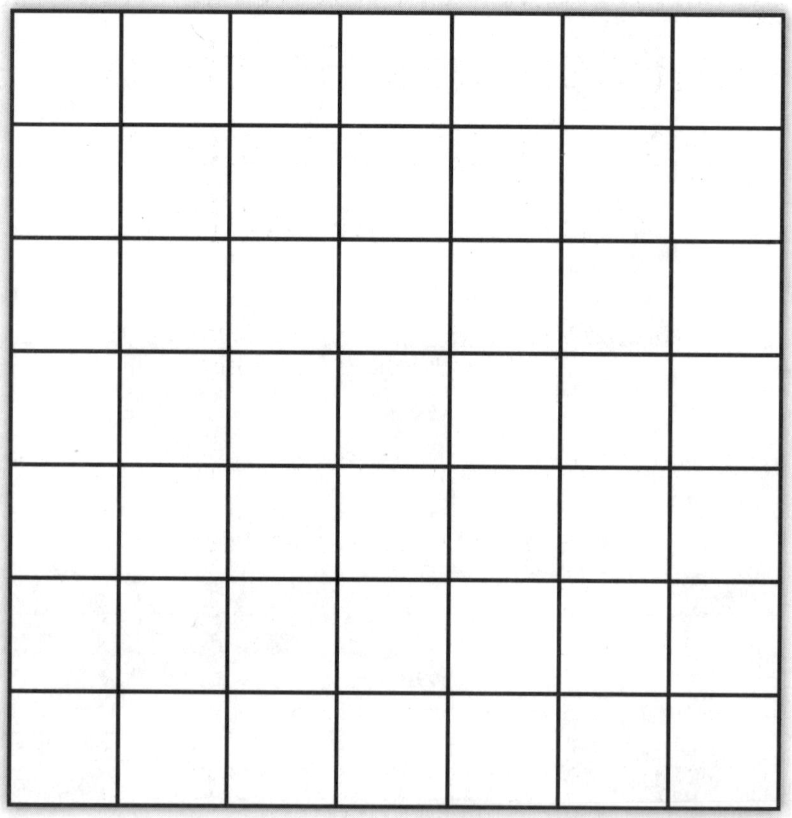

179a In einem Satz

Lernen Sie jeweils einen Satz auswendig und lösen Sie dann die Aufgabe auf der Folgeseite.

Arbeit ist schwer, ist oft genug ein freudloses und mühseliges Stochern; aber nicht arbeiten – das ist die Hölle.

Thomas Mann (1875-1955), dt. Schriftsteller, 1929 Nobelpreis für Literatur

Ich rate, lieber mehr zu können als man macht, als mehr zu machen als man kann.

Bertolt Brecht (1898-1956), dt. Dramatiker

179b In einem Satz

Wiederholen Sie jeweils den gerade gelernten Satz, jedoch rückwärts. Beginnen Sie also mit dem letzten Wort.

180a Drei Damen

Drei Fotos sollen Sie hier bis ins Details studieren. Auf der Folgeseite sollen Sie die Damen anhand kleiner Ausschnitte wiedererkennen.

Tanja

Nelli

Susanne

180b Drei Damen

Können Sie die Kopfausschnitte der jeweiligen Dame zuordnen?

Nelli

Susanne

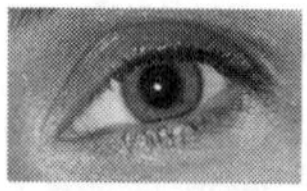

Tanja

Susanne

Tanja

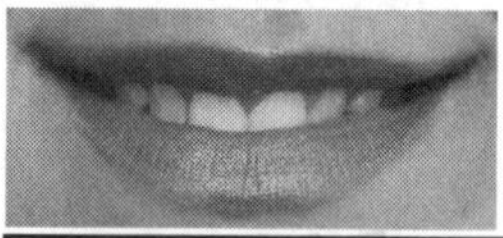

Nelli

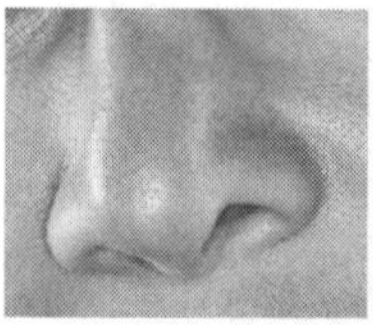

Tanja

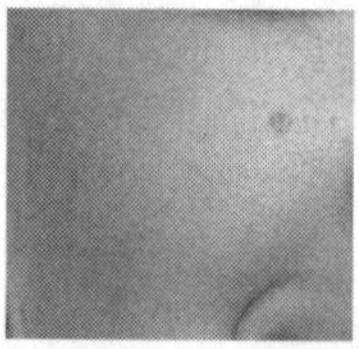

Nelli

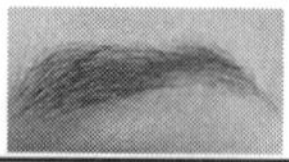

Nelli

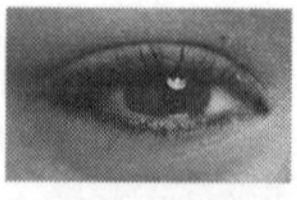

Nelli

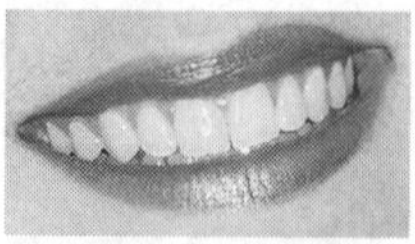

Susanne

Tanja

181a Die sich selbst feiern

Lesen Sie diesen Text einmal langsam durch und versuchen Sie, sich möglichst viele Einzelheiten einzuprägen.

„Bloß eine Trophäe der Gewerkschaft" hat der amerikanische Regisseur Martin Scorcese einmal den „Oscar" bezeichnet. Auch eine Art, die Dinge zu sehen. Aber wenn ein Film mit diesem Preis überhäuft wird, dann kann man an ihm nicht vorbei – wie an „Das Schweigen der Lämmer": siebenmal nominiert, fünfmal gekürt! Der Film (er basiert auf dem Roman von Thomas Harris) ist damit nach „Es geschah in einer Nacht" und „Einer flog übers Kuckucksnest" der dritte Film überhaupt, der in den fünf wichtigsten Kategorien einen Oscar gewinnen konnte.

181b Die sich selbst feiern

Beantworten Sie folgende Fragen frei aus dem Gedächtnis.

1. Wer nannte den „Oscar" eine „Trophäe der Gewerkschaft"?

   Antwort:

2. Wie oft wurde „Das Schweigen der Lämmer" nominiert?

   Antwort:

3. Und wie oft erhielt dieser Film den Preis?

   Antwort:

4. Auf wessen Roman basiert dieser Film?

   Antwort:

5. Wie heißen die anderen beiden genannten Filme?

   Antwort:

6. Was ist das Besondere an deren Oscar-Auszeichnungen?

   Antwort:

182a Basketball

Prägen Sie sich dieses Bild ganz genau ein. Achten Sie dabei auf alle Einzelheiten.

182b Basketball

Einige dieser Bildausschnitte stammen nicht vom Original auf der Vorderseite. Können Sie diese ausfindig machen?

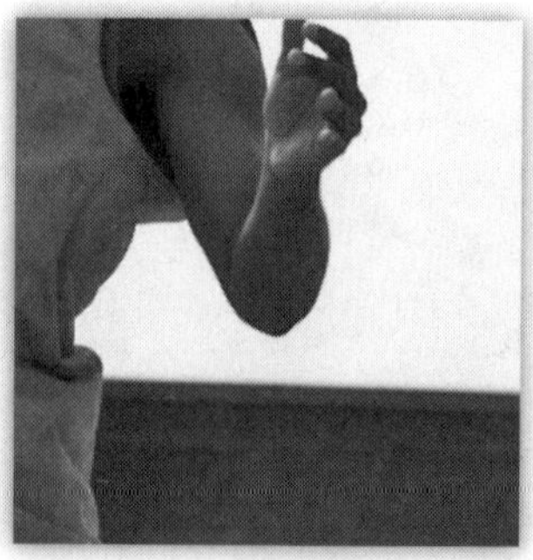

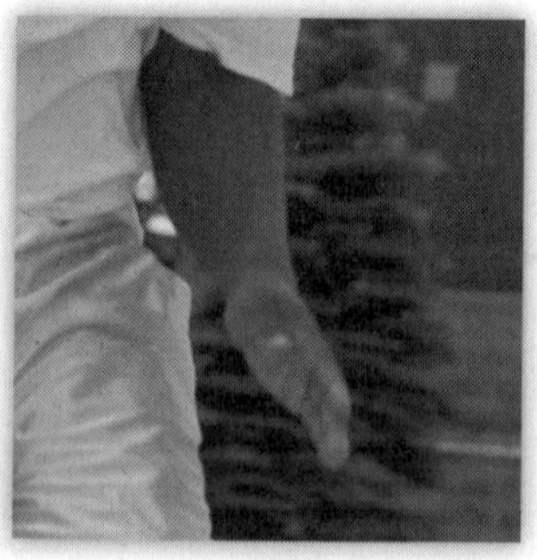

183a Formenvielfalt

Jetzt wird es sehr abstrakt. Können Sie diese Formen im Gedächtnis behalten? Richten Sie Ihr Augenmerk auf die objektiven Eigenschaften wie Farbe, Eckenanzahl usw.

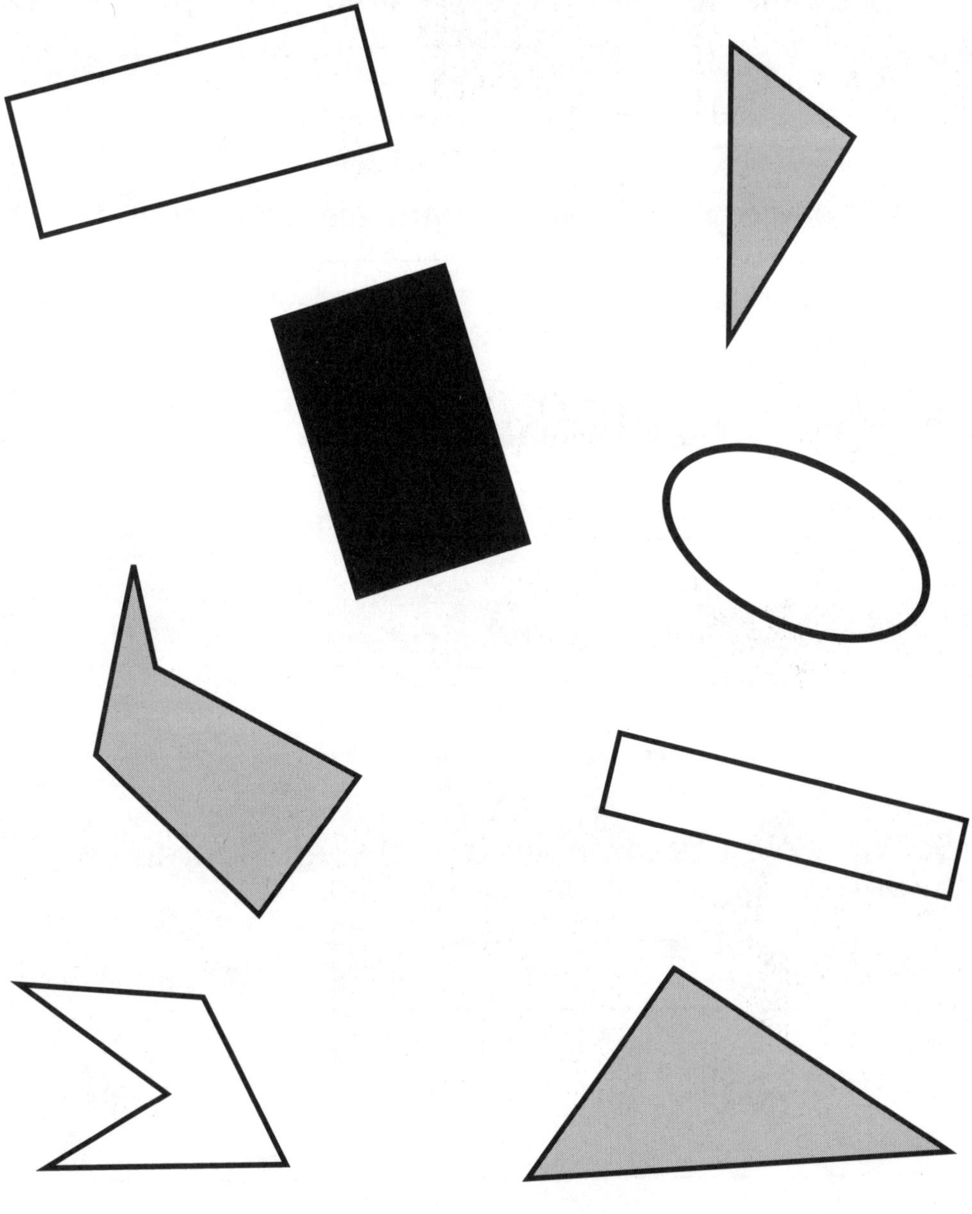

183b Formenvielfalt

Können Sie diese Fragen aus dem Gedächtnis beantworten?

1. Wie viele Formen konnten Sie insgesamt zählen?

   Antwort:

2. Wie viele davon haben mehr als drei Ecken?

   Antwort:

3. Wie viele Figuren sind weiß?

   Antwort:

4. Wie viele Vierecke sind nicht schwarz?

   Antwort:

5. Wie viele Ecken haben alle grauen Figuren zusammen?

   Antwort:

184 Merken und rechnen

Mit dieser Aufgabe trainieren Sie Kopfrechnen und Gedächtnis in einem.
Zuerst sollen Sie sich den jeweils vorgegebenen Satz einmal durchlesen und dabei einprägen.
Dann decken Sie diesen Satz bitte zu und lösen die Rechenaufgabe darunter.
Abschließend notieren Sie in die leere Zeile alle Anfangsbuchstaben der Wörter des oberen Satzes. Doch bitte nicht nachsehen! Sie sollten versuchen, dies aus dem Gedächtnis zu bewältigen.

a

Als Reinheitsgebot bezeichnet man eine gesetzliche Regelung über erlaubte Inhaltsstoffe im Bier.

65 + 48 + 97 =

____

b

Darauf fußte der einmalige Status der Abtei, die direkt dem Papst unterstellt war.

17 x 3 + 35 =

____

c

Er liegt auf der Südhalbkugel nordwestlich von Neuseeland und südlich von Indonesien.

14 x 11 =

____

d

Heute ist sie in allen Bereichen geprägt von den Einflüssen unterschiedlicher Einwanderergruppen.

89 + 73 – 58 =

____

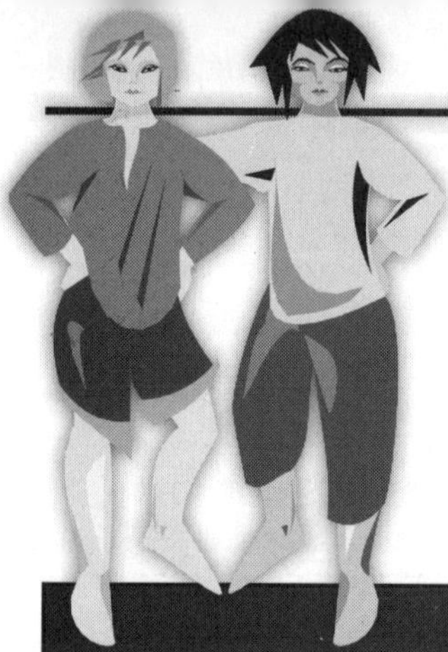

Gedächtnistraining

Schritt 5

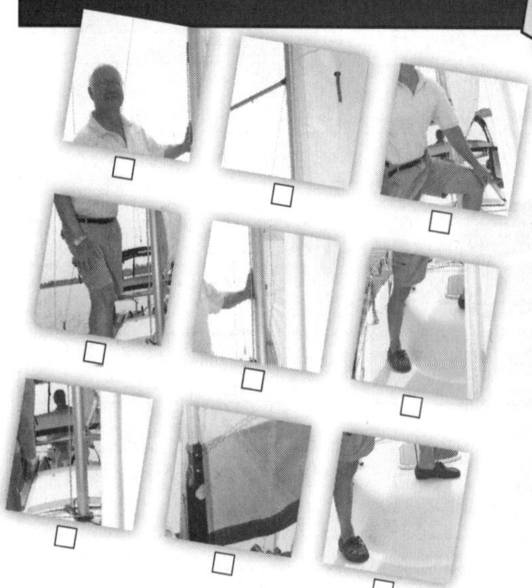

verschwiegen	↔	schwatzhaft
gewöhnlich	↔	seltsam
einfühlsam	↔	taktlos
jugendlich	↔	angejahrt
selbstbewusst	↔	unsicher
paradox	↔	sinnhaft

Herzlichen Glückwunsch! Wenn Sie es bis zum fünften Schritt geschafft haben, muss Ihr Gedächtnis schon ausgesprochen gut sein. Weiter so!

185a Fantasiesprache lernen

Prägen Sie sich zu den folgenden Bildern die jeweiligen Fantasiebezeichnungen ein. Blättern Sie dann um und lösen Sie auf der Rückseite die Aufgabe.

Kilpo

Daschga

Mujt

Koeli

Mari

Swunta

Lanzt

Jamoju

Polinga

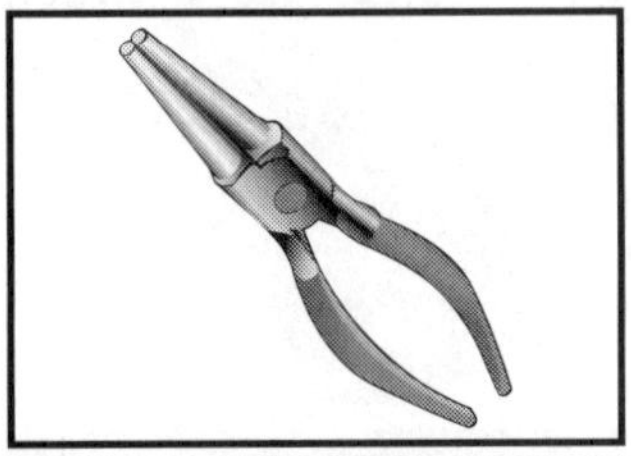

Houk

Rindow

Glufftuff

185b Fantasiesprache lernen

Haben Sie sich alle Vokabeln gemerkt? Tragen Sie hier die fehlenden Bezeichnungen der jeweiligen Gegenstände ein.

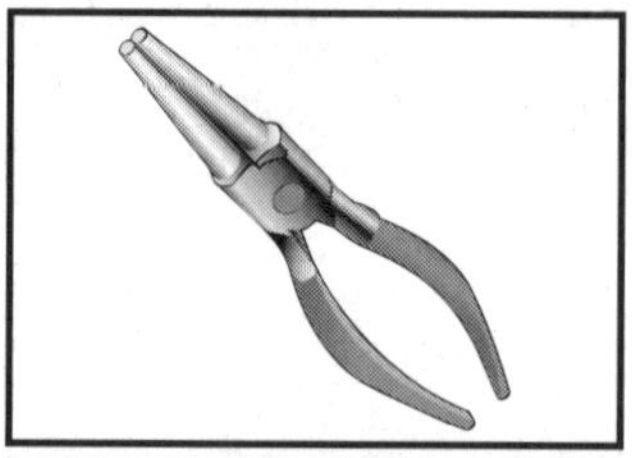

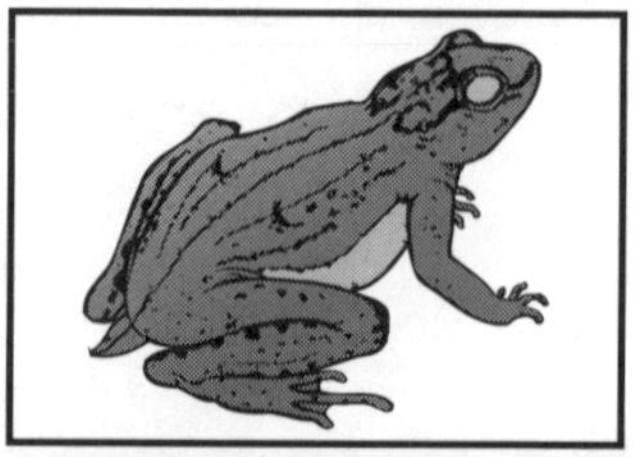

186a An der Bar

Sehen Sie sich diese drei Personen eine Minute lang gut an und prägen Sie sich auch die Details ganz genau ein.

186b An der Bar

Versuchen Sie hier, die Fragen zu den drei Personen auf der Vorderseite zu beantworten.

1. Zeigen beide Männer lächelnd ihre Zähne?

   Antwort:

2. Haben alle drei ein Glas in der Hand?

   Antwort:

3. Wie viele Gläser sind mit Strohhalm ausgestattet?

   Antwort:

4. Sind die Ohren der Frau zu sehen?

   Antwort:

5. Wie viele Hände sind zu erkennen?

   Antwort:

6. Beschreiben Sie den Gesichtsausdruck der Frau.

   Antwort:

187a Gegensätzliche Begriffe

Prägen Sie sich folgende 20 Begriffspaare ein. Beachten Sie dabei die gegenteilige Bedeutung der Wörter. Blättern Sie anschließend um.

selbsttätig	↔	manuell
abseits	↔	beteiligt
unterwegs	↔	daheim
schöpferisch	↔	fantasielos
kräftig	↔	ausgelaugt
listig	↔	töricht
gravierend	↔	geringfügig
betrüblich	↔	erfreulich
unabhängig	↔	angewiesen
licht	↔	dicht
menschlich	↔	niederträchtig
verschwiegen	↔	schwatzhaft
gewöhnlich	↔	seltsam
einfühlsam	↔	taktlos
jugendlich	↔	angejahrt
selbstbewusst	↔	unsicher
paradox	↔	sinnhaft
gemeinnützig	↔	asozial
dürftig	↔	üppig
lädiert	↔	heil

187b Gegensätzliche Begriffe

Tragen Sie den jeweils fehlenden Begriff ein.

	↔	gravierend
schwatzhaft	↔	
beteiligt	↔	
	↔	gewöhnlich
taktlos	↔	
	↔	selbsttätig
unabhängig	↔	
	↔	menschlich
	↔	unterwegs
jugendlich	↔	
töricht	↔	
unsicher	↔	
	↔	dicht
paradox	↔	
	↔	asozial
fantasielos	↔	
heil	↔	
	↔	kräftig
	↔	dürftig
erfreulich	↔	

188a Landkarte

Sie befinden sich auf einer Insel, die in sieben Gebiete eingeteilt ist, und wollen sich möglichst schnell zurechtfinden. Merken Sie sich dafür Namen und Form der Regionen. Überprüfen Sie anschließend auf der Rückseite, wie genau Sie sich diese Gebiete eingeprägt haben.

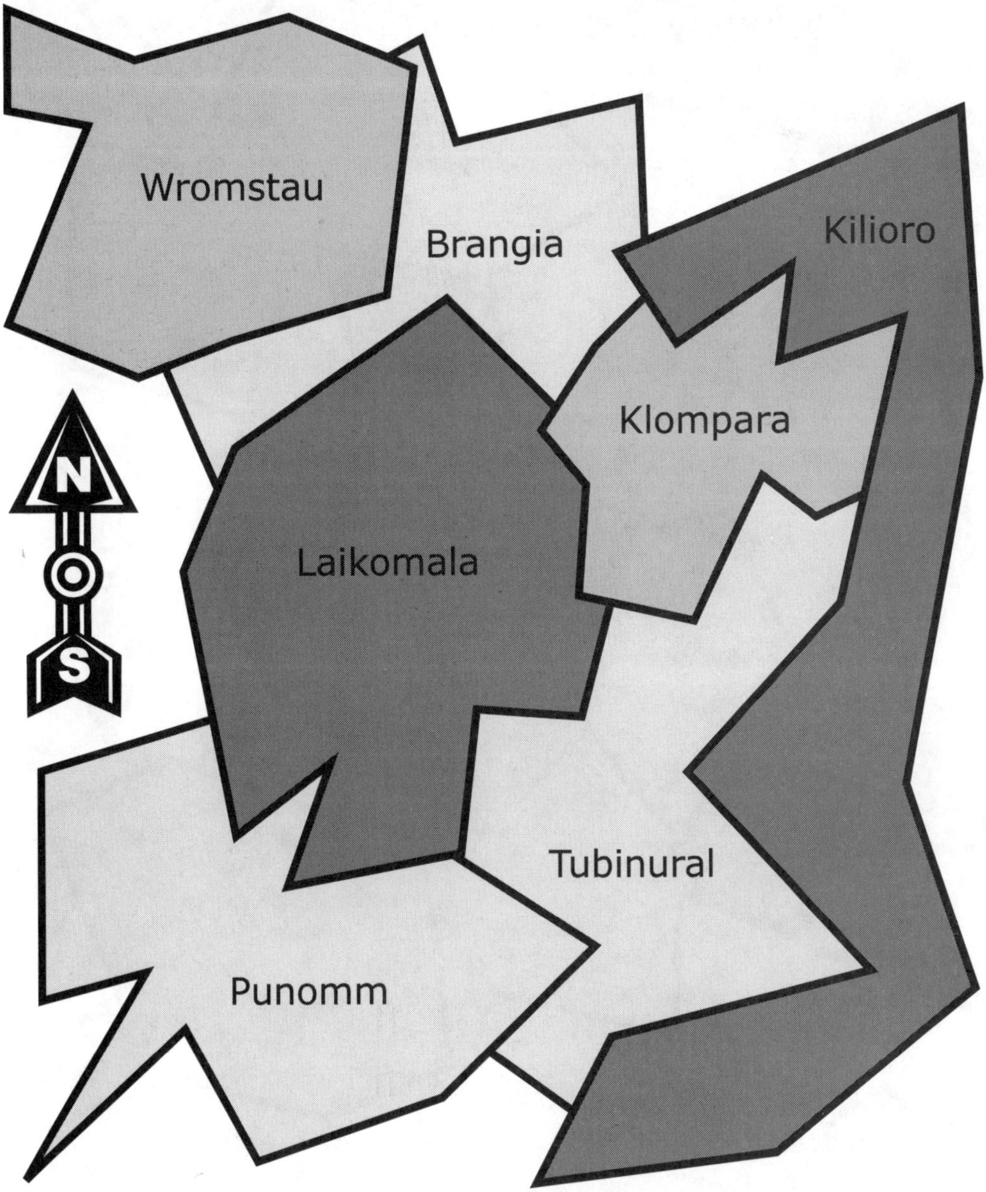

188b Landkarte

Die Insel zeigt sich hier aus einer anderen Perspektive. Erkennen Sie die Gebiete wieder? Wie heißen sie?

189a Route merken

Sehen Sie sich den Wegverlauf von A nach B gut an. Auf der Rückseite sollen Sie diesen aus dem Gedächtnis nachzeichnen.

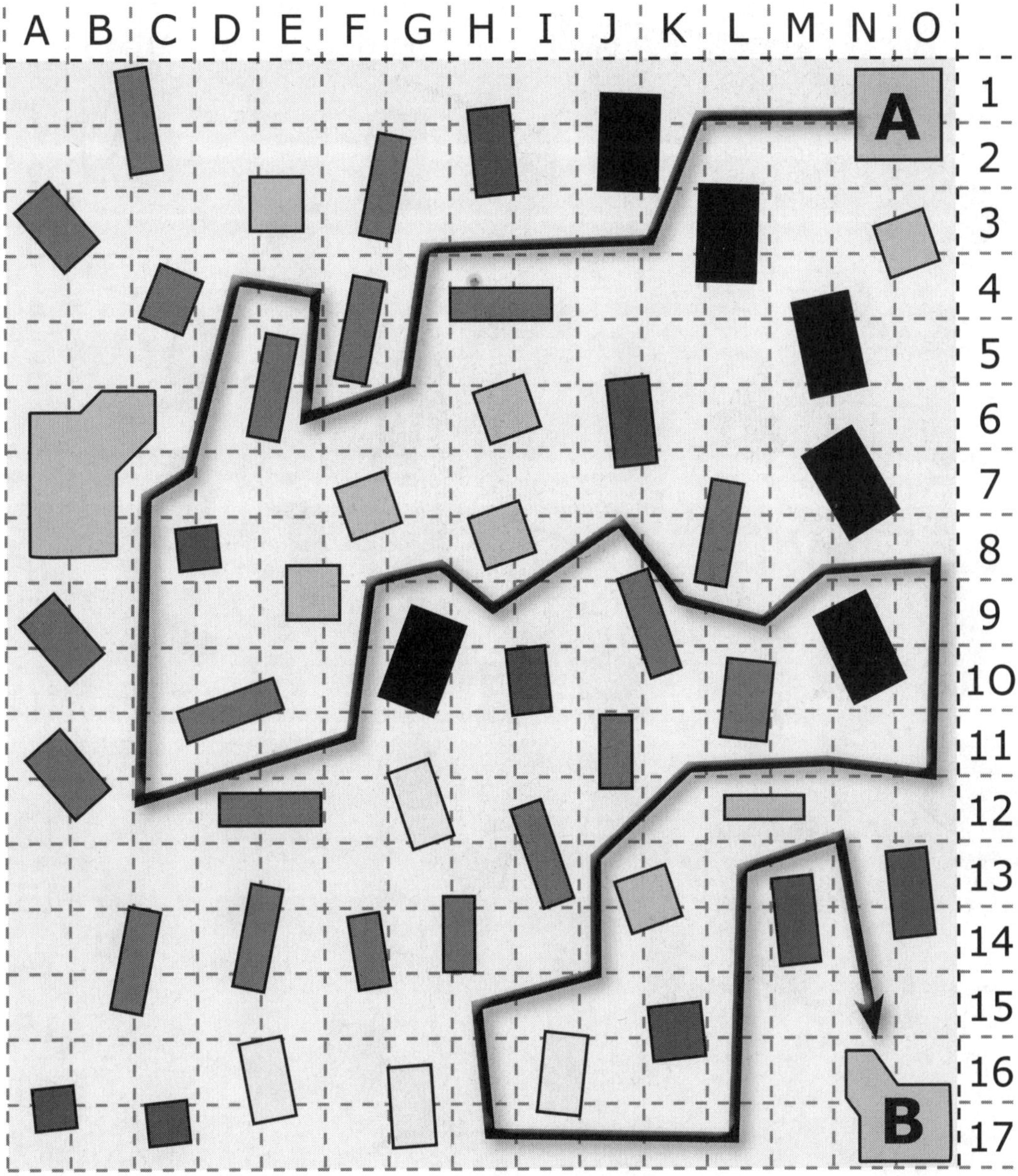

189b Route merken

Finden Sie auf dem gleichen Weg von A nach B? Können Sie ihn aus dem Gedächtnis einzeichnen?

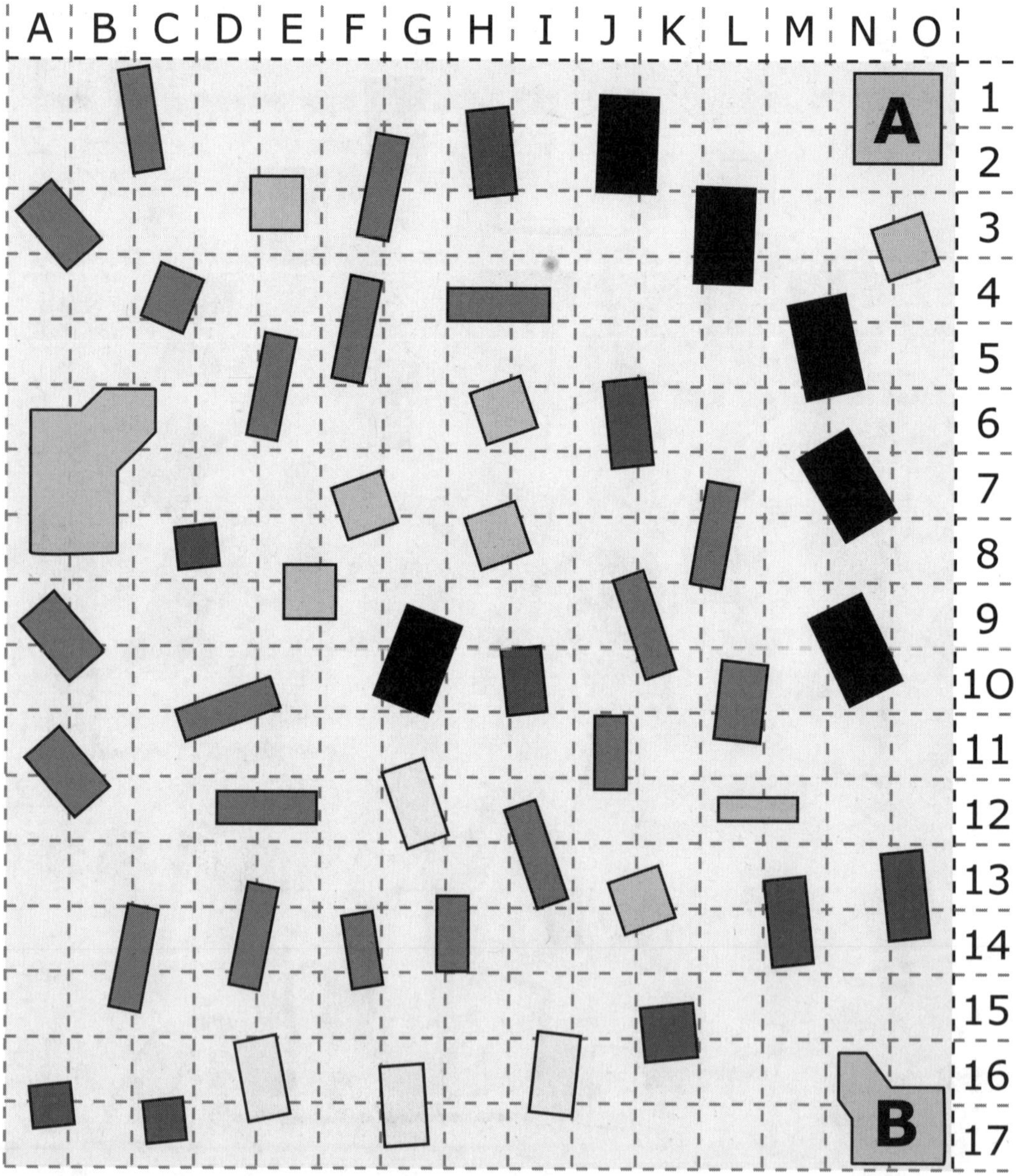

190a Bilderreihen merken

Je sechs Bilder sollen Sie sich pro Teilaufgabe einprägen. Blättern Sie dann jeweils um und überprüfen Sie Ihre Merkfähigkeit.

a) 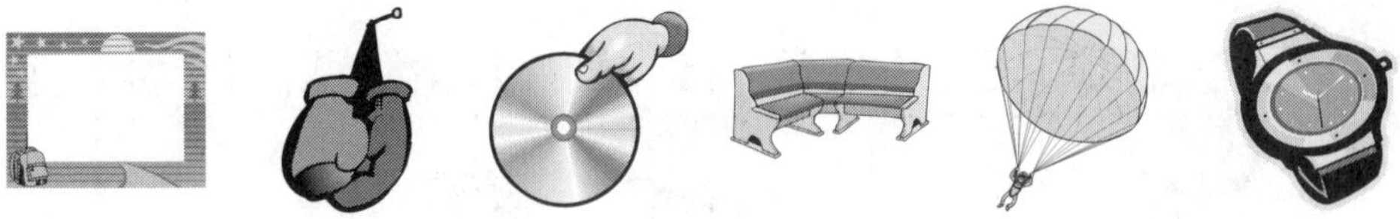

1 2 3 4 5 6

b) 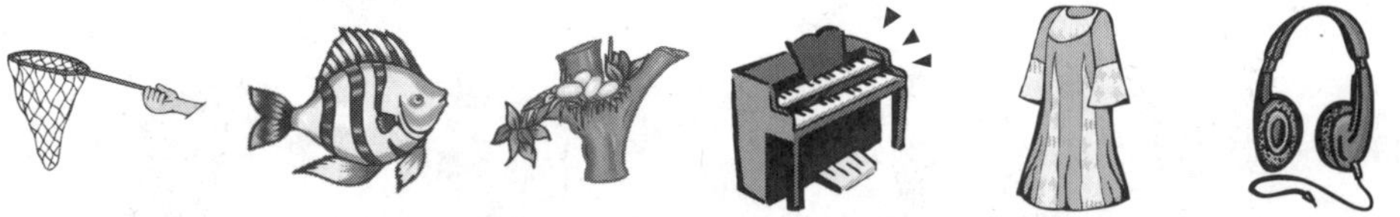

1 2 3 4 5 6

c) 

1 2 3 4 5 6

d) 

1 2 3 4 5 6

e) 

1 2 3 4 5 6

190b Bildreihen merken

Hier sind in jeder Reihe fünf von den jeweils sechs Bildern dargestellt. Können Sie herausfinden, welches fehlt? Tragen Sie die entsprechende Feldnummer ins leere Kästchen ein.

a)  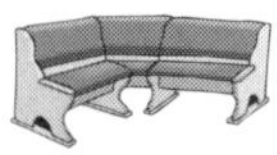   

b)     

c)     

d) 

e) 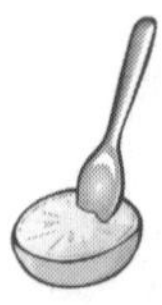    

191a Anordnungen merken

Prägen Sie sich jeweils einen Kasten (beginnend mit der Nummer 1) kurz ein. Dann blättern Sie um und suchen auf der Rückseite nach dem Kasten mit der gleichen Symbolanordnung.

1

2

3

4

191b Anordnungen merken

Finden Sie hier jeweils den Kasten, den Sie sich auf der Vorderseite eingeprägt haben, und tragen Sie die entsprechende Nummer ins leere Feld ein.

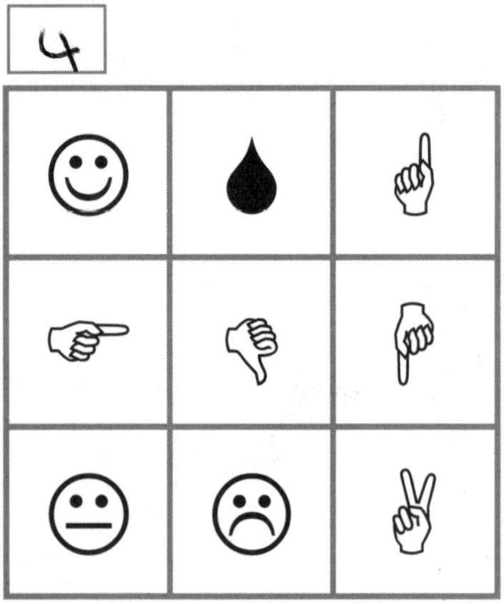

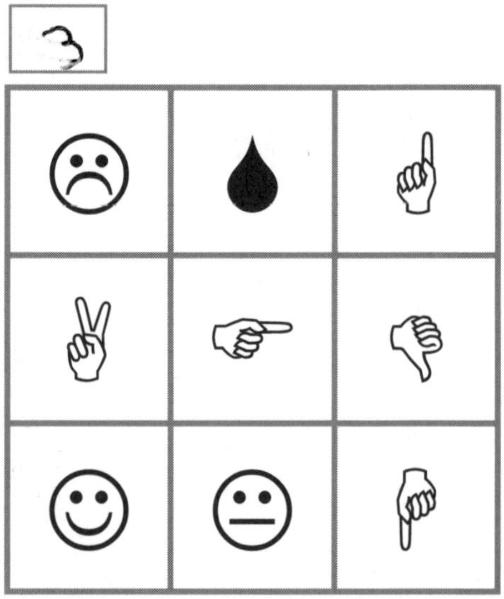

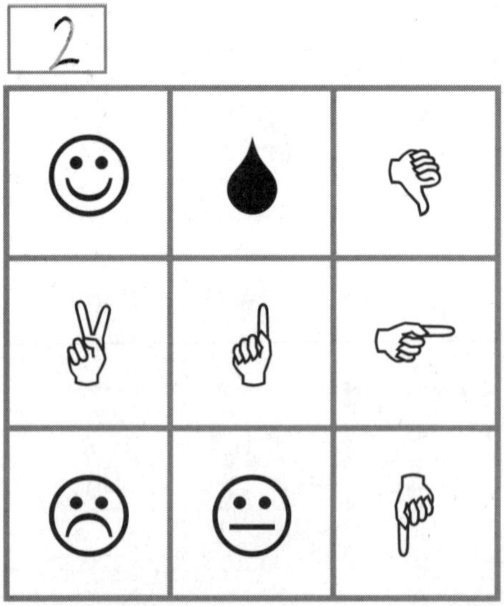

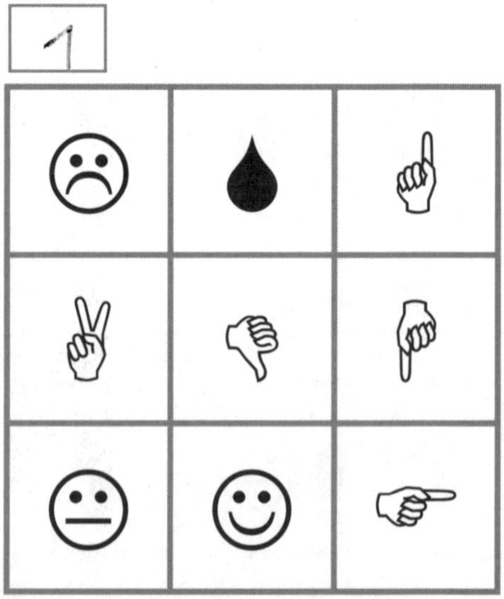

192a Schwimmmannschaft

Prägen Sie sich die Buchstaben in diesem Bild gut ein. Merken Sie sich auch deren Position, denn auf der Rückseite sollen Sie die Buchstaben aus dem Gedächtnis wieder eintragen.

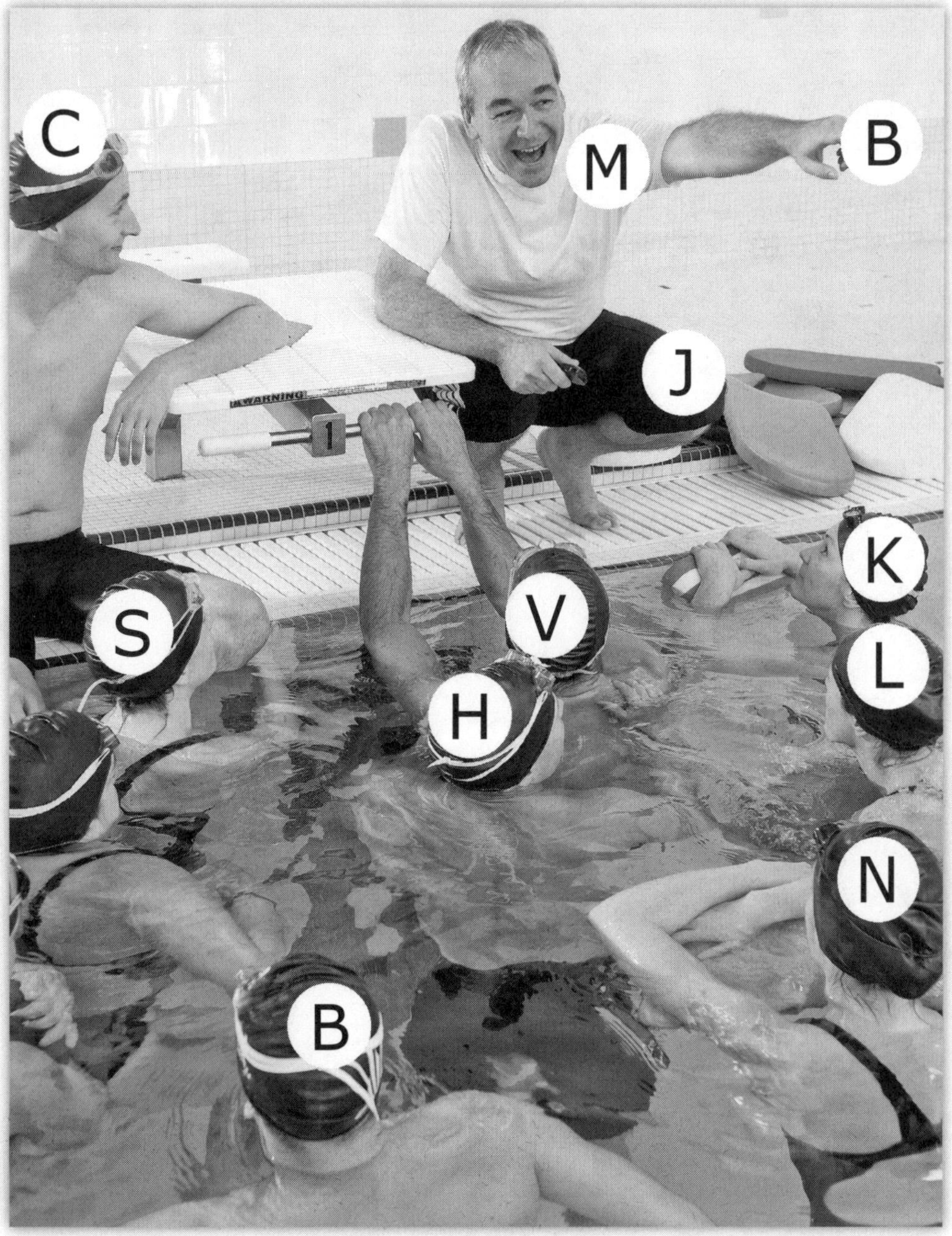

192b Schwimmmannschaft

Tragen Sie hier die Buchstaben ein, die Sie sich auf der Vorderseite eingeprägt haben. Beachten Sie, dass das Bild nun gespiegelt ist.

193a Rechnen mit Bildern

Diese Übung enthält die beiden Aufgaben 1 und 2. Prägen Sie sich zunächst die Bilder und die dazugehörenden Zahlen ein. Nehmen Sie sich dafür jeweils maximal zwei Minuten Zeit! Blättern Sie dann um auf die Rückseite.

1

 = 41

 = 37

 = 63

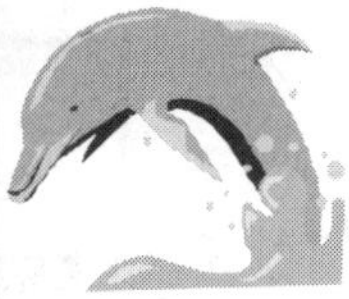 = 57

 = 16

 = 23

2

 = 28

 = 30

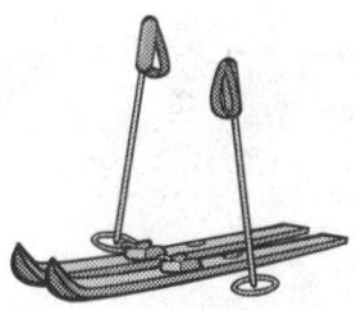 = 86

 = 79

 = 58

 = 61

193b Rechnen mit Bildern

Berechnen Sie folgende Aufgaben, indem Sie gedanklich die Bilder durch die zugehörigen Zahlen austauschen.

1

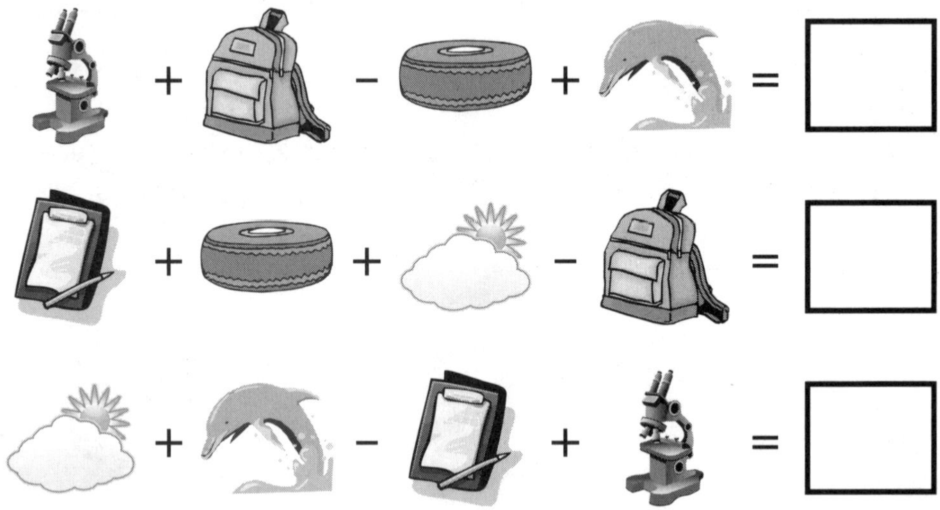

2

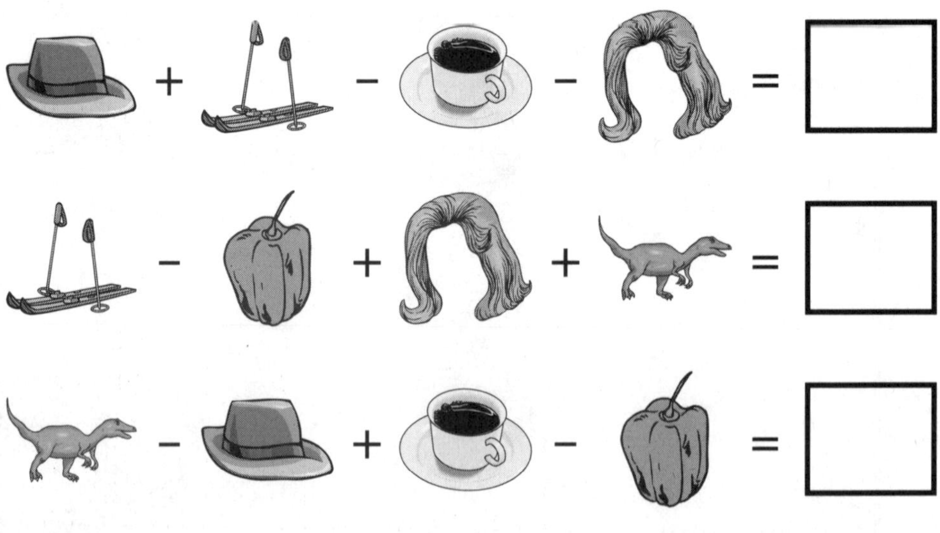

194a Sprüche merken

Sie sehen hier sechs Bilder, in die je ein Zitat hineingeschrieben wurde. Darunter erscheint jeweils der Name des Autors. Prägen Sie sich diese Seite gut ein und blättern Sie dann um.

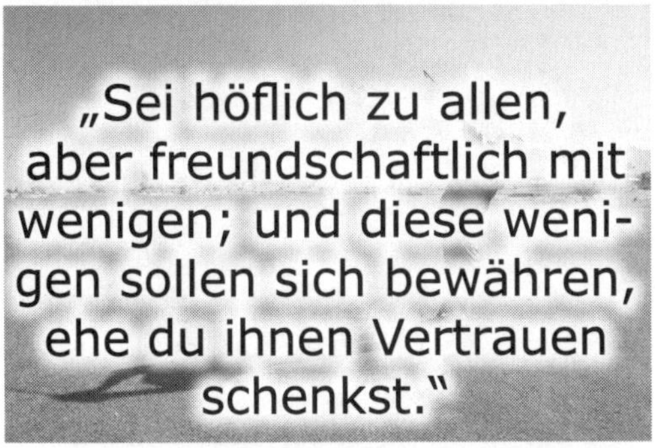

George Washington

Erik Zabel

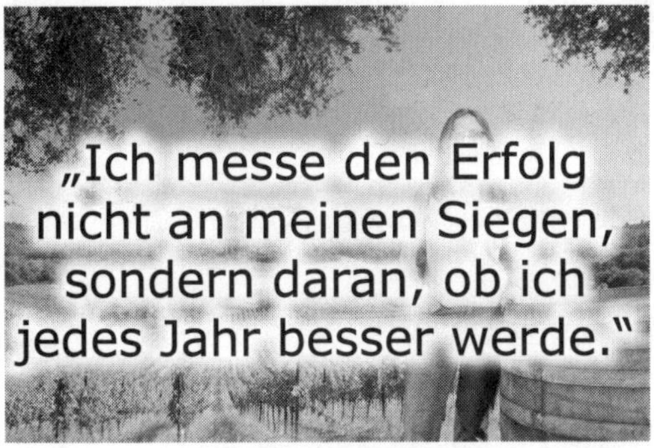

Tiger Woods

Hermann Josef Abs

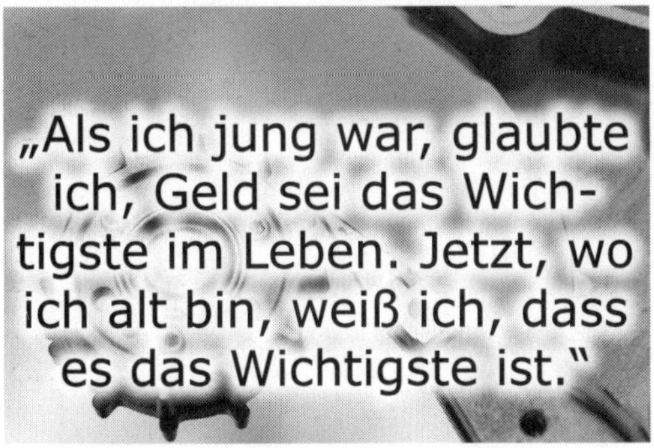

Thomas von Aquin

Novalis

194b Sprüche merken

Tragen Sie hier die Zitate in die entsprechenden Bilder sowie darunter deren Verfasser ein.

195a Schwarze Flecken

Sehen Sie sich dieses Fleckenfeld an und merken Sie sich das Muster. Erinnert Sie dieses Bild möglicherweise an etwas? Versuchen Sie, fantasievolle Eselsbrücken zu bauen.
Blättern Sie dann um. Auf der Rückseite sollen Sie die schwarzen Bereiche wiederfinden.

195b Schwarze Flecken

Erinnern Sie sich, welche Bereiche schwarz waren? Vielleicht dachten Sie bei diesem Bild an ein Tier oder an einen Golfplatz, und es fällt Ihnen daher leichter, die ursprünglich schwarzen Bereiche zu bestimmen. Malen Sie diese so aus, dass die Darstellung wie auf der Vorderseite aussieht.

196a Starchirurg

Lesen Sie diesen Text einmal in Ruhe durch. Stellen Sie sich alle Einzelheiten bildlich vor und merken Sie sich möglichst viele davon.

Ernst Ferdinand Sauerbruch (1875 – 1951) war ohne Zweifel einer der bedeutendsten und einflussreichsten Chirurgen der ersten Hälfte des 20. Jahrhunderts. Seine Konstruktion einer großen Unterdruckkammer erlaubte zum ersten Mal in der Geschichte Operationen am offenen Brustkorb. Dieser geniale Einfall erst ermöglichte letzten Endes die Erfindung der Intubationsnarkose, bei der ein Schlauch durch die Luftröhre geschoben wird und die Atmung sichert. Seine Autobiografie „Sauerbruch – Das war mein Leben" wurde verfilmt. Der Schriftsteller Jürgen Thorwald setzte sich kritisch mit dem auch als diktatorisch und selbstgefällig geschilderten Menschen auseinander.

196b Starchirurg

Versuchen Sie nun, folgende Fragen zum Text zu beantworten.

1. Wie alt (auf ganze Jahre gerundet) wurde Sauerbruch?

   Antwort:

2. Von welcher neuartigen Konstruktion ist die Rede?

   Antwort:

3. Welche Narkosemethode wurde darauf basierend erfunden?

   Antwort:

4. Welchen Titel trägt seine Autobiografie?

   Antwort:

5. Welcher Schriftsteller setzte sich mit Sauerbruch auseinander?

   Antwort:

197a Stammbaum

Können Sie sich diesen Familienstammbaum einprägen? Stellen Sie sich die Beziehungen untereinander möglichst lebendig vor, etwa wie der Ehemann seiner Frau Blumen schenkt oder wie sich die Geschwister zanken usw.

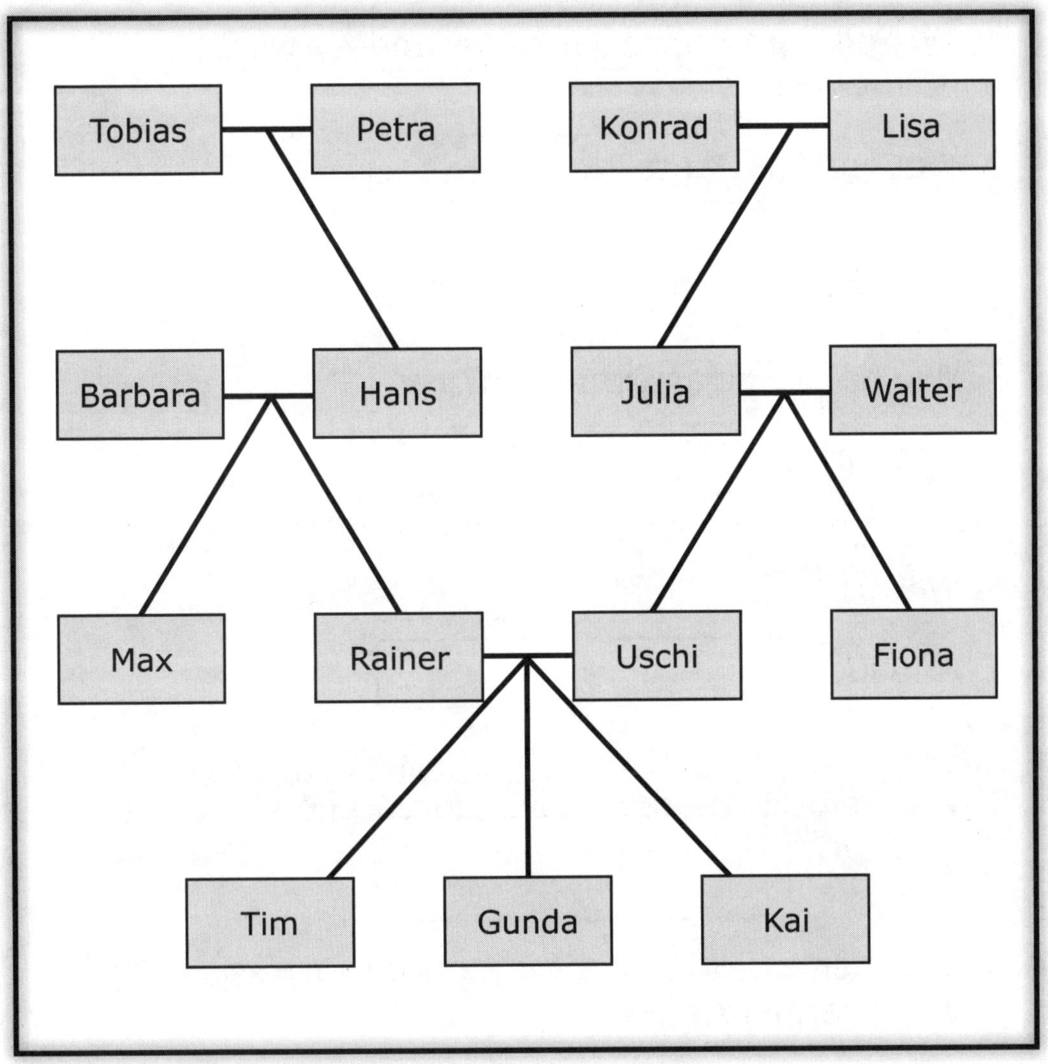

Horizontale Verbindungslinien bedeuten „verheiratet", von oben nach unten verlaufende Linien zeigen Eltern-Kind-Beziehungen an.

197b Stammbaum

Können Sie nun folgende Fragen zur Familie beantworten?

1. Wie heißt Rainers Schwiegermutter?

   Antwort:

2. Wer ist Kais Tante?

   Antwort:

3. Wie heißt Petras Urenkelin?

   Antwort:

4. Wer ist Uschis Opa?

   Antwort:

5. Wie heißt Barbaras Schwiegervater?

   Antwort:

6. Wer ist Tims Bruder?

   Antwort:

198a Einkaufsliste

Prägen Sie sich die Liste mit den darin aufgeführten Gegenständen ein. Blättern Sie dann um.

- ➔ 1 kg Äpfel
- ➔ 2 x Weißkohl
- ➔ 1 kg Karotten
- ➔ 500 g Roggenbrot
- ➔ 7 Weizenbrötchen
- ➔ 1 Pckg. Reis
- ➔ 3 Pckg. Mehl
- ➔ 1 x Waldhonig
- ➔ 1 x Kirschmarmelade
- ➔ 1 Pckg. Kaffee
- ➔ 2 x 500 g Magerquark

198b Einkaufsliste

Erinnern Sie sich daran, was auf der Einkaufsliste stand?
Schreiben Sie alle Artikel in die Liste.

1 kg	Äpfel
2 x	Weißkohl
1 kg	Karotten
500g	Roggenbrot
7	Weizenbrötchen
1 Pckg	Reis
3 Pckg	Mehl
1 x	Waldhonig
1 x	Kirschmarmelade
1 Pckg	Kafee
2x500g	Magerquark

199a Lageplan

Betrachten Sie dieses Muster und prägen Sie sich die Lage der dunklen Felder genau ein.

199b Lageplan

Wissen Sie noch, welche Felder auf der Vorderseite dunkel waren? Die Buchstaben in diesen Feldern ergeben, der Reihe nach gelesen, ein Lösungswort.

Q	P	S	A	E	R	B
T	E	T	G	B	N	I
V	J	L	S	U	N	G
K	S	R	W	L	A	M
H	Z	C	D	X	E	I
F	D	I	H	U	G	T
E	N	S	L	R	A	O

Lösungswort: _ _ _ _ _ _ _ _ _ _ _ _ _ _ _ _ _ _

Das Lösungswort finden Sie auf der letzten Seite des Buches.

200a Menü à la carte

Heute ist folgendes Menü im Angebot:

Vorspeise:
Kürbis-Karotten-Suppe mit Basilikum

Hauptspeise 1:
Wildgänsebrust in Balsamico mit Erdbeeren

Hauptspeise 2:
Kalbsrückensteak mit Spargelauflauf

Hauptspeise 3:
Ochsenhirnbraten nach Großmutters Art

Nachspeise 1:
Pfirsichsalat mit Orangenobers

Nachspeise 2:
Käsevariationen

Läuft Ihnen schon das Wasser im Mund zusammen? Stellen Sie sich vor, wie gut (oder auch weniger gut) Ihnen die einzelnen Gänge schmecken.

200b Menü à la carte

Wissen Sie das heutige Menü noch?

Vorspeise:

____

Hauptspeise 1:

____

____

Hauptspeise 2:

____

____

Hauptspeise 3:

____

____

Nachspeise 1:

____

____

Nachspeise 2:

____

201a Farbenfrohes Abstraktes

Abstraktes ist schwer vorstellbar. Vielleicht ist es mithilfe von Farben leichter. Prägen Sie sich bitte folgende Zuordnungen ein.

Violette Konsequenz

Rote Langeweile

Blaue Teilnahme

Gelbe Trennung

Grüne Unsicherheit

Orangefarbene Gewissheit

Brauner Eifer

Schwarzer Beifall

Purpurne These

201b Farbenfrohes Abstraktes

Kennen Sie noch die Farben und deren zugeordnete Begriffe? Das können Sie hier unter Beweis stellen.

1. Was ist rot?

   Antwort:

2. Welcher Begriff ist braun?

   Antwort:

3. Welche Farbe hat die Trennung?

   Antwort:

4. Welcher Begriff ist purpurn?

   Antwort:

5. Welche Farbe hat Konsequenz?

   Antwort:

6. Was ist schwarz?

   Antwort:

7. Welche Farbe hat Gewissheit?

   Antwort:

202a Ähnliche Bilder

Sie sehen hier zwölf ähnliche Bilder, denen je ein Buchstabe zugeordnet ist. Konzentrieren Sie sich auf die Besonderheit der jeweiligen Darstellung und finden Sie eine Eselsbrücke zwischen Bild und Buchstabe. Blättern Sie dann um.

D

R

H

G

T

F

W

L

Z

K

Ä

J

202b Ähnliche Bilder

Tragen Sie hier die fehlenden Buchstaben zum jeweiligen Bild ein.

203a Patientenpaar

Ein junges Paar kommt zum Arzt. Beide klagen über folgende Symptome:

Karola: *„Ich habe fast täglich Kopfschmerzen."*

René: *„Mein rechtes Knie kann ich nicht belasten."*

Karola: *„Mit dem linken Auge sehe ich fast nichts."*

René: *„Mein Unterkiefer fühlt sich taub an."*

Karola: *„Mein Bauch ist ständig gebläht!"*

René: *„Die linke Hand ist steif!"*

Karola: *„Am Hals habe ich einen Ausschlag!"*

René: *„Ich habe mir rechts eine Rippe angeknackst!"*

Karola: *„Meine Nase ist verstopft!"*

René: *„Mein rechter Oberschenkel ist gezerrt!"*

Fühlen Sie sich in die Patienten ein und stellen Sie sich ganz konkret vor, wo genau die Beschwerden sind.

203b Patientenpaar

Wissen Sie noch, über welche Beschwerden die beiden Patienten klagten? Zeigen Sie anhand je eines Pfeil die Stellen, die dem Arzt genannt wurden.

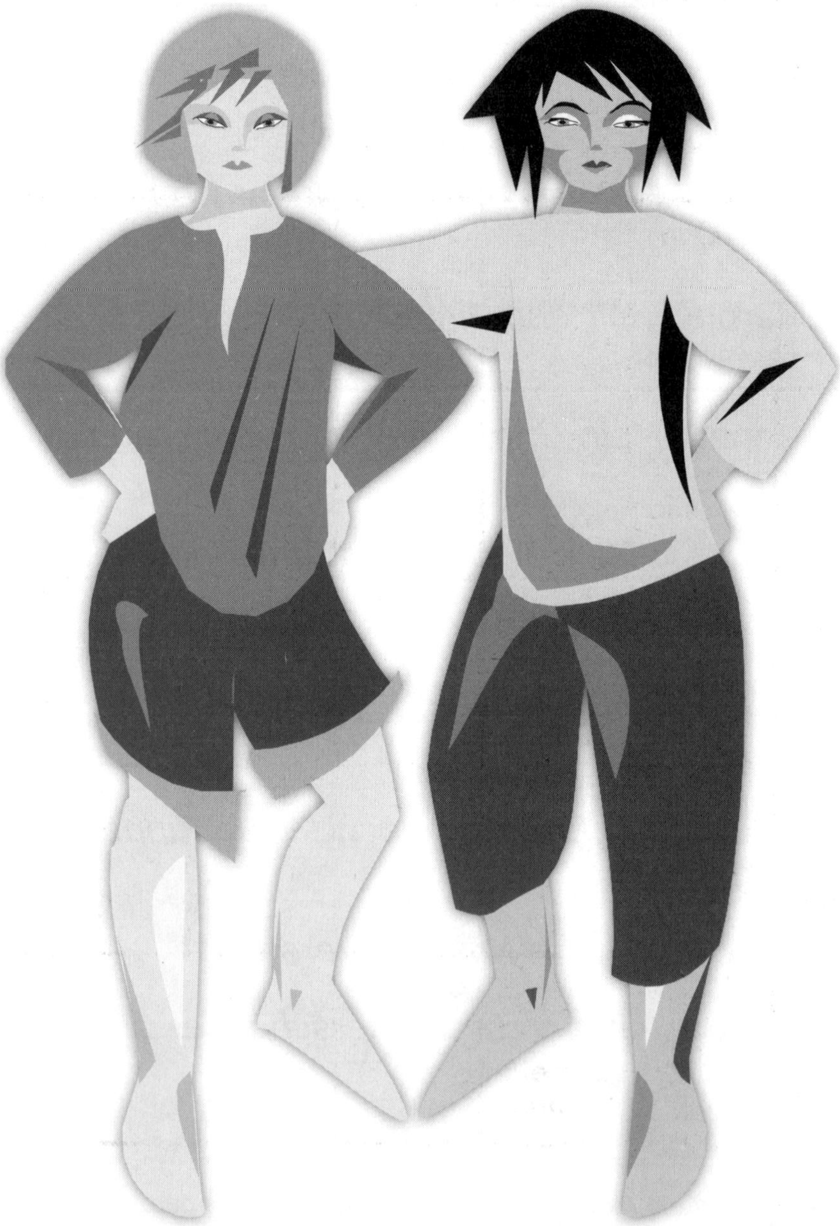

Karola René

204a Kalender

In diesem Monat gab es einige Ereignisse, auf die lediglich mit einem Begriff hingewiesen wird. Merken Sie sich diese Begriffe und die entsprechenden Tage.

Montag	Dienstag	Mittwoch	Donnerstag	Freitag	Samstag	Sonntag
	1	2	3 **Zebra-streifen**	4	5	6 **Freiheit**
7	8 **Lawine**	9	10	11	12	13 **Super-stau**
14	15 **Lotto**	16 **Strom-ausfall**	17	18	19	20
21 **Kollegen**	22	23	24 **Virus**	25	26 **Sturm**	27
28 **Besuch**	29	30 **Gemein-schaft**	31			

204b Kalender

Haben Sie sich die Begriffe an den jeweiligen Tagen gemerkt? Dann beantworten Sie bitte folgende Fragen.

1. Wie viele Begriffe sind an Sonntagen eingetragen?
   Antwort:
2. An welchem Wochentag ist kein Begriff vermerkt?
   Antwort:
3. In welcher der fünf betreffenden Kalenderwochen (Kalenderzeilen) stehen die meisten Begriffe?
   Antwort:
4. Was ist am Tag nach „Lotto"?
   Antwort:
5. Was war genau eine Woche vor „Besuch"?
   Antwort:
6. Welcher Begriff steht für den dritten Termin?
   Antwort:
7. Wie viele Begriffe sind nach dem 23. notiert?
   Antwort:

205a Sitzordnung

Acht Personen sitzen an einem runden Tisch. Können Sie sich vorstellen, wie sie sich miteinander unterhalten?

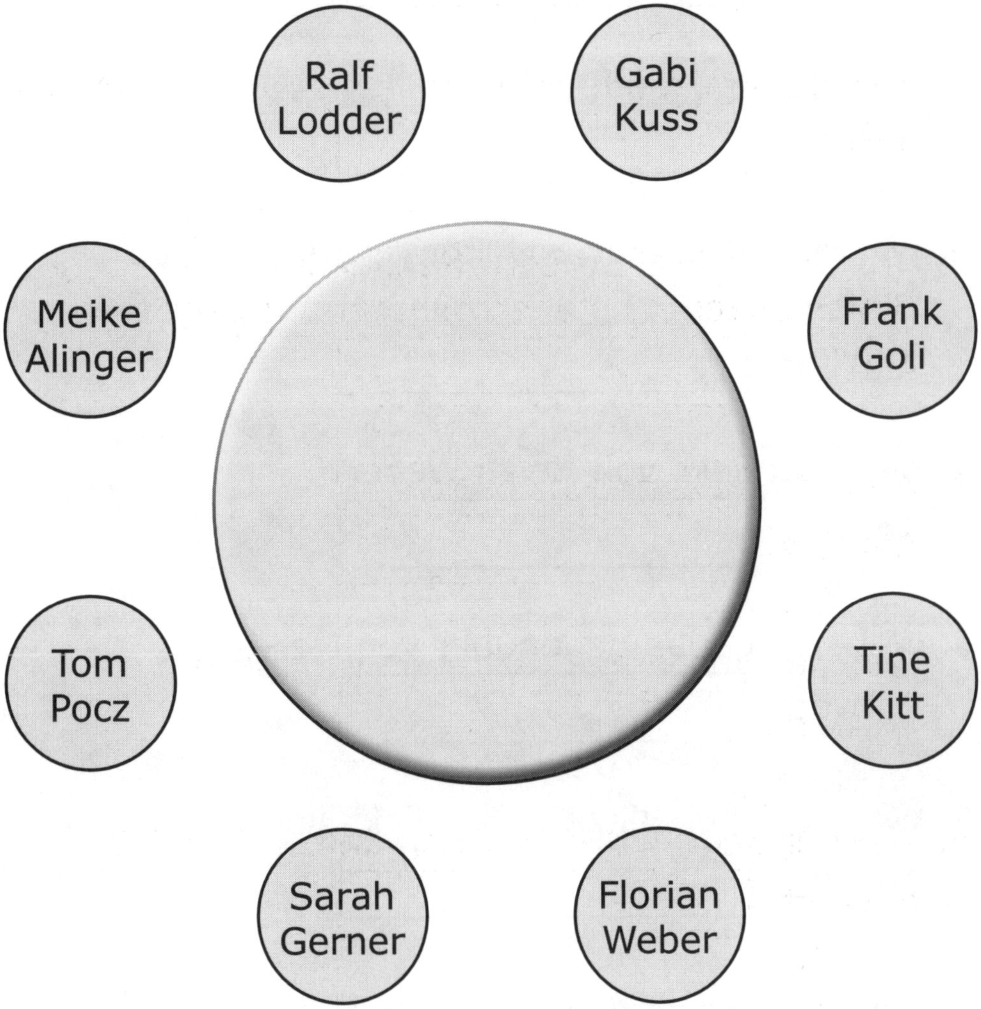

205b Sitzordnung

Können Sie diese Fragen aus dem Gedächtnis beantworten?

1. Wer sitzt genau gegenüber von Herrn Goli?
   Antwort:

2. Wer sitzt links von Meike?
   Antwort:

3. Wer sitzt zwei Plätze weiter rechts von Frau Gerner?
   Antwort:

4. Wer sitzt links von Herrn Weber?
   Antwort:

5. Wer sitzt genau gegenüber von Meike?
   Antwort:

6. Wer sitzt drei Plätze weiter links von Frank?
   Antwort:

7. Wer sitzt rechts von Frau Kuss?
   Antwort:

206a Bildergruppe

Prägen Sie sich die zehn Bilder gut ein. Lösen Sie dann die Aufgabe auf der nächsten Seite.

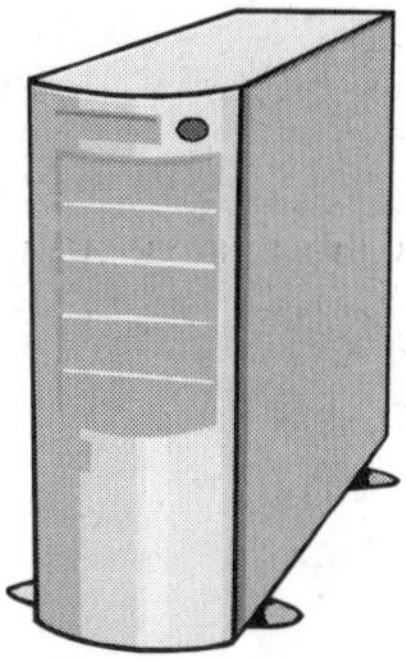

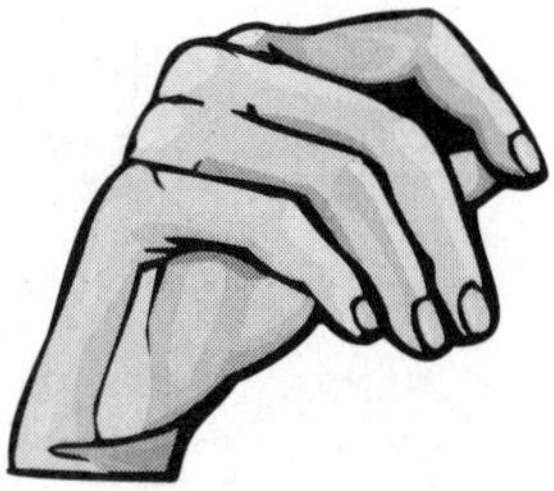

206b Bildergruppe

Von den zehn Bildern fehlen drei. Können Sie sie benennen?

?

?

?

207a Datensätze

In den folgenden Sätzen ist jeweils mindestens eine Zahl enthalten. Versuchen Sie, diese Zahlen mit dem Inhalt des Satzes bildlich zu verknüpfen, und prägen Sie sich diese ein.

- In der Nacht vom 27. zum 28. Februar 1933 schlugen Flammen aus der Kuppel des Reichstagsgebäudes.
- La Palma hat bei einer Fläche von 708 Quadratkilometern eine Länge von etwa 42 Kilometern und eine Breite von etwa 28 Kilometern.
- Am 25. Juli 1974 stellte Kuretzky mit 5,33 m seine persönliche Bestleistung auf. Bei einer Körpergröße von 1,84 m betrug sein Wettkampfgewicht 76 kg.
- Die Fahrt von Moskau nach Pjöngjang auf der mit 10.214 Kilometern längsten Eisenbahnstrecke dauert sieben Tage, 20 Stunden und 25 Minuten ohne Umsteigen.

207b Datensätze

Beantworten Sie nun bitte folgende Fragen.

1. Wie lang ist die Eisenbahnstrecke Moskau-Pjöngjang?

   Antwort:

2. In welcher Nacht brannte das Reichtagsgebäude?

   Antwort:

3. Bei welcher Marke liegt Kuretzkys Bestleistung?

   Antwort:

4. Welche Fläche hat La Palma?

   Antwort:

5. Welches Wettkampfgewicht hatte Kuretzkys?

   Antwort:

6. Wie lange genau dauert die Eisenbahnfahrt von Moskau nach Pjöngjang?

   Antwort:

208a Bildertausch

Betrachten Sie die Symbole und merken Sie sich diese.
Auf der Rückseite haben jeweils zwei Paare ihre Plätze getauscht.
Diese sollen Sie bestimmen können.

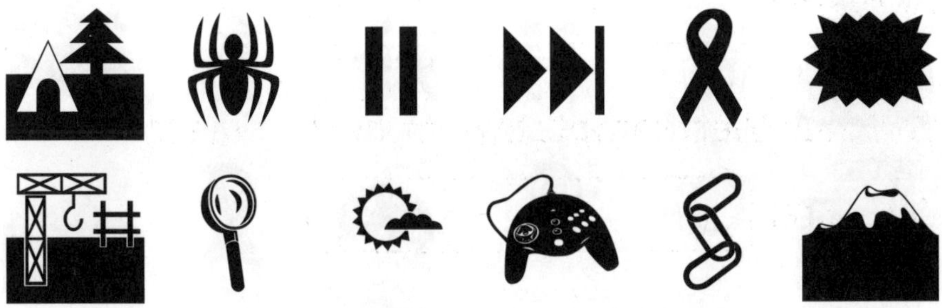

208b Bildertausch

Bestimmen Sie in jeder Hälfte, welche zwei Bilderpaare jeweils ihre Plätze getauscht haben. (Es sind also jeweils vier Symbole an einer anderen Stelle.)

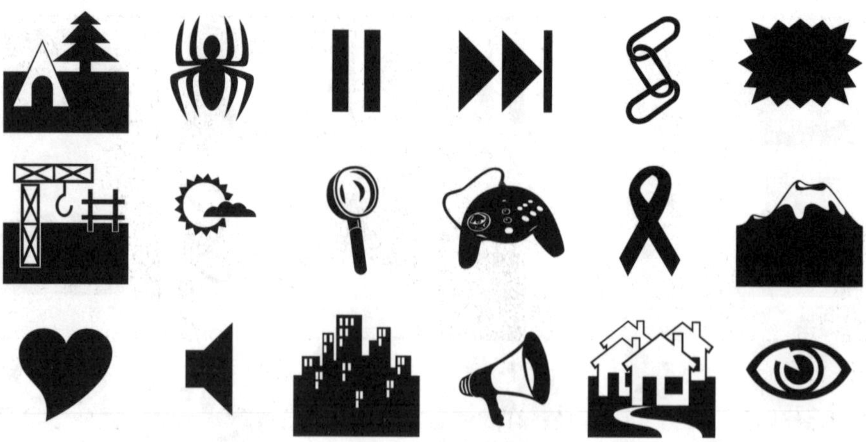

209a Personengedächtnis

Trainieren Sie Ihr Personengedächtnis und prägen Sie sich diese acht Personen mit Namen, Alter und Größe ein. Suchen Sie in den Gesichtern nach äußeren Auffälligkeiten. Versuchen Sie eine Verknüpfung zu finden zwischen den optischen Merkmalen und den Namen.

Sonja
48 Jahre
1,82 m

Edeltraud
26 Jahre
1,71 m

Timo
19 Jahre
1,67 m

Julian
53 Jahre
1,89 m

Herbert
22 Jahre
1,74 m

Gabor
61 Jahre
1,79 m

Margot
32 Jahre
1,62 m

Daniela
24 Jahre
1,59 m

209b Personengedächtnis

Ordnen Sie die Begriffe 1 bis 24 den Gesichtern zu.

1 – Edeltraud
2 – 19 Jahre
3 – 32 Jahre
4 – Julian
5 – 1,89 m
6 – 48 Jahre
7 – Herbert
8 – 26 Jahre
9 – 1,82 m
10 – Daniela
11 – 1,74 m
12 – Sonja
13 – 53 Jahre
14 – 1,62 m
15 – 1,71 m
16 – 24 Jahre
17 – Margot
18 – 1,79 m
19 – Timo
20 – 22 Jahre
21 – 61 Jahre
22 – 1,67 m
23 – 1,59 m
24 – Gabor

210a Abstrakte Kunst

Prägen Sie sich dieses Bild gründlich ein. Lassen Sie hierbei Ihrer Fantasie freien Lauf. Was könnte es darstellen?

210b Abstrakte Kunst

Zeichnen Sie hier die Linien, so genau Sie können, aus der Erinnerung nach.

211a Stadt, Land, Fluss

Jede Tabelle besteht aus vier Oberbegriffen mit je fünf Unterbegriffen. Das Besondere dabei ist, dass alle Unterbegriffe verschiedene Anfangsbuchstaben haben. Dieser Umstand ist für die Lösung auf der Folgeseite von Bedeutung.
Lernen Sie nun bitte je eine Tabelle auswendig und blättern Sie dann um.

Künstler	Anrede	Bekleidung	Tier
Mime	Ihr	Kilt	Gans
Vokalist	Sie	Overall	Nilpferd
Jongleur	Frau	Talar	Ente
Poet	Du	Wams	Löwe
Clown	Herr	Anorak	Bär

Feiertag	Fuhrwerk	Frauenname	Erdmetall
Weihnachten	Vehikel	Franziska	Holmium
Karfreitag	Gespann	Monika	Ytterbium
Silvester	Equipage	Jutta	Neodym
Allerseelen	Landauer	Dagmar	Zerium
Ostern	Berline	Ines	Circonium

211b Stadt, Land, Fluss

Können Sie sich daran erinnern, für welche Wörter die hier aufgelisteten Anfangsbuchstaben stehen? Schreiben Sie ins leere Feld den jeweils dazugehörigen Oberbegriff.

D:	Dach	I:	Indianer
W:	Wald	A:	Alm
P:	Palme	M:	Mond
N:	Nest	T:	Tanne
K:	Kind	S:	Stern
J:	Jacke	V:	Vase
O:	Ohr	F:	Finger

E:	Eleckfricker	L:	Schwerin
Z:	Zahnartzt	A:	Arzt
B:	Bauer	J:	Jäger
W:	Wegmacher	K:	Kellner
F:	Früsör	Y:	Y
G:	Gärtner	V:	Verkäufer
C:	Clawn	M:	Maler

212a Beobachtungsgabe

Betrachten Sie dieses Bild ganz genau. Prägen Sie sich möglichst viele Details davon ein.

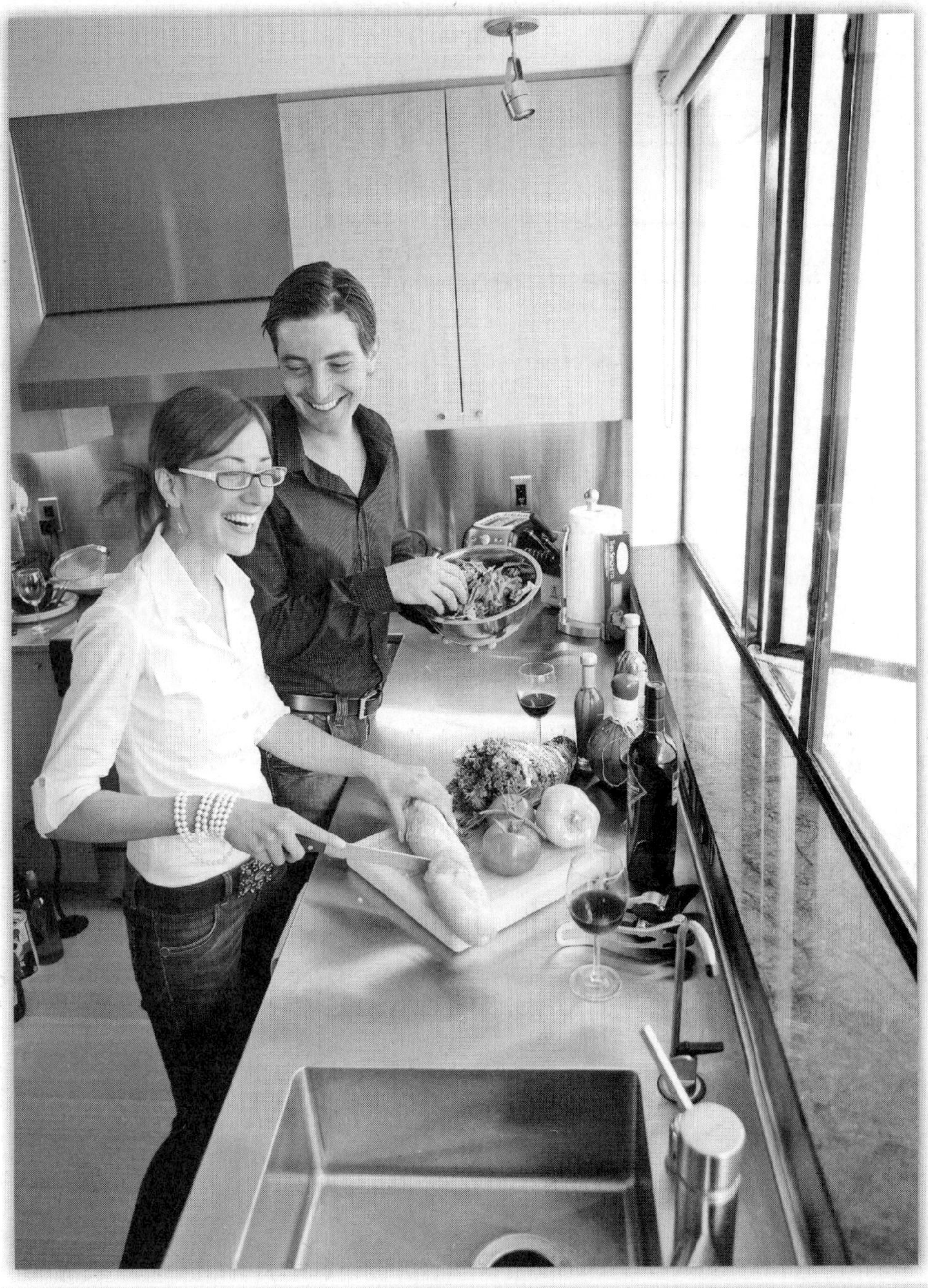

212b Beobachtungsgabe

Im Folgenden lesen Sie mehrere Aussagen, die sich auf das Bild beziehen. Können Sie jeweils bestimmen, ob diese wahr (w) oder falsch (f) sind?

1. Auf dem Arbeitsbereich stehen zwei Gläser Wein.

   Antwort: ☐

2. Ein Fenster ist geöffnet.

   Antwort: ☐

3. Der Mann schaut auf das Brotmesser.

   Antwort: ☐

4. Im Spülbecken erkennt man etwas Geschirr.

   Antwort: ☐

5. Hinten steht ein Toaster.

   Antwort: ☐

6. Beide tragen Hemd und Jeans.

   Antwort: ☐

7. Vor den Personen liegen Möhren und ein Kohlrabi.

   Antwort: ☐

213a Zahlwörter

Diese Wortungetüme sind einfache Zahlwörter. Mit ihrer Hilfe schulen Sie Ihre Vorstellungskraft hinsichtlich Zahlen.
Lesen Sie jeweils ein Wort und merken Sie sich die Zahl, die damit ausgedrückt wird. Blättern Sie dann um und schreiben Sie die Zahl als normale Ziffernfolge.

A) Sechsmillionenneunhundertachtundzwanzigtausendzweihundertzweiunddreißig

B) Zwölfmillionensiebenhundertdreiundsechzigtausendachthundertneunundsechzig

C) Zweiundsiebzigmillioneneinhundertachttausendvierzehn

D) Neunundvierzigmillionenvierhundertachtundachtzigtausendfünfhundertzweiundfünfzig

E) Siebenhundertzweiundachtzigmillionenachthundertfünfundsechzigtausenddreihundertsiebenundneunzig

213b Zahlwörter

Notieren Sie hier die Zahlen in die leeren Felder.

A)

B)

C)

D)

E)

214a Tagebuch

Hier wurde ganz genau Tagebuch geführt. Alles, was an diesem Tag interessant war, wurde minutiös festgehalten. Prägen Sie sich diese Ereignisse gut ein. Stellen Sie sich diese möglichst lebendig vor und finden Sie eine fantasievolle Verknüpfung mit der jeweiligen Uhrzeit.

Mittwoch, 10. Januar 2007
Neun Ereignisse:

06:53 Uhr:	Wecker klingelt verspätet
08:40 Uhr:	Erreiche in letzter Minute Termin mit Kunden
13:12 Uhr:	Essen wird serviert
13:53 Uhr:	Habe Parkdauer überschritten
15:39 Uhr:	Mutti ruft im Büro an
16:11 Uhr:	Chef lobt meine Arbeit
19:19 Uhr:	Timo kommt
21:34 Uhr:	Sehe eine Sternschnuppe
22:02 Uhr:	Gehe zu Bett

214b Tagebuch

Wenn Sie sich die Ereignisse gut eingeprägt haben, fallen Ihnen sicher zu den folgenden Stichwörtern die dazugehörenden Uhrzeiten ein.

Lob: _ _ : _ _ Uhr

Wecker: _ _ : _ _ Uhr

Sternschnuppe: _ _ : _ _ Uhr

Essen: _ _ : _ _ Uhr

verspätet: _ _ : _ _ Uhr

Timo: _ _ : _ _ Uhr

Mutter: _ _ : _ _ Uhr

Bett: _ _ : _ _ Uhr

Kunde: _ _ : _ _ Uhr

Chef: _ _ : _ _ Uhr

Parkdauer: _ _ : _ _ Uhr

215a Wörter = Zahlen

Prägen Sie sich die zehn Wörter mitsamt den dazugehörigen Zahlen gut ein. Versuchen Sie in Ihrer Fantasie, eine Verknüpfung zwischen Zahl und Begriff zu konstruieren.

Korn	=	25
Erbsensuppe	=	47
Landesbank	=	95
Indianer	=	62
Daunenbett	=	46
Kalorien	=	81
Garagendach	=	28
Apfelbaum	=	13
Filialleiter	=	55
Hilfeleistung	=	41

215b Wörter = Zahlen

Je zwei Wörter stehen sich hier gegenüber. Welches Wort davon gehört zur größeren Zahl? Notieren Sie entsprechend ein „>“ oder ein „<“ in das Kästchen.

Apfelbaum	☐	Landesbank
Indianer	☐	Garagendach
Kalorien	☐	Korn
Erbsensuppe	☐	Indianer
Daunenbett	☐	Filialleiter
Hilfeleistung	☐	Kalorien
Korn	☐	Hilfeleistung
Landesbank	☐	Erbsensuppe
Kalorien	☐	Daunenbett
Apfelbaum	☐	Korn
Garagendach	☐	Erbsensuppe
Filialleiter	☐	Apfelbaum
Indianer	☐	Hilfeleistung

216a Bildertabelle

Prägen Sie sich diese 20 Bilder und deren exakte Lage ein.
Merken Sie sich auch die dazugehörigen Koordinaten.

	1	2	3	4
A				
B		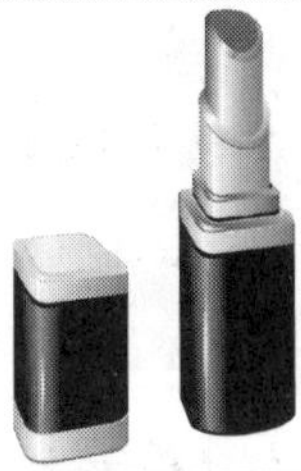		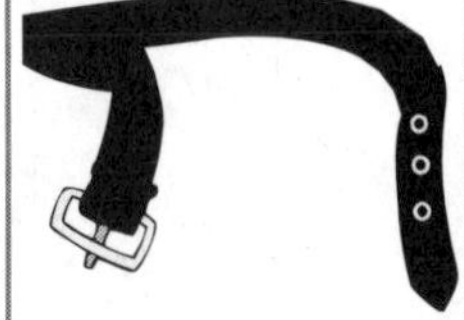
C		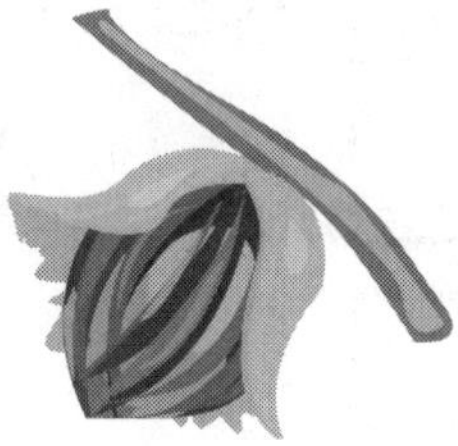		
D		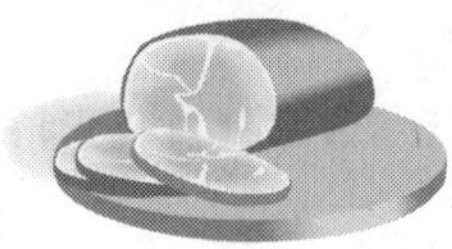		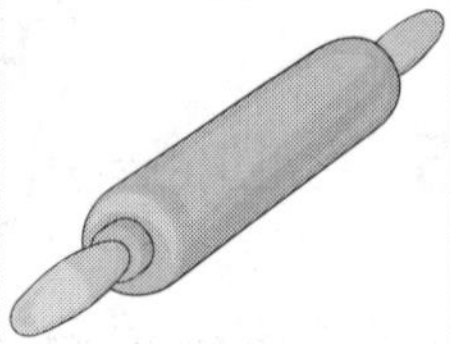
D		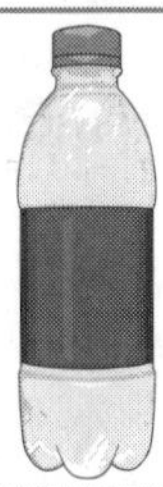	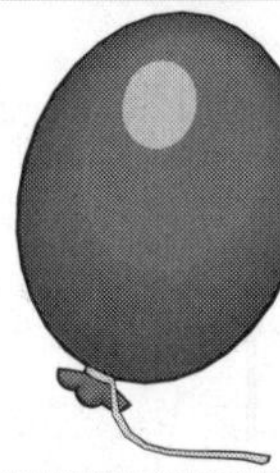	

216b Bildertabelle

Die folgenden Sätze sind Hinweise, die sich auf jeweils ein Bild beziehen. Sie müssen daher zunächst erkennen, welches Bild gemeint ist. Dann tragen Sie die Lage des entsprechenden Bildes ein.

1. Ohne sie gäbe es viele Früchte nicht.

   Lage: ☐

2. In Witzen wartet die Ehefrau damit auf ihren betrunkenen Mann.

   Lage: ☐

3. Obligatorische Süßspeise an Geburtstagen.

   Lage: ☐

4. In ihr kann man angeblich das Meer rauschen hören.

   Lage: ☐

5. Dieses soll Lippen verschönern.

   Lage: ☐

6. Viele wünschten sich, ihn enger schnallen zu können.

   Lage: ☐

217a Eine Kastenhalslaute

Lesen Sie diesen Text einmal in Ruhe durch und merken Sie sich möglichst viel.

Dass die Gitarre heute so aussieht, wie sie aussieht, verdankt sie im Wesentlichen zwei Personen: dem Komponisten und Gitarristen Francisco Tárrega (1852–1909) und dem Gitarrenbauer Antonio de Torres (1817–1892). Bis etwa 1850 waren Gitarren eng mensuriert: relativ kurze Saiten und ein kleiner Korpus mit schmaler Taille. Torres erhöhte die Mensur auf 65 cm und überarbeitete die Kontur des Instruments. Das Ergebnis: Der Ton wurde lauter und ungewöhnlich klangvoll! Hauptsächlich durch Tárrega erfuhr die Welt von diesem „neuen" Instrument.

217b Eine Kastenhalslaute

Versuchen Sie nun, folgende Fragen zum Text zu beantworten.

1. Welchem Gitarrenbauer verdankt die Gitarre ihr heutiges Aussehen?

   Antwort:

2. Wann lebte der genannte Gitarrenbauer?

   Antwort:

3. Welche relativen Ausmaße hatten die Saiten bis etwa 1850?

   Antwort:

4. Auf welche Größe wurde die Mensur erhöht?

   Antwort:

5. Hauptsächlich wessen Verdienst ist die weltweite Bekanntheit des „neuen“ Instruments?

   Antwort:

218a Netzwerk

Prägen Sie sich diesen Plan gut ein. Er zeigt verschiedene Orte (Buchstaben), die über bestimmte Wege miteinander verbunden sind. Die Zahlen geben die jeweiligen Entfernungskilometer an.

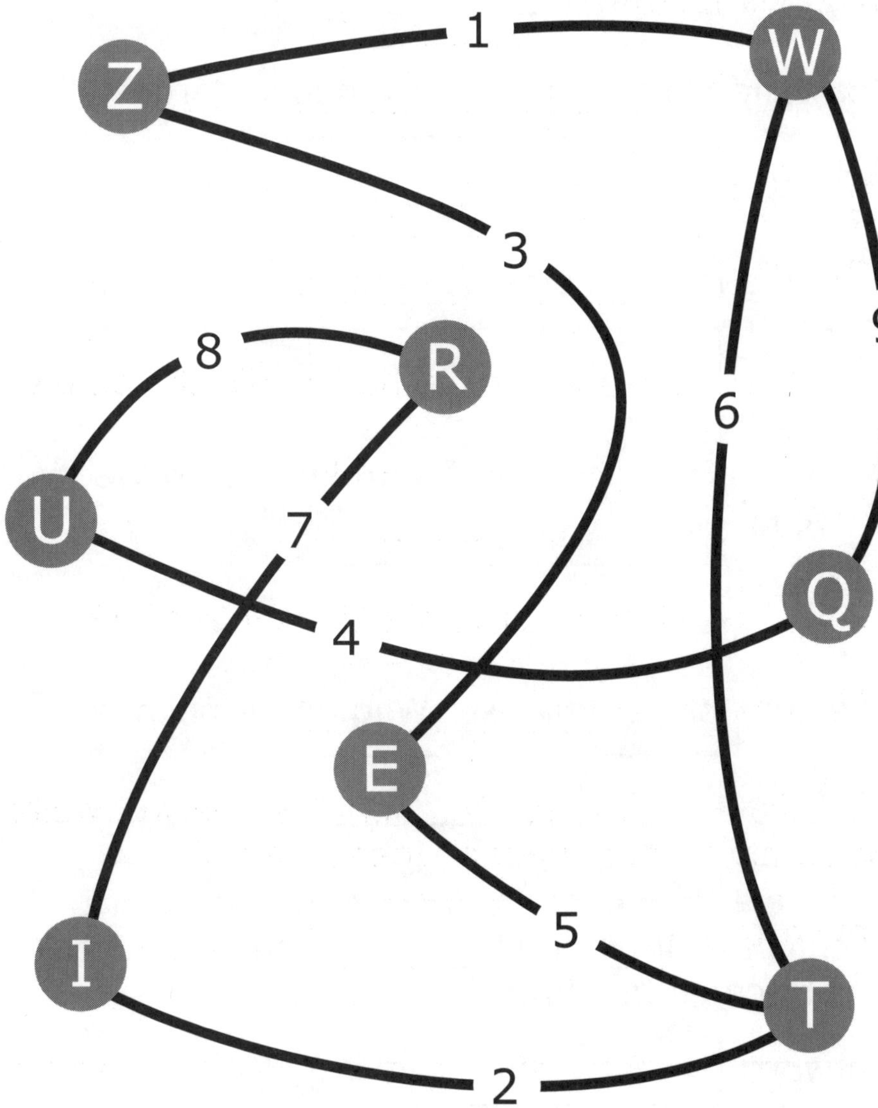

218b Netzwerk

Versuchen Sie nun, folgende Fragen zu beantworten.

1. Wie viele Orte zeigt der Plan?

   Antwort:

2. Wie viele Verbindungsstrecken sind dargestellt?

   Antwort:

3. Wie lang ist der kürzeste Weg von W nach E?

   Antwort:

4. Wie viele Orte liegen auf dem kürzesten Weg von T nach U?

   Antwort:

5. Wie lang ist der kürzeste Weg von R nach Z?

   Antwort:

6. Wie viele Orte kann man auf dem Weg von Z nach Q maximal durchreisen (ohne eine Strecke mehrfach zu befahren)?

   Antwort:

219a Spazieren im Regen

Prägen Sie sich die Zahlen in diesem Bild gut ein. Merken Sie sich auch deren Position, denn auf der Rückseite sollen Sie die Zahlen aus dem Gedächtnis wieder eintragen.

219b Spazieren im Regen

Tragen Sie hier die Zahlen ein, die Sie sich auf der Vorderseite eingeprägt haben. Beachten Sie, dass das Bild nun gespiegelt ist.

220a Dingliches Allerlei

Prägen Sie sich folgende Gegenstände ein. Versuchen Sie in Ihrer Vorstellung ein Bild zu erstellen, das all diese Dinge enthält.

Hundeleine

Teppich

Palme

Baustelle

Milchkanne

Kleiderbügel

Wasserhahn

Dalmatiner

Haifisch

Strand

Briefkasten

Teddybär

Krawatte

Heckenschere

Haarbürste

Hosenträger

Karussell

Zitrone

Telefonzelle

Croissants

220b Dingliches Allerlei

Streichen Sie hier alle Gegenstände, die nicht auf der Vorderseite aufgeführt sind.

221a Der Wettstreit

Lesen Sie dieses Gedicht zweimal so aufmerksam wie möglich. Achten Sie dabei besonders auf den Klang der Wörter und Reime.

Wind und Sonne machten Wette,
Wer die meisten Kräfte hätte,
Einen armen Wandersmann
Seiner Kleider zu berauben.

Wind begann;
Doch sein Schnauben
Tat ihm nichts; der Wandersmann
Zog den Mantel dichter an.

Wind verzweifelt nun und ruht;
Und ein lieber Sonnenschein
Füllt mit holder, sanfter Glut
Wanderers Gebein.

Hüllt er sich nun tiefer ein?
Nein!
Ab wirft er nun sein Gewand,
Und die Sonne überwand. -

Gewalt und Härte macht verdrossen
Und lässt der Menschen Herz verschlossen.
Wo man oft lange widerstand,
Ein gutes Wort leicht Eingang fand.

Dieses Gedicht „Der Wettstreit" entstammt der Feder von Johann Gottfried Herder.

221b Der Wettstreit

Klingen Ihnen die Verse noch in den Ohren? – Dann können Sie hier sicher herausfinden, welche dieser folgenden Teilsätze nicht aus dem eben Gelesenen stammen.

- ☐ Tat ihm nichts
- ☐ Nein!
- ☐ Sinnlose Härte
- ☐ oft lange widerstand
- ☐ güldene Sommerzeit
- ☐ Sonne machten Wette
- ☐ doch berauben
- ☐ Ab wirft er nun
- ☐ einen armen Wandersmann

222a Verfremdete Bilder

Prägen Sie sich diese acht Bilder möglichst gut ein. Beachten Sie dabei auch Umrisse, Formen und kontraststarke Bereiche.

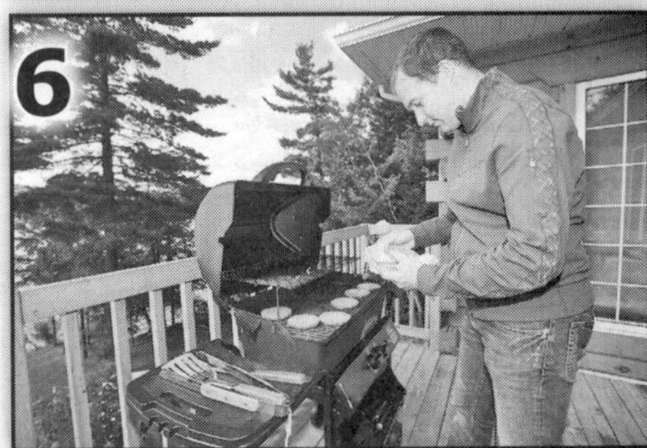

222b Verfremdete Bilder

Die acht Bilder der Vorderseite wurden verändert und an eine andere Stelle gesetzt. Können Sie bestimmen, welche Grafik aus welchem Originalbild stammt?

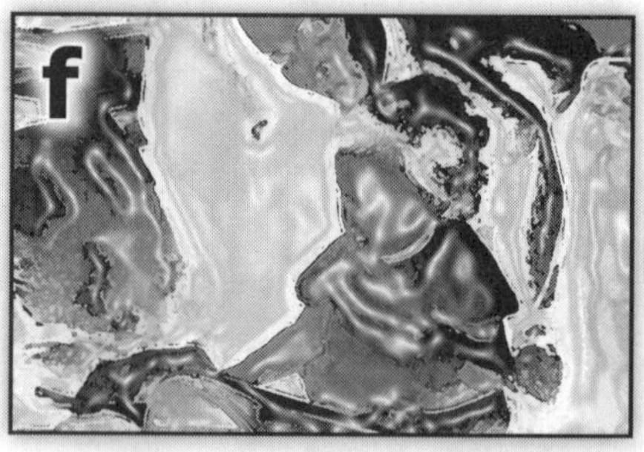

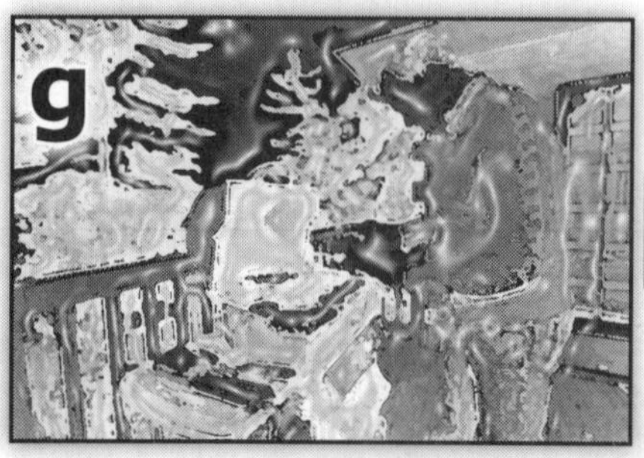

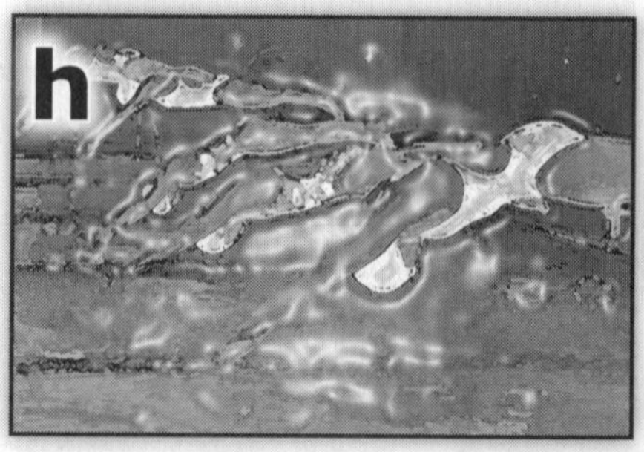

223a Zahlengedächtnis

Lernen Sie je eine Zahl auswendig. Versuchen Sie dabei, Eselsbrücken zu finden, also gedankliche Verknüpfungen mit etwas, das Sie bereits kennen. Blättern Sie dann um und lösen Sie die Aufgabe auf der Rückseite.

A → 6325848565

B → 1562348547

C → 25854693217

D → 963247418662

E → 948421247563

F → 845263265987

G → 5214789632147

223b Zahlengedächtnis

Sind hier exakt die gleichen Zahlen zu sehen wie auf der Vorderseite? Oder wurden manche Ziffern ausgewechselt? Überprüfen Sie dies aus dem Gedächtnis und kreuzen Sie die falschen Ziffern an.

A → 6325845865

B → 1526348547

C → 25854693217

D → 963247416862

E → 948431248563

F → 845263265987

G → 5314789532147

224a Gebietsplan

Können Sie sich diesen Plan einprägen? Stellen Sie sich vor, Sie würden dieses Gebiet mit dem Fahrrad abfahren. Auch die Straßenbezeichnungen eignen sich für bildhafte Verknüpfungen.

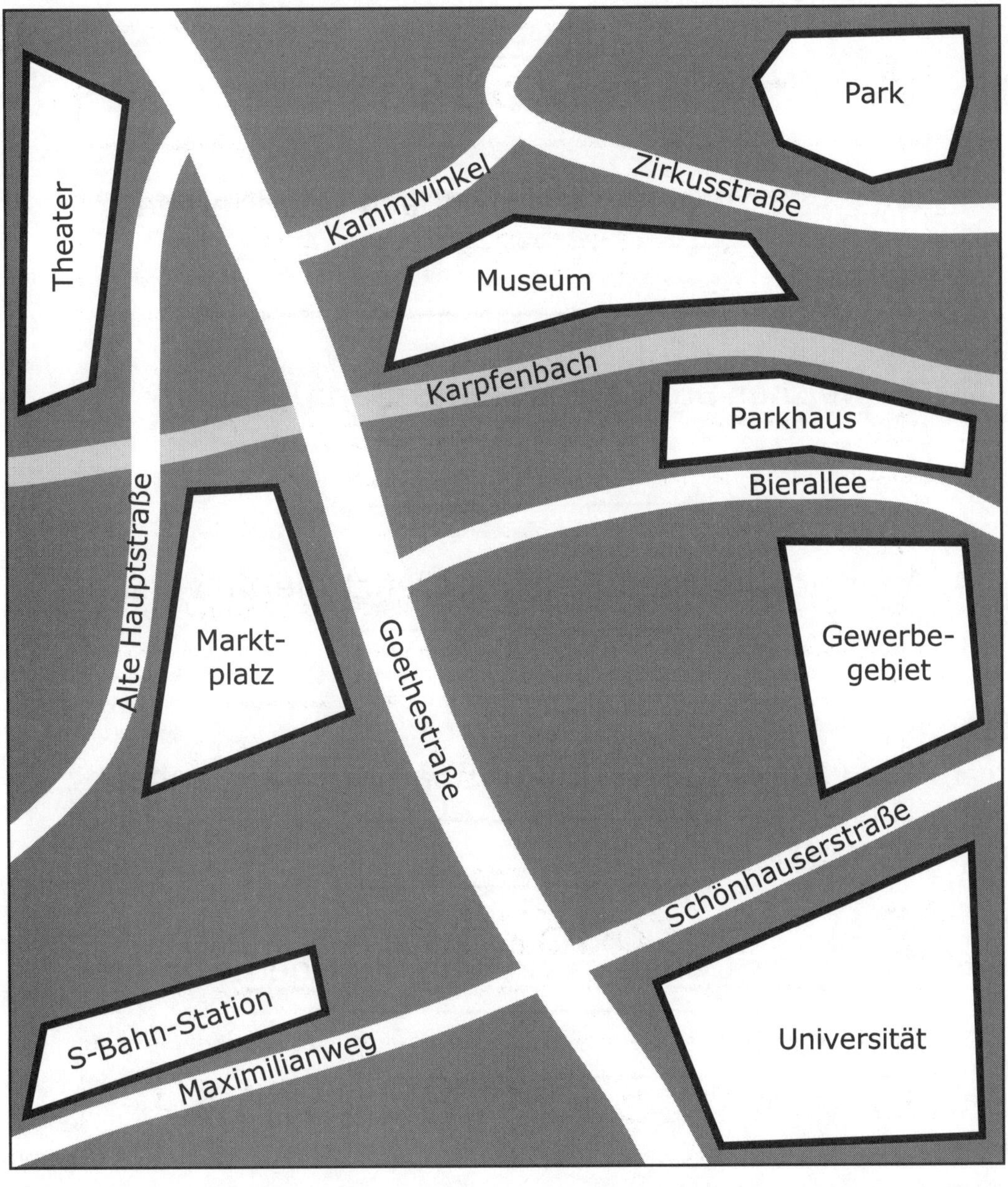

224b Gebietsplan

Beantworten Sie folgende Fragen frei aus dem Gedächtnis.

1. Welche Straße verbindet die Goethestraße mit der Zirkusstraße?

   Antwort:

2. Was liegt zwischen Karpfenbach und Bierallee?

   Antwort:

3. An welcher Straße liegt die S-Bahn-Station?

   Antwort:

4. An welche beiden Straßen grenzt die Universität?

   Antwort:

5. Wie viele Straßen führen über den Karpfenbach?

   Antwort:

6. Wie viele Straßen münden in die Goethestraße?

   Antwort:

225a Schwarz-grau-weiß

Dieses Muster aus schwarzen, grauen und weißen Feldern sollen Sie sich hier einprägen. Können Sie darin etwas erkennen? Vielleicht ein Zeichen, ein Bild oder sonst eine Bedeutung?

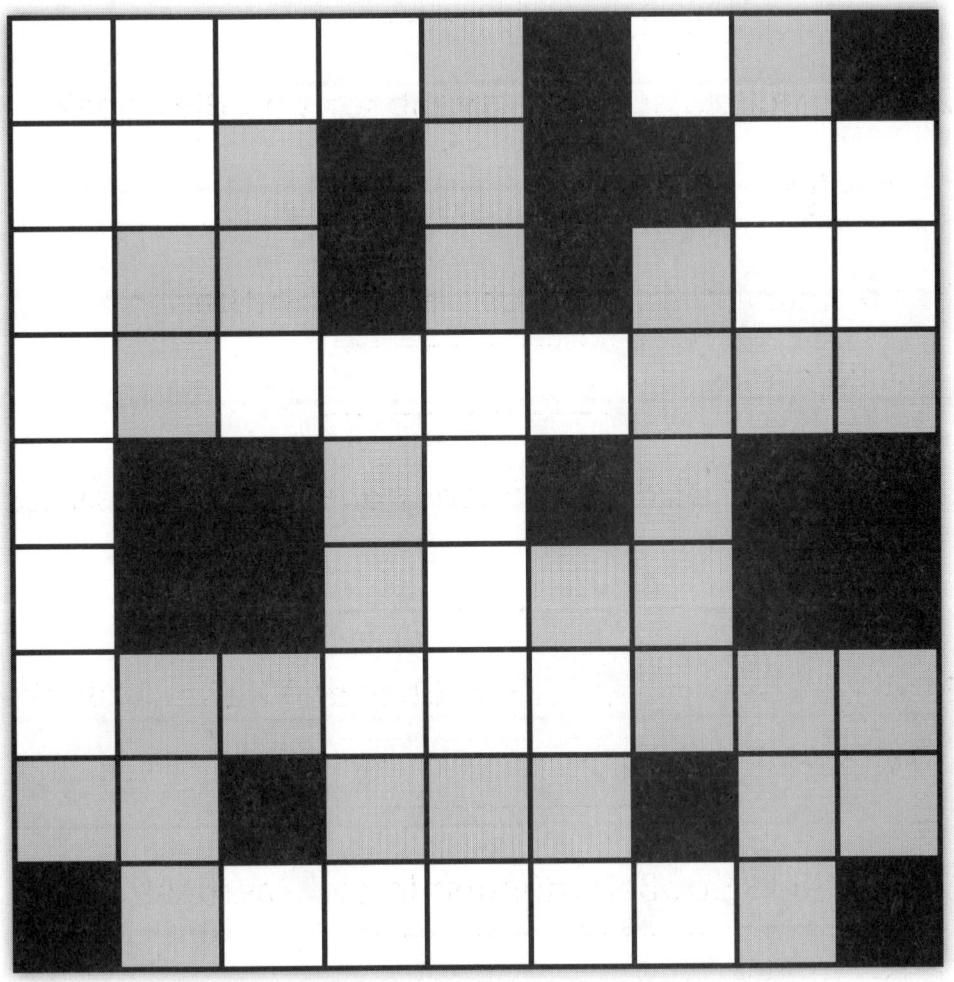

225b Schwarz-grau-weiß

Malen Sie hier die richtigen Felder schwarz bzw. grau aus, damit die gleiche Grafik erscheint wie auf der Vorderseite.

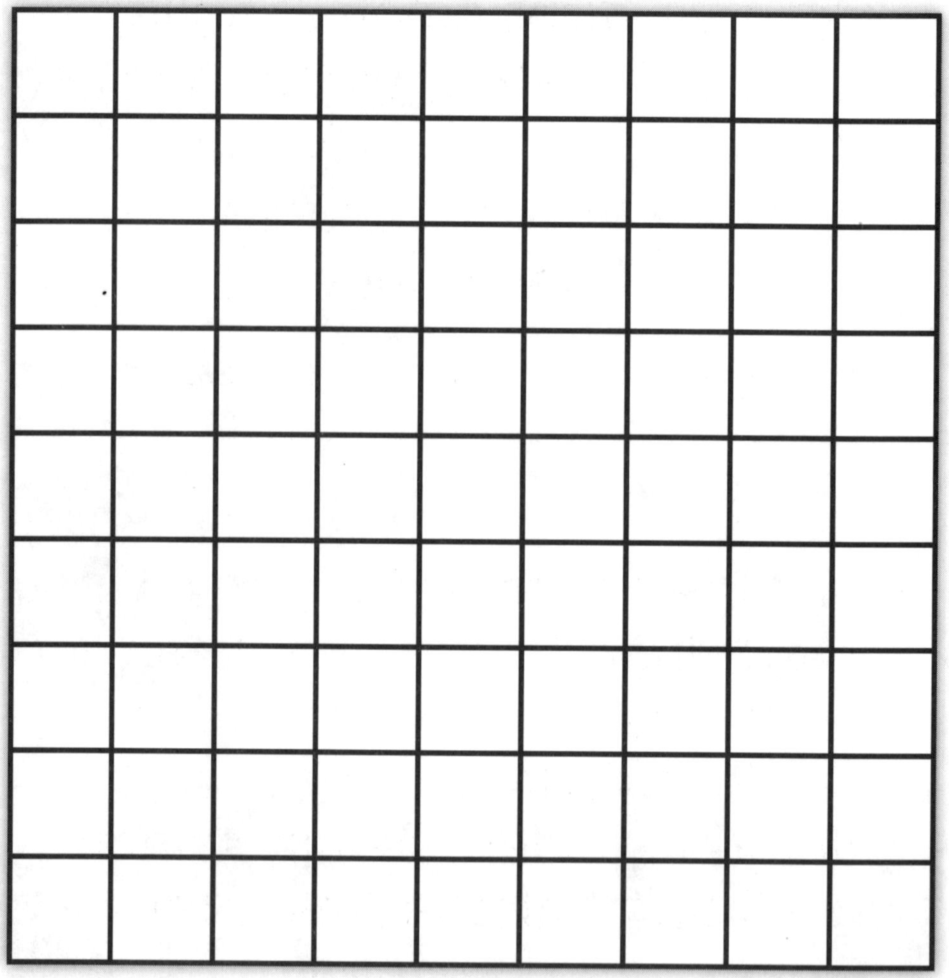

226a In einem Satz

Lernen Sie jeweils einen Satz auswendig und lösen Sie dann die Aufgabe auf der Folgeseite.

Man verdirbt einen Jüngling am sichersten, wenn man ihn verleitet, den Gleichdenkenden höher zu achten als den Andersdenkenden.

Friedrich Nietzsche (1844-1900), dt. Philosoph

Die Hälfte des Lebens verbringt der Mensch damit, die falschen Vorstellungen seiner Vorfahren loszuwerden; die andere damit, seinen Kindern falsche Ansichten beizubringen.

Winston Spencer Churchill (1874-1965), brit. Staatsmann, 1940-45 u. 1951-55 Premier, 1953 Nobelpr. f. Lit.

226b In einem Satz

Wiederholen Sie jeweils den gerade gelernten Satz, jedoch rückwärts. Beginnen Sie also mit dem letzten Wort.

_______ _______ _______ _______

_______ _______ _______ _______

_______ _______ _______ _______

_______ _______ _______ _______

_______ _______

_______ _______ _______ _______

_______ _______ _______ _______

_______ _______ _______ _______

_______ _______ _______ _______

_______ _______ _______ _______

_______ _______

227a Vier Männer

Vier Fotos sollen Sie hier bis ins Detail studieren. Auf der Folgeseite sollen Sie die Männer anhand kleiner Ausschnitte wiedererkennen.

Jörg

Bernd

Andreas

Claudio

227b Vier Männer

Können Sie die Kopfausschnitte dem entsprechenden Herrn zuordnen?

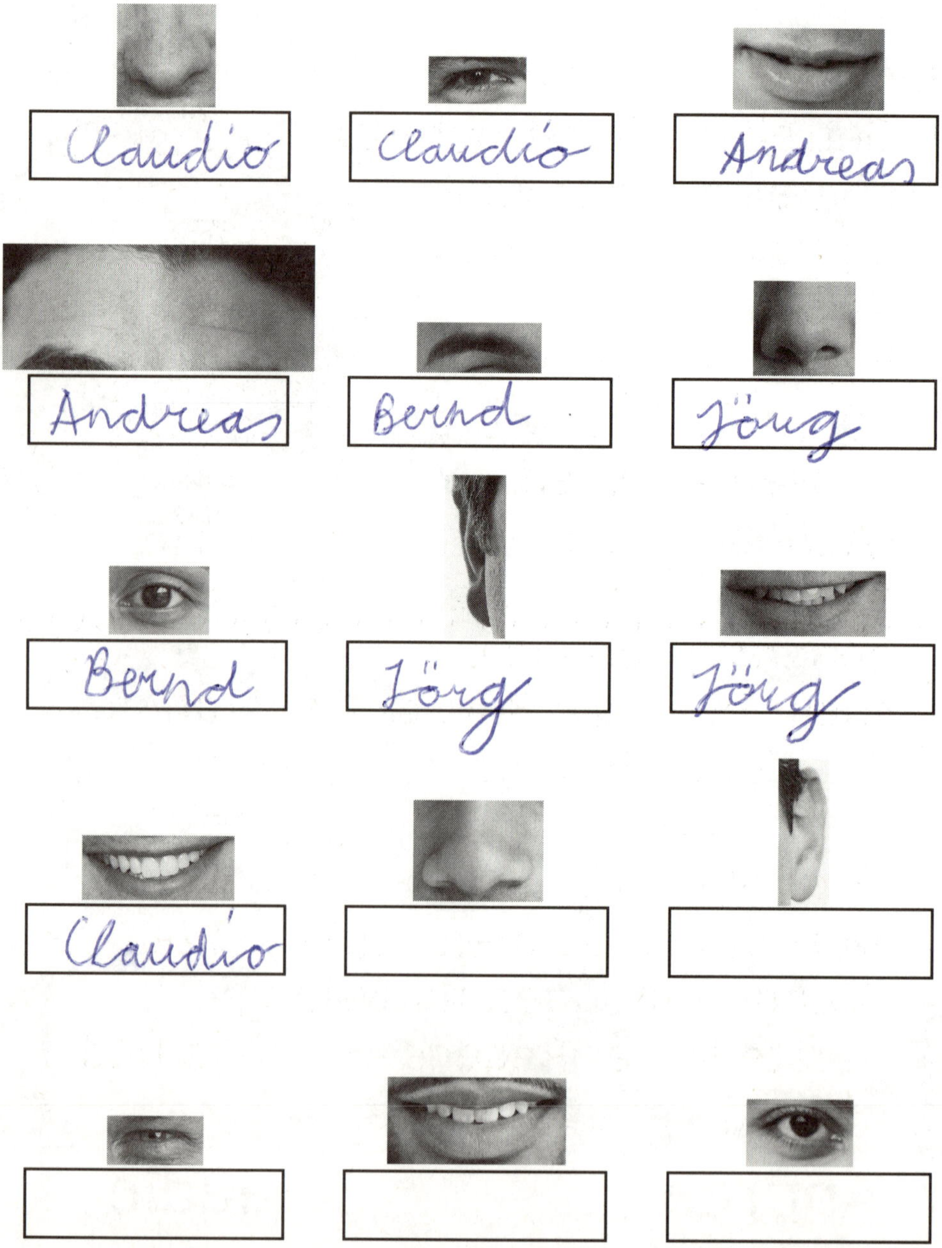

228a Hauptnahrungsquelle

Lesen Sie diesen Text einmal langsam durch und versuchen Sie, sich alle Einzelheiten einzuprägen.

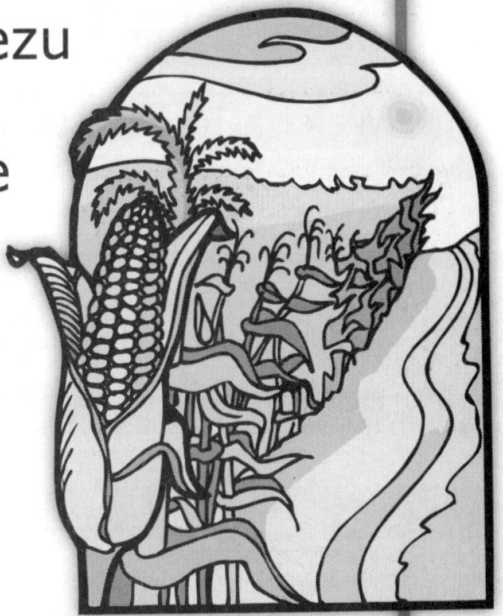

Getreide wächst nahezu überall auf der Welt und ist das wichtigste Nahrungsmittel. Bereits vor über 10.000 Jahren wurde im Nahen Osten Getreide angebaut – das ist, in Menschengenerationen gesprochen, etwa die 300ste Generation. Die sieben Hauptgetreidearten sind: Weizen, Roggen, Gerste, Reis, Mais, Hirse und Hafer. Weizen besitzt meist sehr kurze Grannen, Roggen mittellange, Gerste in der Regel sehr lange und Hafer überhaupt keine.

228b Hauptnahrungsquelle

Beantworten Sie folgende Fragen frei aus dem Gedächtnis.

1. Wie lange schon wird Getreide angebaut?

   Antwort:

2. Welche Region wird dabei im Text genannt?

   Antwort:

3. Wie viele Generationen umfasst dieser Zeitraum etwa?

   Antwort:

4. Wie viele Hauptgetreidearten gibt es?

   Antwort:

5. Wie heißen sie im Einzelnen?

   Antwort:

6. Welches Getreide hat zumeist sehr lange Grannen?

   Antwort:

229a Segeljacht

Prägen Sie sich dieses Bild ganz genau ein. Achten Sie dabei auf alle Einzelheiten.

229b Segeljacht

Einige dieser Bildausschnitte stammen nicht vom Original auf der Vorderseite. Können Sie diese ausfindig machen?

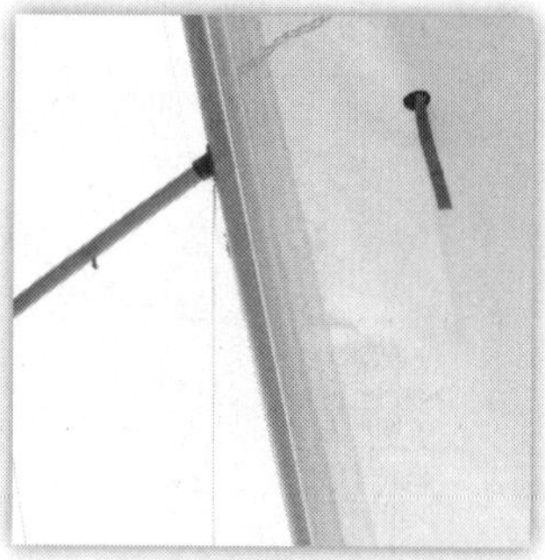

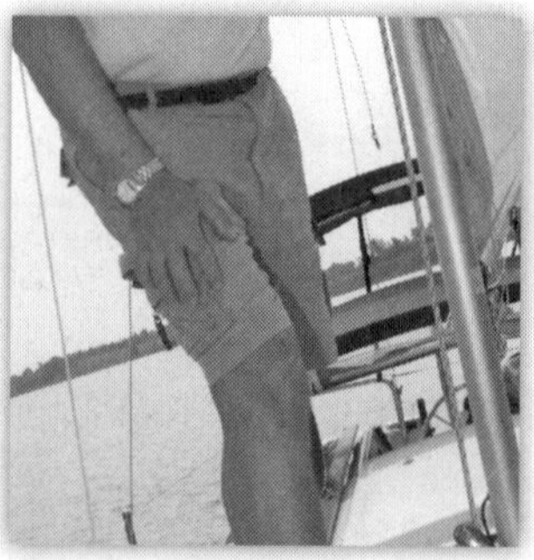

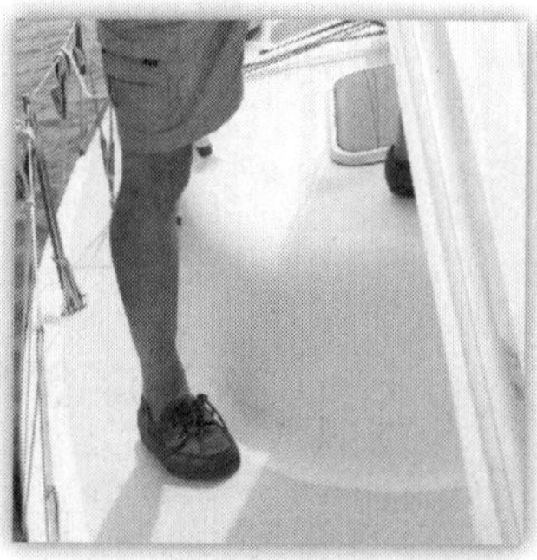

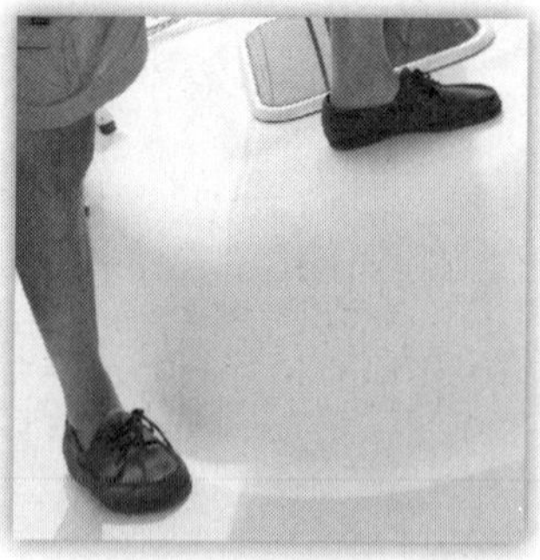

230a Formenvielfalt

Jetzt wird es sehr abstrakt. Können Sie diese Formen im Gedächtnis behalten? Richten Sie Ihr Augenmerk auf die objektiven Eigenschaften wie Farbe, Eckenanzahl usw.

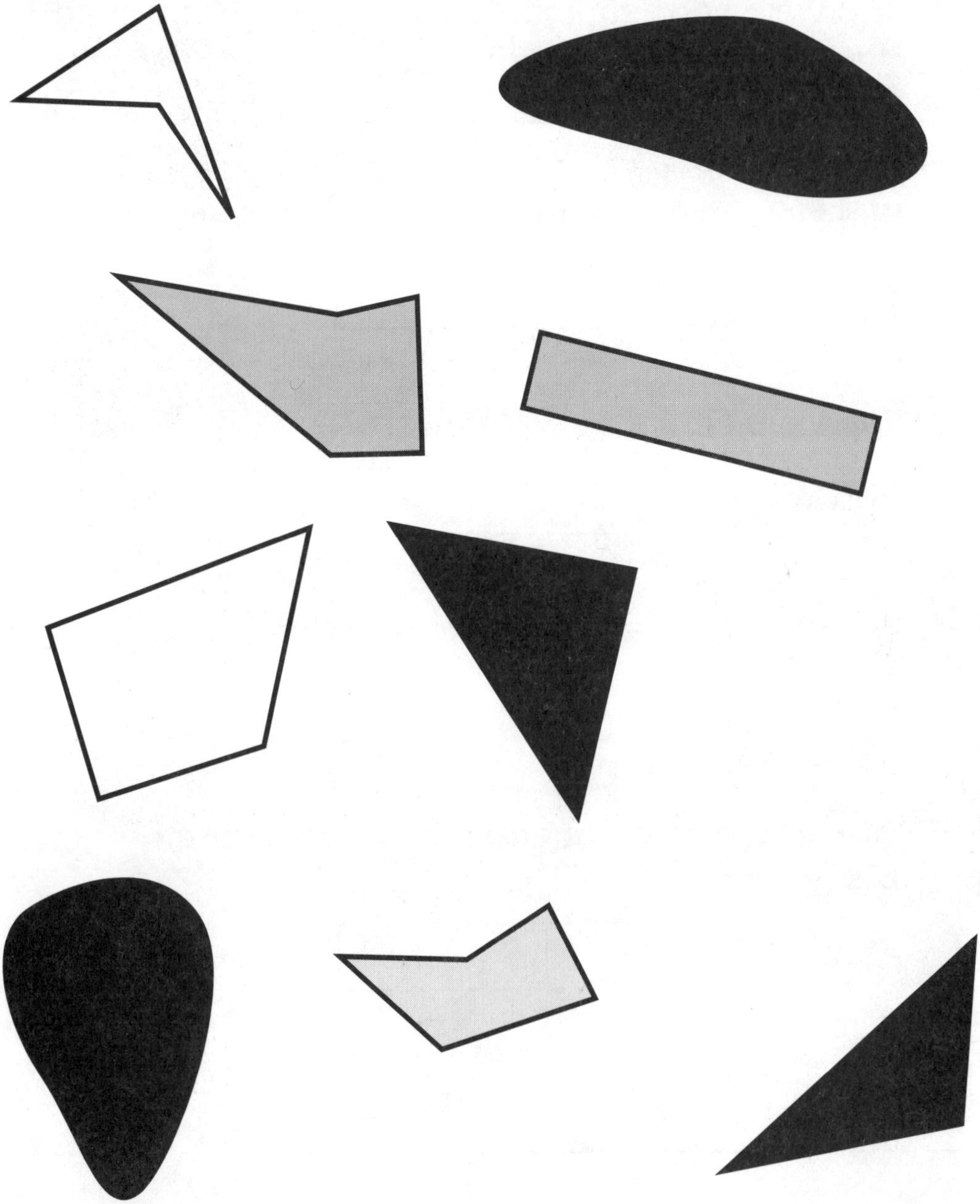

230b Formenvielfalt

Können Sie diese Fragen aus dem Gedächtnis beantworten?

1. Wie viele Formen konnten Sie insgesamt zählen?

   Antwort: ____________

2. Wie viele davon haben genau vier Ecken?

   Antwort: ____________

3. Wie viele Figuren sind schwarz?

   Antwort: ____________

4. Wie viele Figuren haben keine Ecken?

   Antwort: ____________

5. Wie viele Ecken haben alle weißen Figuren zusammen?

   Antwort: ____________

231 Merken und rechnen

Mit dieser Aufgabe trainieren Sie Kopfrechnen und Gedächtnis in einem.
Zuerst sollen Sie sich den jeweils vorgegebenen Satz einmal durchlesen und dabei einprägen.
Dann decken Sie diesen Satz bitte zu und lösen die Rechenaufgabe darunter.
Abschließend notieren Sie in die leere Zeile alle Anfangsbuchstaben der Wörter des oberen Satzes. Doch bitte nicht nachsehen! Sie sollten versuchen, dies aus dem Gedächtnis zu bewältigen.

a

Namensgeber für den Preis ist der Laurus nobilis, der Lorbeer als klassisches Symbol des Ruhmes, Sieges und Friedens.

264 + 367 =

____

b

Zusammen mit einigen direkt benachbarten Städten bildet sie das wirtschaftliche und kulturelle Zentrum Nordbayerns.

6015 + 1568 =

____

c

Eine wirkliche Übersetzung aus dem Arabischen in andere Sprachen ist nach Ansicht islamischer Theologen unmöglich.

17 x 19 =

____

d

Häufig wird auch Finnland durch seine geografische, historische und politische Verwandtschaft zu Skandinavien gezählt.

8146 – 2359 =

____

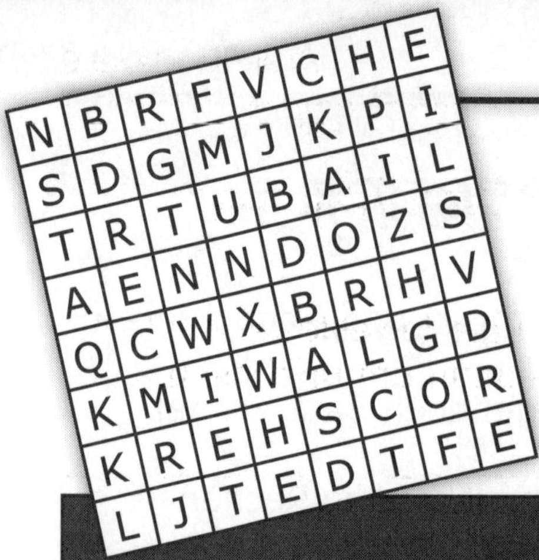

Gedächtnistraining

Schritt 6

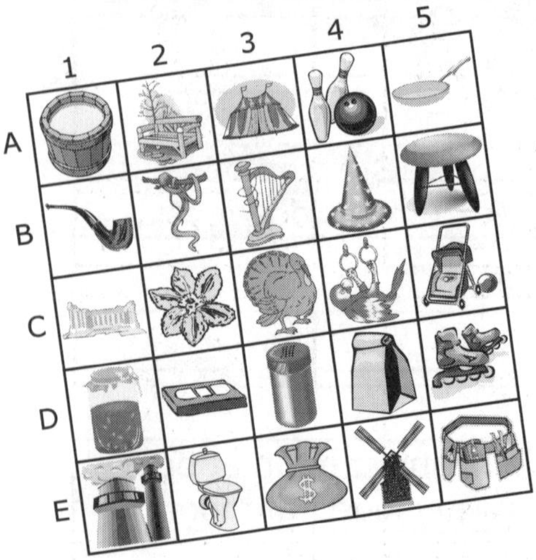

Ausgezeichnet! Sie haben bereits fünf aufbauende Trainingsschritte absolviert und dabei Ihr Gehirn intensiv trainiert. Sicher ist Ihnen aufgefallen, dass Sie sich in den wichtigen Denkdisziplinen Fantasie und Konzentration verbessern und damit Ihre Gedächtnisleistung deutlich steigern konnten. Im letzten und anspruchsvollsten Schritt dieses Trainingsbuchs wird dies in noch stärkerem Maße trainiert. Auch Ihr mentales Durchhaltevermögen wird in den nun folgenden Übungen gefordert und damit gestärkt.

232a Fantasiesprache lernen

Prägen Sie sich zu den folgenden Bildern die jeweiligen Fantasiebezeichnungen ein. Blättern Sie dann um und lösen Sie auf der Rückseite die Aufgabe.

Kors

Beu

Dru

Stip

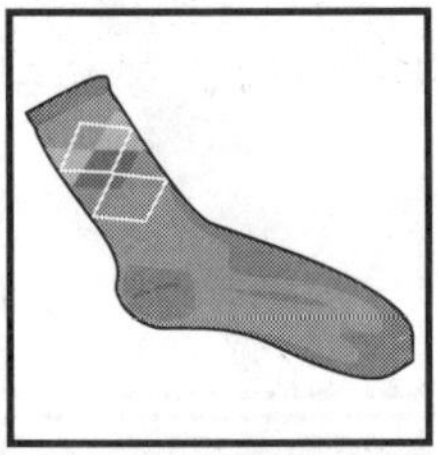
Maki

Eran

Ysu

Wumm

Zehl

Turo

Naar

Ohs

Piff

Hult

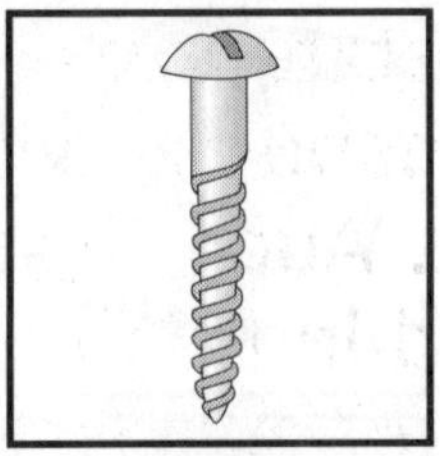
Nomo

Iro

232b Fantasiesprache lernen

Haben Sie sich alle Vokabeln gemerkt? Tragen Sie hier die fehlenden Bezeichnungen der jeweiligen Gegenstände ein.

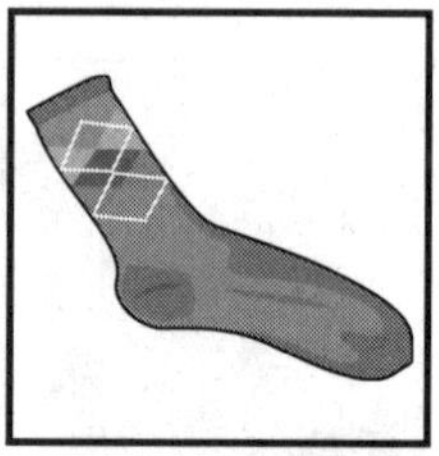

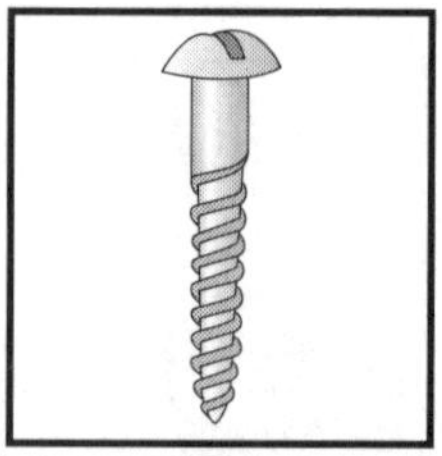

233a Drei Generationen

Sehen Sie sich diese Familie an und prägen Sie sich alle Details ganz genau ein.

233b Drei Generationen

Versuchen Sie hier, die Fragen zum Bild auf der Vorderseite zu beantworten.

1. Hat der Großvater hellgraue oder dunkelgraue Haare?

   Antwort:

2. Trägt die Mutter ihr Haar kurz oder lang?

   Antwort:

3. Berührt die große Tochter den Hund?

   Antwort:

4. Hat das Kleinkind einen Schnuller im Mund?

   Antwort:

5. Kann man bei der Großmutter Ohrringe erkennen?

   Antwort:

6. Wie viele Familienmitglieder (im weiteren Sinne) sind hier abgebildet?

   Antwort:

234a Gegensätzliche Begriffe

Prägen Sie sich folgende 36 Begriffspaare ein. Beachten Sie dabei die gegenteilige Bedeutung der Wörter. Blättern Sie anschließend um.

erste — letzte
Krieg — Eintracht
Hast — Geduld
Risiko — Sicherheit
geizen — verjubeln
privat — dienstlich
Überschuss — Verlust
Groll — Zuneigung
Laie — Fachmann
Schwäche — Macht
Naturalien — Geld
Pedal — Manual
ungeeignet — qualifiziert
Wohlsein — Leiden
Ehrung — Rüge
hässlich — schmuck
auftauen — vereisen
Übergabe — Empfang

unehrlich — lauter
Abscheu — Verlangen
neu — antik
ignorieren — beachten
dürr — gemästet
entleeren — auffüllen
Himmel — Erde
feigherzig — waghalsig
Helfer — Gegner
geistreich — witzlos
Schalheit — Würze
konform — anders
schwierig — leicht
allenfalls — zumindest
Hunger — Völlerei
vage — exakt
jammern — jubeln
Nein — Zusage

234b Gegensätzliche Begriffe

Tragen Sie den jeweils fehlenden Begriff ein.

	— Laie		— Überschuss
qualifiziert —			— vereisen
	— hässlich	Eintracht —	
Verlangen —			— Geld
	— Übergabe	lauter —	
Rüge —		geizen —	
	— erste		— Wohlsein
	— Zusage	auffüllen —	
Sicherheit —			— jammern
beachten —			— neu
	— dürr	Schwäche —	
dienstlich —			— Pedal
	— Himmel	exakt —	
Zuneigung —			— schwierig
	— Helfer		— witzlos
Schalheit —		Hast —	
	— Hunger		— anders
zumindest —			— waghalsig

235a Landkarte

Sie befinden sich auf einer Insel, die in neun Gebiete eingeteilt ist, und wollen sich möglichst schnell zurechtfinden. Merken Sie sich dafür Namen und Form der Regionen. Überprüfen Sie anschließend auf der Rückseite, wie genau Sie sich diese Gebiete eingeprägt haben.

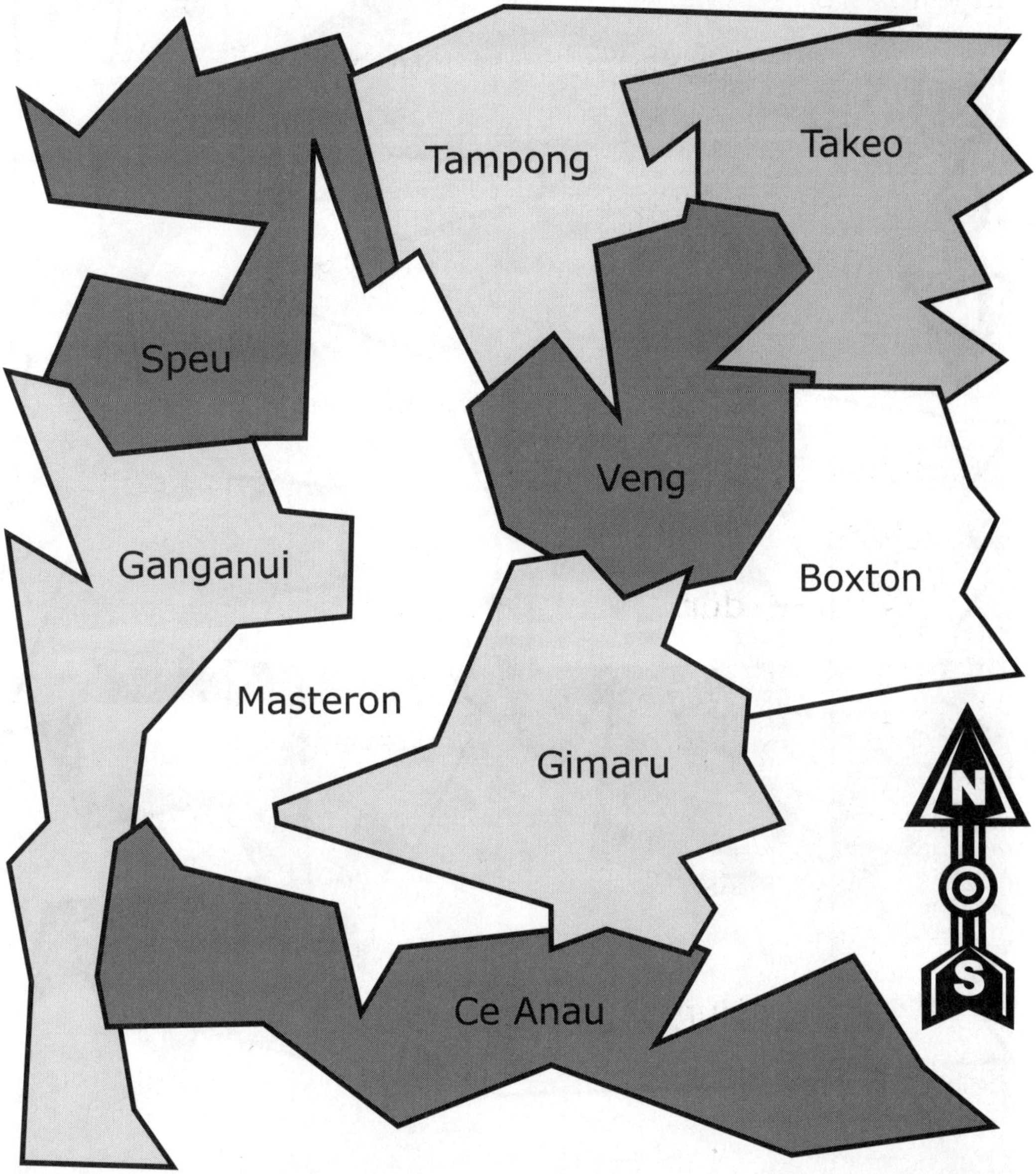

235b Landkarte

Die Insel zeigt sich hier aus einer anderen Perspektive. Erkennen Sie die Gebiete wieder? Wie heißen sie?

236a Route merken

Sehen Sie sich den Wegverlauf von A nach B gut an. Auf der Rückseite sollen Sie diesen aus dem Gedächtnis nachzeichnen.

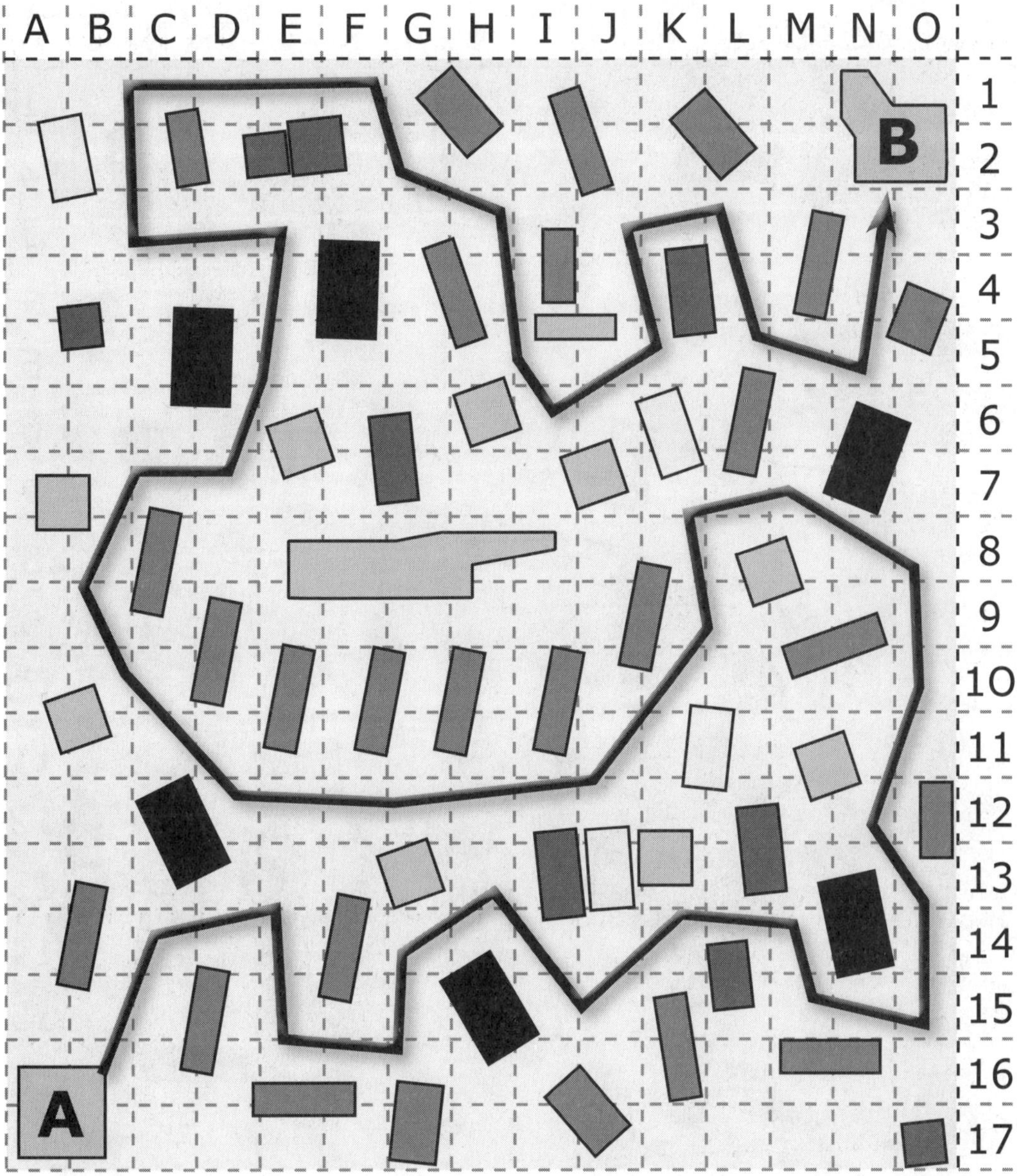

236b Route merken

Finden Sie auf dem gleichen Weg von A nach B? Können Sie ihn aus dem Gedächtnis einzeichnen?

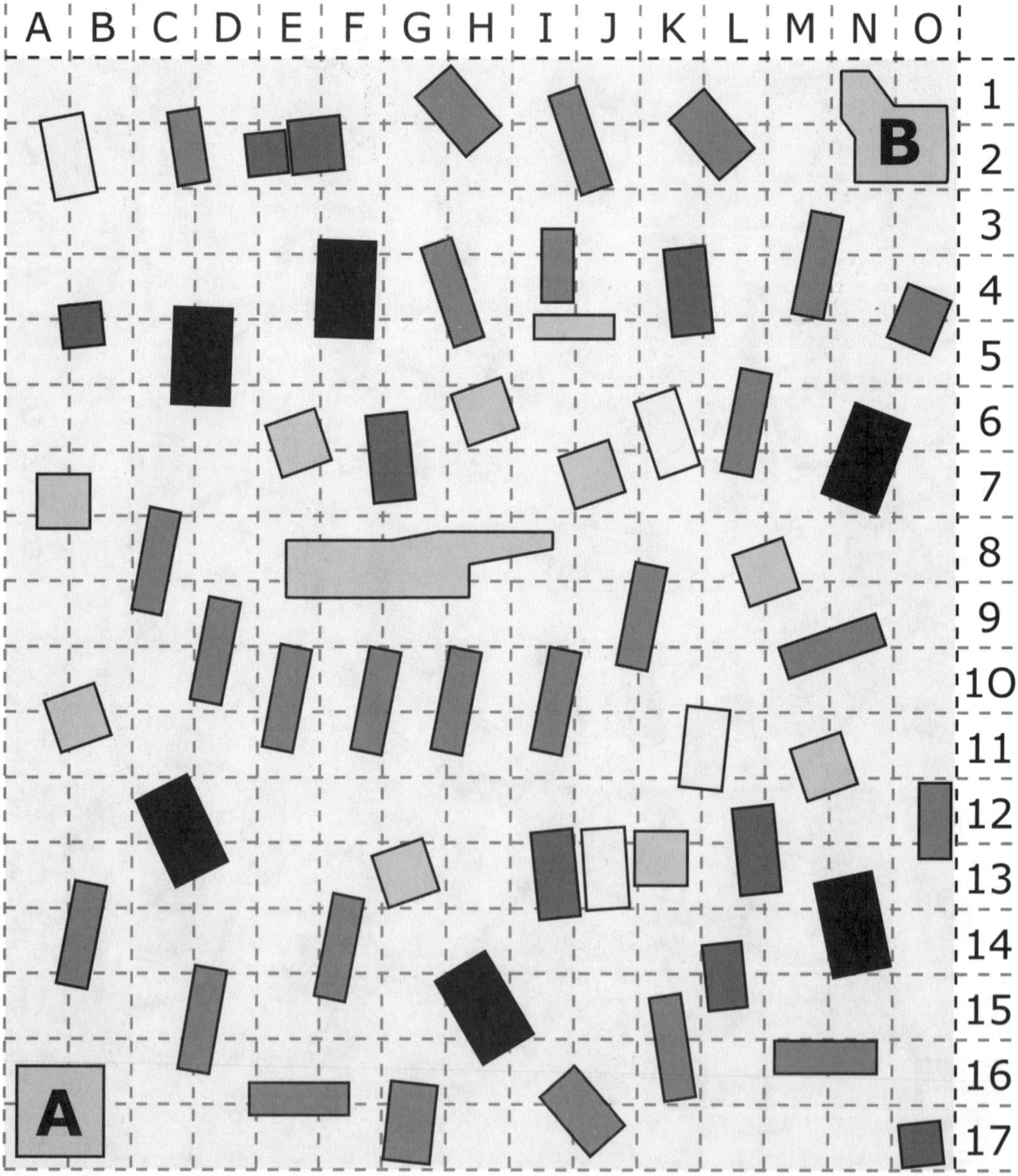

237a Bilderreihen merken

Je acht Bilder samt Nummerierung sollen Sie sich pro Teilaufgabe einprägen. Blättern Sie dann jeweils um und überprüfen Sie Ihre Merkfähigkeit.

a)

1

2

3

4

5

6

7

8

b)

1

2

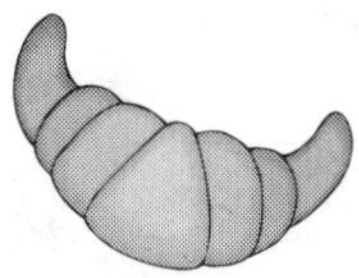

3

4

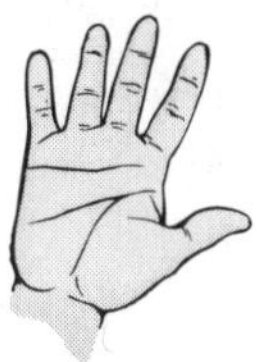

5

6

7

8

237b Bildreihen merken

Hier sind in jeder Seitenhälfte sechs von den jeweils acht Bildern dargestellt. Können Sie herausfinden, welche beiden fehlen? Tragen Sie die entsprechenden Feldnummern in die leeren Kästchen ein.

a)

b)

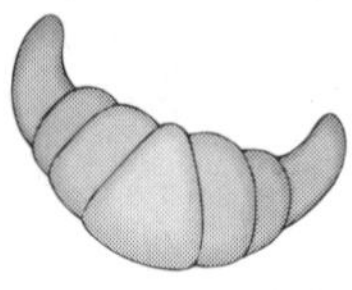

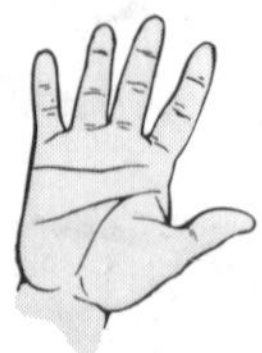

238a Anordnungen merken

Prägen Sie sich jeweils einen Kasten (beginnend mit der Nummer 1) gut ein. Dann blättern Sie um und suchen auf der Rückseite nach dem Kasten mit der gleichen Symbolanordnung.

1

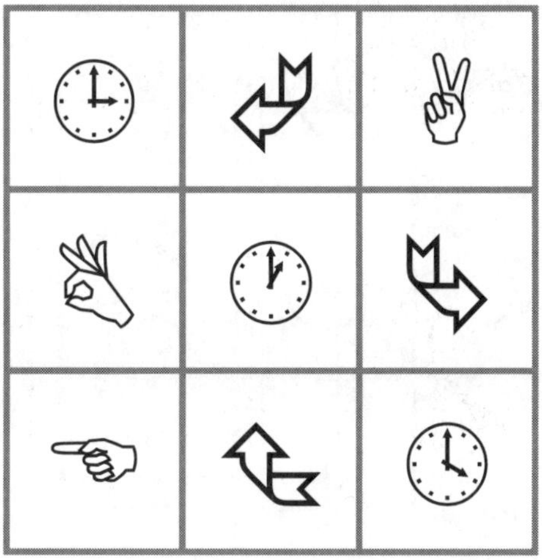

2

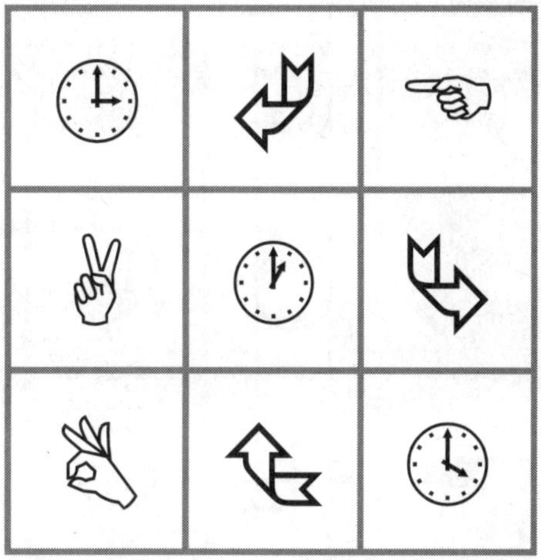

3

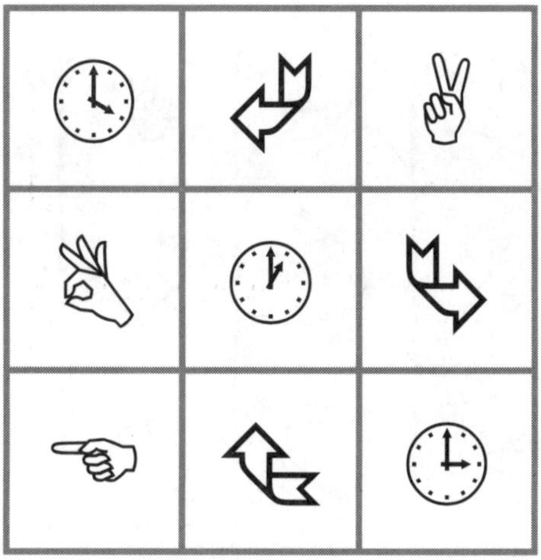

4

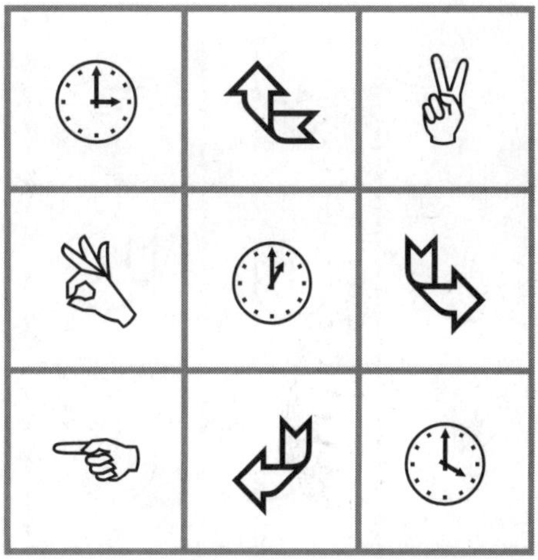

238b Anordnungen merken

Finden Sie hier jeweils den Kasten, den Sie sich auf der Vorderseite eingeprägt haben, und tragen Sie die entsprechende Nummer ins leere Feld ein.

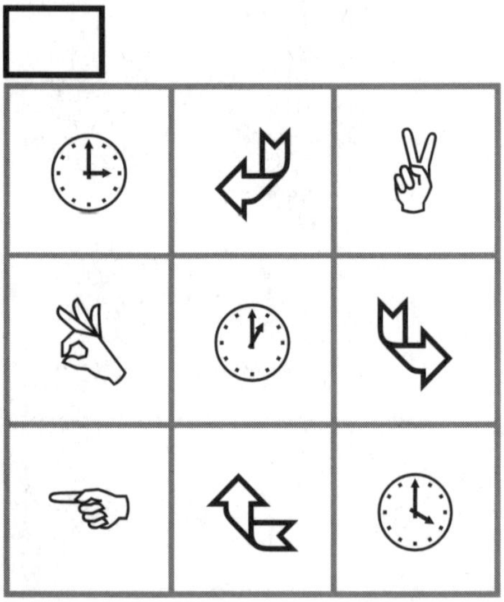

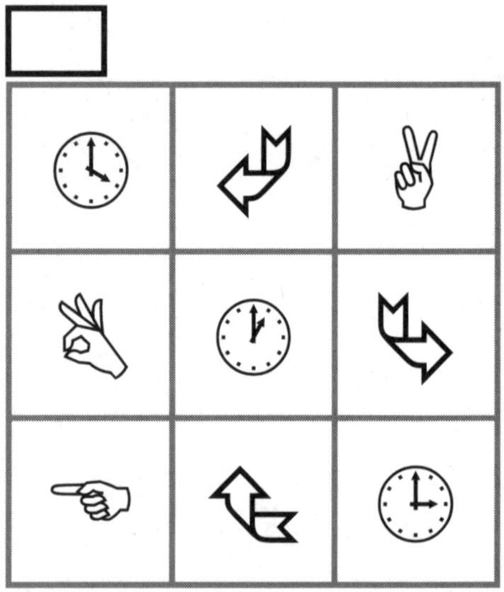

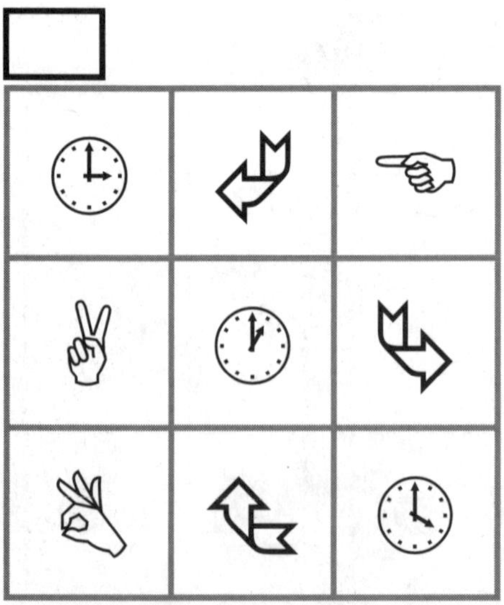

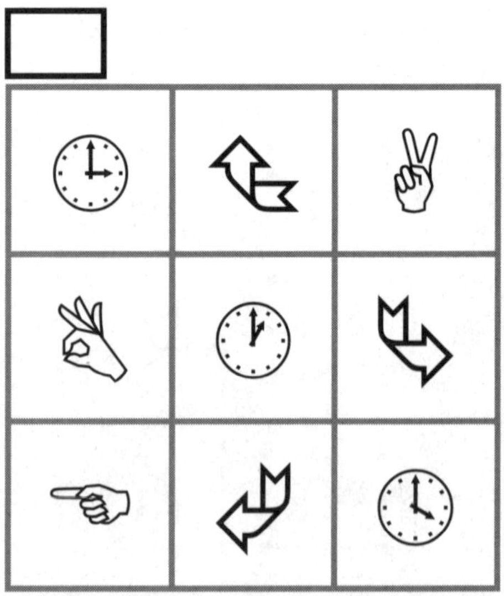

239a Beim Einkaufen

Prägen Sie sich die Buchstaben in diesem Bild gut ein. Merken Sie sich auch deren Position, denn auf der Rückseite sollen Sie die Buchstaben aus dem Gedächtnis wieder eintragen.

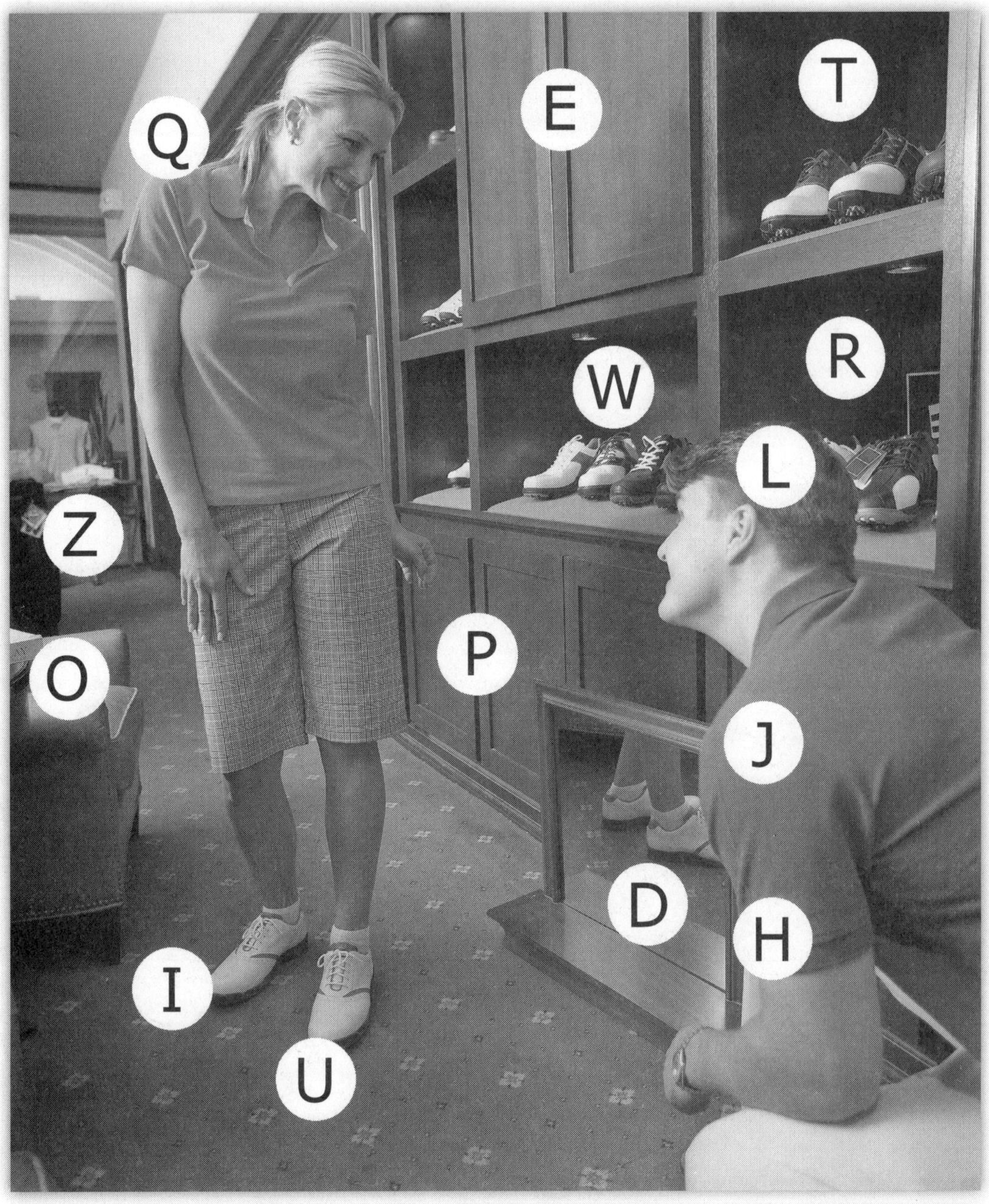

239b Beim Einkaufen

Tragen Sie hier die Buchstaben ein, die Sie sich auf der Vorderseite eingeprägt haben. Beachten Sie, dass das Bild nun gespiegelt ist.

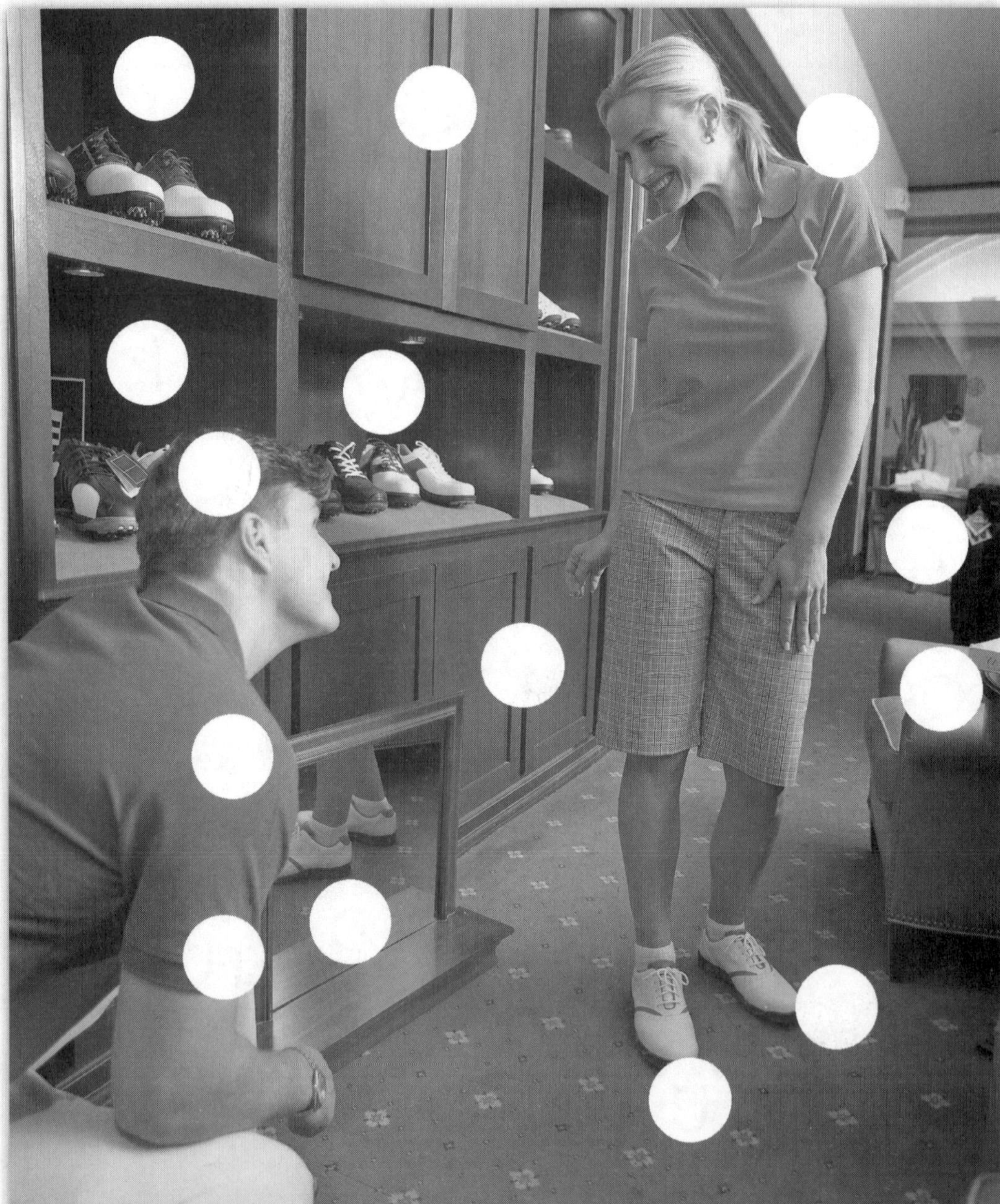

240a Rechnen mit Bildern

Prägen Sie sich zunächst alle Bilder und die dazugehörenden Zahlen ein. Nehmen Sie sich dafür genügend Zeit! Blättern Sie dann um auf die Rückseite.

	= 35		= 72		= 15
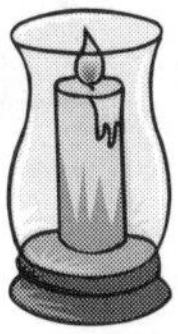	= 31		= 87		= 54
	= 94		= 79		= 40
	= 61		= 77		= 59

240b Rechnen mit Bildern

Berechnen Sie folgende Aufgaben, indem Sie gedanklich die Bilder durch die zugehörigen Zahlen austauschen.

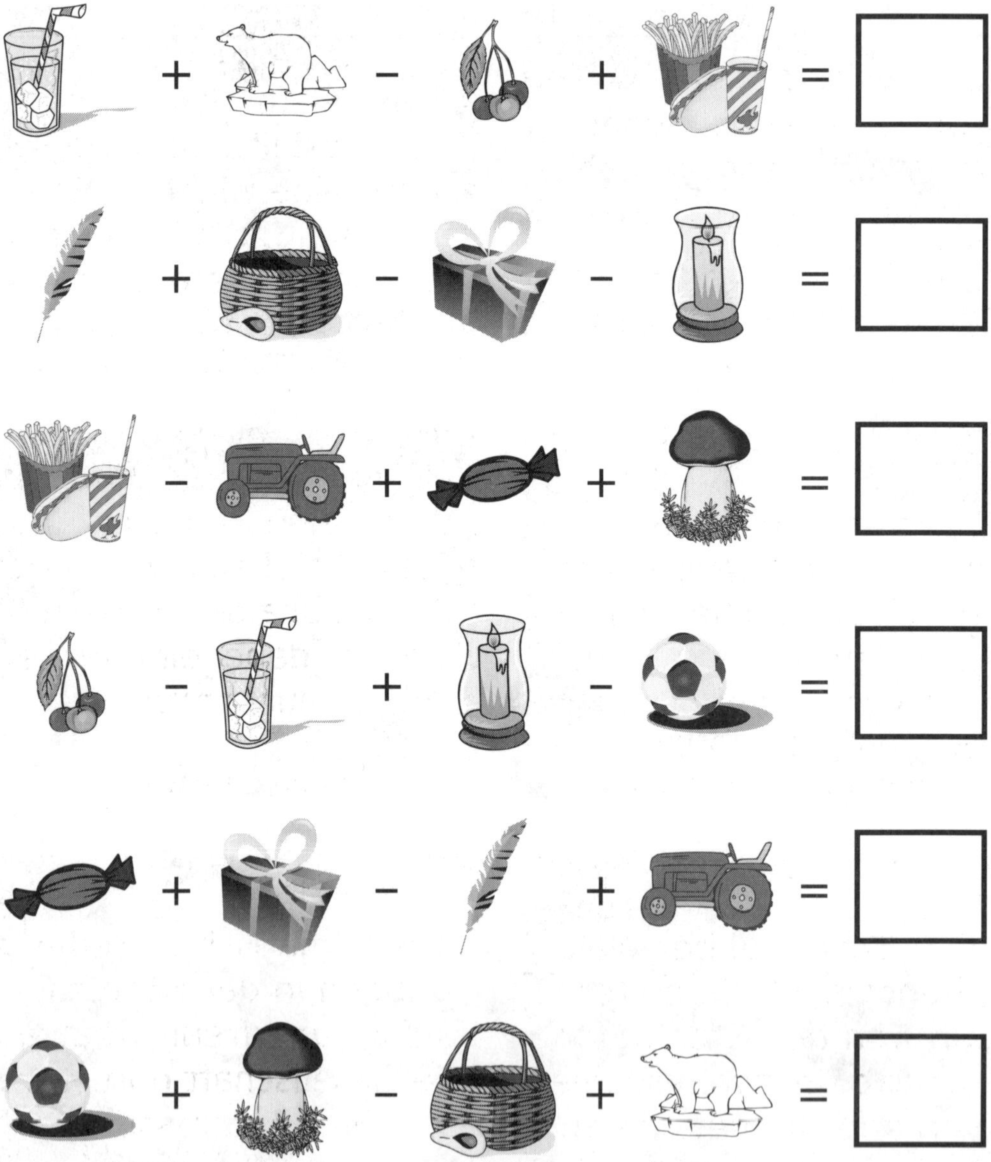

241a Sprüche merken

Sie sehen hier sechs Bilder, in die je ein Zitat hineingeschrieben wurde. Darunter erscheint jeweils der Name des Autors.
Prägen Sie sich diese Seite gut ein und blättern Sie dann um.

Tscheng I.

Cyril Northcote Parkinson

Edmond de Goncourt

Ronald Reagan

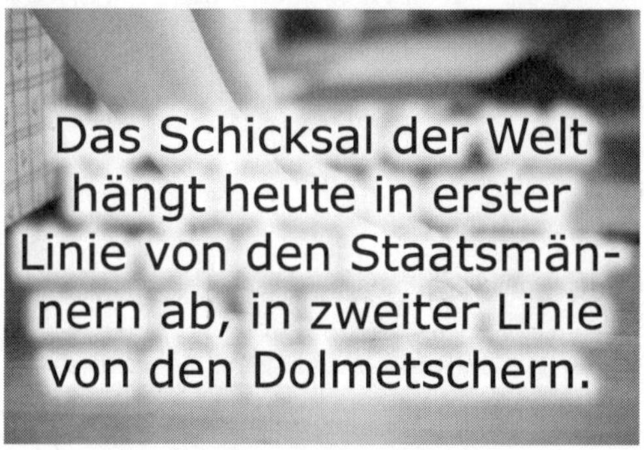

Trygve Halvdan Lie

Oscar Wilde

241b Sprüche merken

Tragen Sie hier die Zitate in die entsprechenden Bilder sowie darunter deren Verfasser ein.

242a Schwarze Flecken

Sehen Sie sich dieses Fleckenfeld an und merken Sie sich das Muster. Erinnert Sie dieses Bild möglicherweise an etwas? Versuchen Sie, fantasievolle Eselsbrücken zu bauen.
Blättern Sie dann um. Auf der Rückseite sollen Sie die schwarzen Bereiche wiederfinden.

242b Schwarze Flecken

Erinnern Sie sich, welche Bereiche schwarz waren? Vielleicht dachten Sie bei diesem Bild an ein Tier oder an einen Golfplatz, und es fällt Ihnen daher leichter, die ursprünglich schwarzen Bereiche zu bestimmen. Malen Sie diese so aus, dass die Darstellung wie auf der Vorderseite aussieht.

243a Krankheitserreger

Lesen Sie diesen Text einmal in Ruhe durch. Stellen Sie sich alle Einzelheiten bildlich vor und merken Sie sich möglichst viele davon.

Hat man sich angesteckt, leidet man an einer Infektionskrankheit. Ist die Krankheit durch Bakterien übertragen worden, kann als Therapie ein Antibiotikum (Mehrzahl „Antibiotika”) eingesetzt werden. Antibiotika sind natürliche Stoffwechselprodukte von Pilzen oder Bakterien, die das Wachstum anderer Mikroorganismen hemmen oder sie gar töten. Antibiotika wirken auf drei verschiedene Weisen: bakteriostatisch (verhindert die Vermehrung von Bakterien), bakterizid (Bakterien werden getötet, bleiben aber im Körper) oder bakteriolytisch (Bakterien werden getötet und deren Zellwände aufgelöst).

243b Krankheitserreger

Versuchen Sie nun, folgende Fragen zum Text zu beantworten.

1. Wie lautet die Einzahl von Antibiotika?

   Antwort:

2. Wogegen wirken Antibiotika?

   Antwort:

3. Antibiotika sind Stoffwechselprodukte welcher Organismen?

   Antwort:

4. Wie nennt man die Wirkungsweise, bei der eine Vermehrung der betreffenden Organismen verhindert wird?

   Antwort:

5. Wie nennt man die Wirkungsweise, bei der die Zellwände der betreffenden Organismen aufgelöst werden?

   Antwort:

244a Stammbaum

Können Sie sich diesen Familienstammbaum einprägen? Zugegeben, dieser hier ist schon sehr umfangreich. Sie dürfen sich zum Einprägen auch gern viel Zeit nehmen.

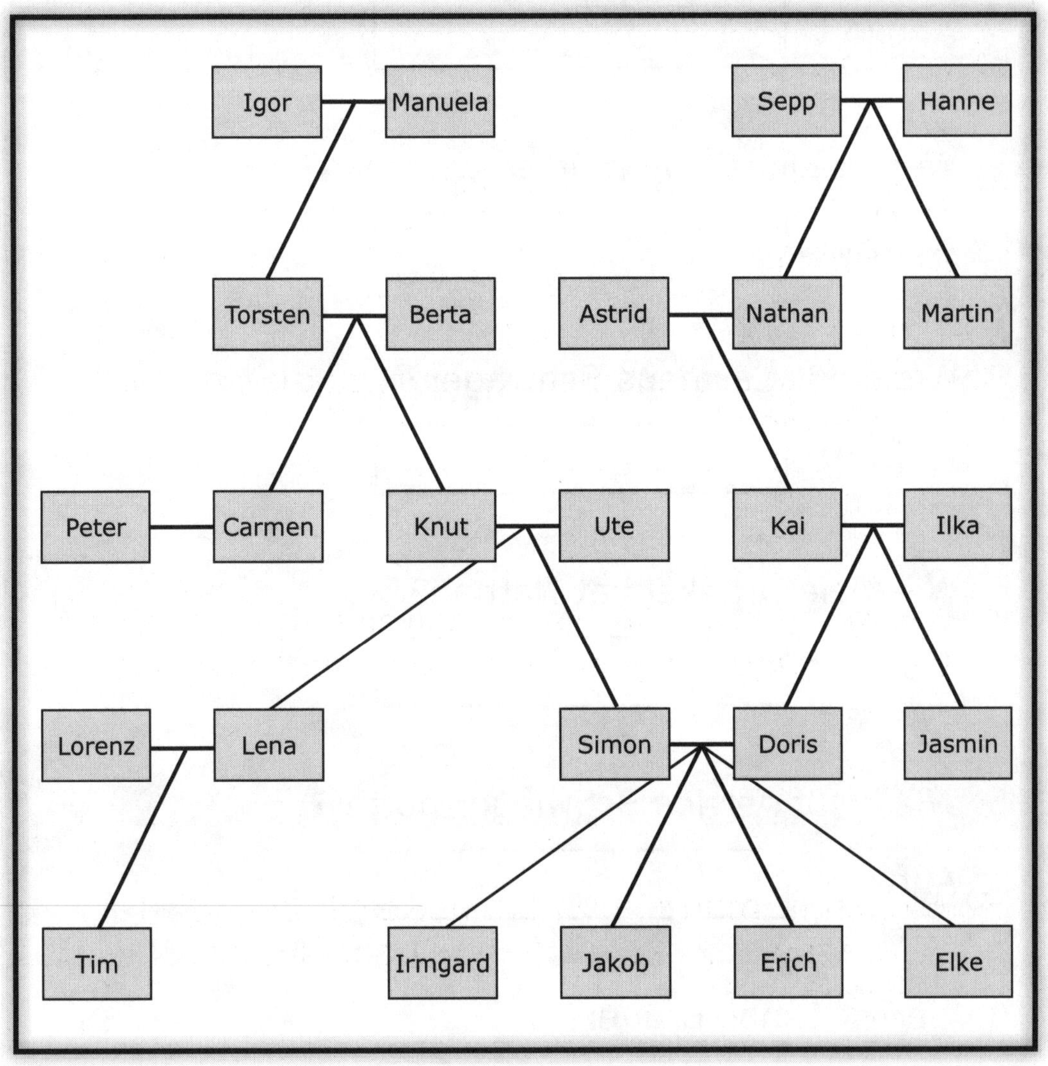

Horizontale Verbindungslinien bedeuten „verheiratet", von oben nach unten verlaufende Linien zeigen Eltern-Kind-Beziehungen an.

244b Stammbaum

Können Sie nun folgende Fragen zur Familie beantworten?

1. Wie viele Enkel hat Berta?

   Antwort:

2. Wer ist Elkes Opa mütterlicherseits?

   Antwort:

3. Wie heißt Carmens Schwager?

   Antwort:

4. Wie viele Urenkel hat Nathan?

   Antwort:

5. Wie heißt Astrids Schwiegermutter?

   Antwort:

6. Wer ist Lenas Bruder?

   Antwort:

245a Einkaufsliste

Prägen Sie sich die Liste mit den darin aufgeführten Gegenständen ein. Blättern Sie dann um.

- ➔ 1 Glas Erbsen
- ➔ 2 Dosen Mais
- ➔ 2,5 kg Kartoffeln
- ➔ 2 Dosen Bückling
- ➔ 200 g Salamiaufschnitt
- ➔ 200 g geriebener Gouda
- ➔ 10 Eier
- ➔ 1 x Nuss-Nugat-Krem
- ➔ 1 Pckg. Hustenbonbons
- ➔ 1 Pckg. Ofenanzünder
- ➔ 1 Kugelschreiber
- ➔ 1 Schreibblock DIN A4
- ➔ 1 Pckg. Familieneis
- ➔ 5 Fl. Weizenbier
- ➔ 1 Pckg. Kaugummis

245b Einkaufsliste

Erinnern Sie sich daran, was auf der Einkaufsliste stand?
Schreiben Sie alle Artikel in die Liste.

246a Lageplan

Betrachten Sie dieses Muster und prägen Sie sich die Lage der dunklen Felder genau ein.

246b Lageplan

Wissen Sie noch, welche Felder auf der Vorderseite dunkel waren? Die Buchstaben in diesen Feldern ergeben, der Reihe nach gelesen, ein Lösungswort.

N	B	R	F	V	C	H	E
S	D	G	M	J	K	P	I
T	R	T	U	B	A	I	L
A	E	N	N	D	O	Z	S
Q	C	W	X	B	R	H	V
K	M	I	W	A	L	G	D
K	R	E	H	S	C	O	R
L	J	T	E	D	T	F	E

Lösungssatz: _ _ _ _ _ _ _ _ _ -

_ _ _ _ _ _ _ _ _ _ _ _

Das Lösungswort finden Sie auf der letzten Seite des Buches.

247a Menü à la carte

Heute gibt es beim Inder folgendes Menü im Angebot:

Vorspeise1:
Knusprige Reiswaffeln mit Minz- und Tomatensoße

Vorspeise2:
Südindischer Snack, serviert auf einem Bananenblatt

Hauptspeise 1:
Hähnchenbrustfilet, geschmort, in köstlicher Kokosnusssoße

dazu:
Würzig gedünstete Kartoffeln mit Blumenkohl

Beilage:
Kokosnuss-Pilau mit geröstetem Sesam

Nachspeise 1:
Exotischer Milchreis mit Nüssen und Kardamom

Nachspeise 2:
Exotischer Malabar-Krabbencocktail

Läuft Ihnen schon das Wasser im Mund zusammen? Stellen Sie sich vor, wie gut (oder auch weniger gut) Ihnen die einzelnen Gänge schmecken.

247b Menü à la carte

Wissen Sie das heutige Menü noch?

Vorspeise1:

____

Vorspeise2:

____

Hauptspeise 1:

____

____

dazu:

____

Beilage:

____

Nachspeise 1:

____

Nachspeise 2:

____

248a Farbenfrohes Abstraktes

Abstraktes ist schwer vorstellbar. Vielleicht ist es mithilfe von Farben leichter. Prägen Sie sich bitte folgende Zuordnungen ein.

Aquamarines Glück

Dunkelgelber Mut

Goldener Widerspruch

Beige Ehrfurcht

Violette Sorgfalt

Hellgrüne Ruhe

Braunes Ende

Rauchweißer Zugang

Silberne Errungenschaft

Dunkelblaue Ursache

Himmelblaue Vergebung

Hellrote Gesundheit

248b Farbenfrohes Abstraktes

Kennen Sie noch die Farben und deren zugeordnete Begriffe? Das können Sie hier unter Beweis stellen.

1. Welche Farbe hat Ehrfurcht?
   Antwort:
2. Welcher Begriff ist rauchweiß?
   Antwort:
3. Welche Farbe hat die Ursache?
   Antwort:
4. Welcher Begriff ist aquamarin?
   Antwort:
5. Welche Farbe hat Gesundheit?
   Antwort:
6. Was ist violett?
   Antwort:
7. Welche Farbe hat Ruhe?
   Antwort:

249a Ähnliche Bilder

Sie sehen hier 16 ähnliche Bilder, denen je ein Buchstabe zugeordnet ist. Konzentrieren Sie sich auf die Besonderheit der jeweiligen Abbildung und finden Sie eine Eselsbrücke zwischen Bild und Buchstabe. Blättern Sie dann um.

W

H

R

O

N

E

P

Q

I

Z

L

T

Z

M

D

Ö

249b Ähnliche Bilder

Tragen Sie hier die fehlenden Buchstaben zum jeweiligen Bild ein.

250a Kranke Drillinge

Die Drillinge Arnd, Bernd und Christian kommen zum Arzt. Sie klagen über folgende Symptome:

Arnd: *„Ich habe Magenschmerzen."*

Bernd: *„Und ich Kopfschmerzen."*

Christian: *„Und ich hab das Schlimmste: Zahnschmerzen!"*

Arnd: *„Außerdem sind meine Halslymphknoten geschwollen."*

Bernd: *„Vom Handballspiel gestern tut mir jetzt der rechte Ellenbogen weh."*

Arnd: *„An meiner linken Ferse habe ich eine Blase vom Wandern."*

Bernd: *„Und ich habe eine Blase an meiner rechten Hand von der Herdplatte!"*

Christian: *„Meine Stimme ist belegt!"*

Arnd: *„Ich habe auch noch einen Sonnenbrand auf meiner Glatze."*

Christian: *„Ich habe mir den rechten Fuß wahrscheinlich verstaucht."*

Fühlen Sie sich in die Patienten ein und stellen Sie sich ganz konkret vor, wo genau die Beschwerden sind.

250b Kranke Drillinge

Wissen Sie noch, über welche Beschwerden die drei Patienten klagten? Zeigen Sie anhand je eines Pfeils die Stellen, die dem Arzt genannt wurden.

Arnd Bernd Christian

251a Kalender

In diesem Monat gab es einige Ereignisse, auf die lediglich mit einem Begriff hingewiesen wird. Merken Sie sich diese Begriffe und die entsprechenden Tage.

Montag	Dienstag	Mittwoch	Donnerstag	Freitag	Samstag	Sonntag
					1	2 **Gefahr**
3 **List**	4	5	6	7 **Treffen**	8	9 **Honig**
10	11 **Friseur**	12 **Glück**	13	14	15 **Verliebt**	16 **Traum**
17	18 **Magen**	19	20 **Herz**	21	22 **allein**	23
24	25 **Stress**	26 **Erfolg**	27	28	29	30 **Sonne**

251b Kalender

Haben Sie sich die Begriffe an den jeweiligen Tagen gemerkt? Dann beantworten Sie bitte folgende Fragen.

1. Welcher Wochentag hat die meisten Einträge?
   Antwort:

2. Welcher Wochentag hat genau drei Einträge?
   Antwort:

3. Welcher Begriff steht nach Friseur?
   Antwort:

4. Was kam am Tag vor dem Traum?
   Antwort:

5. Was folgte drei Tage nach allein?
   Antwort:

6. In welcher der fünf Kalenderwochen sind die meisten Vermerke?
   Antwort:

7. Welcher Begriff wurde vor dem Treffen notiert?
   Antwort:

252a Familienfeier

Zwölf Personen sitzen an einem runden Tisch. Können Sie sich vorstellen, wie sie sich miteinander unterhalten?

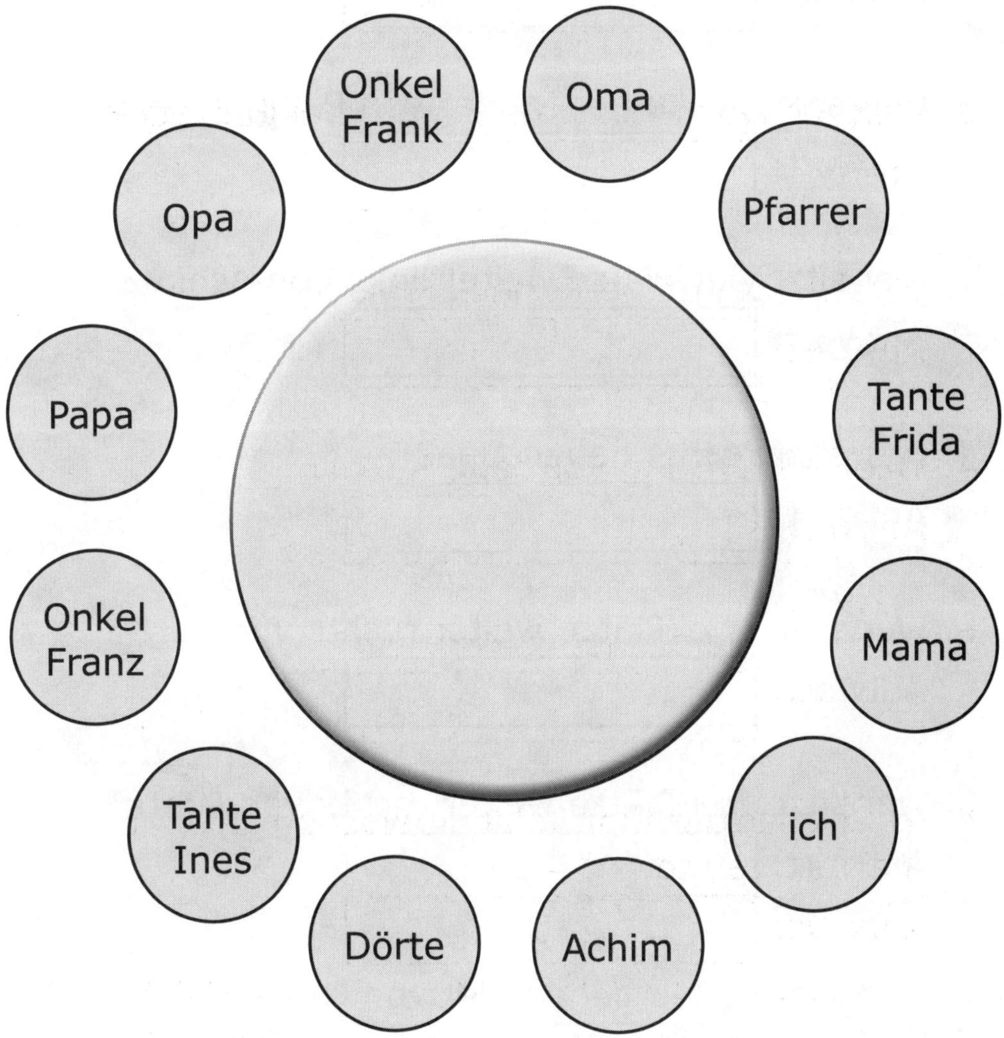

252b Familienfeier

Können Sie diese Fragen aus dem Gedächtnis beantworten?

1. Wer sitzt direkt links neben Onkel Franz?
   Antwort:

2. Wer sitzt genau gegenüber von Papa?
   Antwort:

3. Wer sitzt vier Plätze weiter links von Achim?
   Antwort:

4. Wer sitzt rechts neben Opa?
   Antwort:

5. Wer sitzt zwei Plätze weiter rechts von mir?
   Antwort:

6. Wer sitzt drei Plätze weiter rechts von Dörte?
   Antwort:

7. Wer sitzt genau gegenüber von Onkel Frank?
   Antwort:

253a Bildergruppe

Prägen Sie sich die 15 Bilder gut ein. Lösen Sie dann die Aufgabe auf der nächsten Seite.

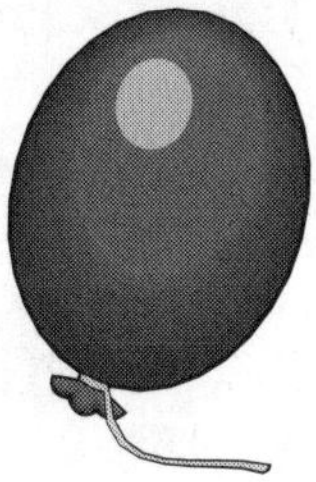

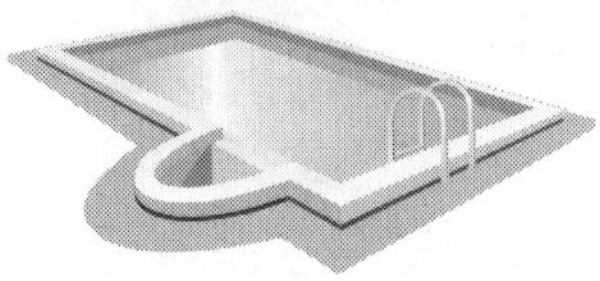
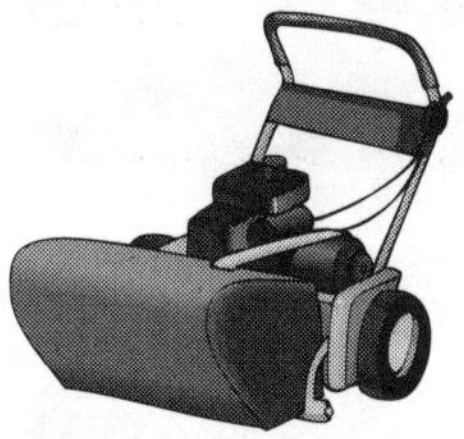

253b Bildergruppe

Von den 15 Bildern fehlen vier. Können Sie sie benennen?

254a Datensätze

In den folgenden Sätzen ist jeweils mindestens eine Zahl enthalten. Versuchen Sie, diese Zahlen mit dem Inhalt des Satzes bildlich zu verknüpfen, und prägen Sie sich diese ein.

- Die Riksamhita (Rig Veda) enthält 1.028 Hymnen in zehn Liederkreisen („Mandalas") mit insgesamt über 10.000 Versen.
- Badminton wird in mehr als 160 Nationen von über 14 Millionen Spielern wettkampfmäßig betrieben.
- Die BRD ebenso wie die DDR traten am 18. September 1973 als 133. und 134. Mitgliedstaat den Vereinten Nationen bei.
- Den höchsten Schaden aller Zeiten richtete im August 2005 Hurrikan Katrina mit etwa 125 Milliarden Dollar (84 Milliarden Euro) an, der Windgeschwindigkeiten von 250 bis 300 km/h erreichte.
- Von den etwa 32,7 Millionen Einwohnern leben 54,5 Prozent in den 30 größten Städten Kanadas.

254b Datensätze

Beantworten Sie nun bitte folgende Fragen.

1. Als wievielte Nation trat die DDR den Vereinten Nationen bei?
   Antwort:
2. Wie hoch ist der prozentuale Bevölkerungsanteil, der in den 30 größten Städten Kanadas lebt?
   Antwort:
3. Wie viele Hymnen enthält die Rig Veda?
   Antwort:
4. Wie viele Spieler betreiben Badminton wettkampfmäßig?
   Antwort:
5. Welchen materiellen Schaden (in Euro) richtete Katrina an?
   Antwort:
6. In wie vielen Nationen finden Badminton-Wettkämpfe statt?
   Antwort:

255a Bildertausch

Betrachten Sie die Symbole und merken Sie sich diese.
Auf der Rückseite haben jeweils zwei Paare ihre Plätze getauscht.
Diese sollen Sie bestimmen können.

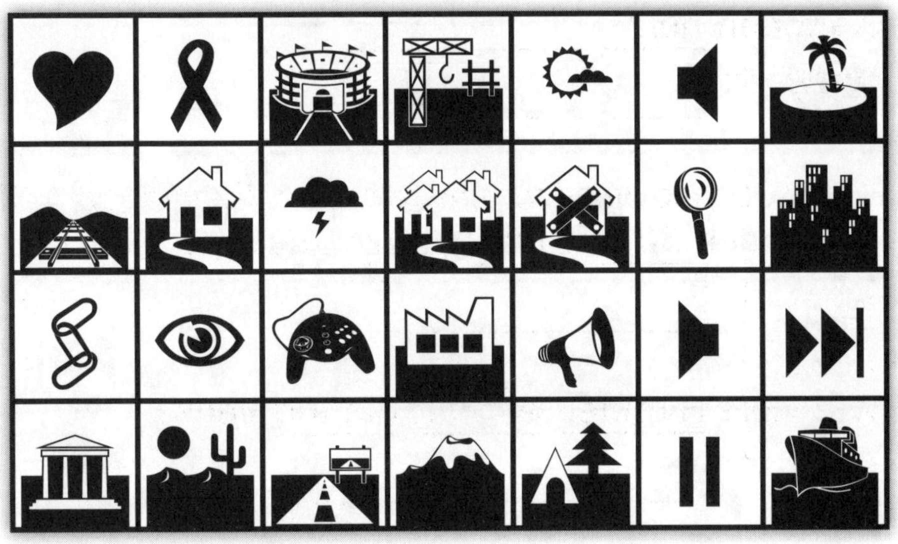

255b Bildertausch

Bestimmen Sie in jeder Hälfte, welche zwei Bilderpaare jeweils ihre Plätze getauscht haben. (Es sind also jeweils vier Symbole an einer anderen Stelle.)

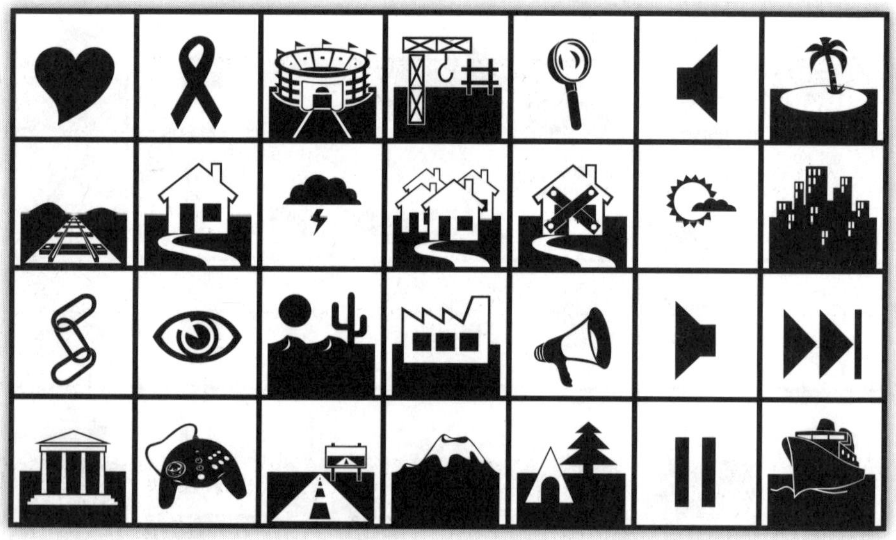

256a Personengedächtnis

Trainieren Sie Ihr Personengedächtnis und prägen Sie die Namen dieser 15 Personen ein. Suchen Sie in den Gesichtern nach äußeren Auffälligkeiten. Versuchen Sie eine Verknüpfung zwischen den optischen Merkmalen und dem Namen zu finden.

Margot Beier

Ralf Hut

Timo Pott

Ole Barst

Gabi Hoffner

Silke Speisil

Karen Fundell

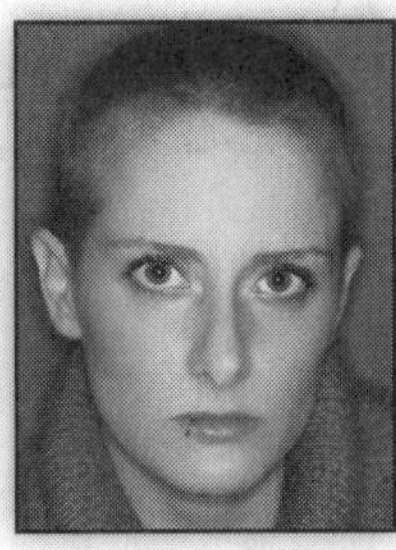

Tanja Rahn

Kurt Breigi

Miriam Weinert

Peter van Mees

Carmen Palego

Renate Kudezky

Tina Glück

Jörn Kaber

256b Personengedächtnis

Schaffen Sie es, alle Personen beim Namen zu nennen?

257a Abstrakte Kunst

Prägen Sie sich diese Skizze gründlich ein. Lassen Sie hierbei Ihrer Fantasie freien Lauf. Was könnte sie darstellen?

257b Abstrakte Kunst

Zeichnen Sie hier die Linien, so genau Sie können, aus der Erinnerung nach.

258a Stadt, Land, Fluss

Jede Tabelle besteht aus vier Oberbegriffen mit je sechs Unterbegriffen. Das Besondere dabei ist, dass alle Unterbegriffe verschiedene Anfangsbuchstaben haben. Dieser Umstand ist für die Lösung auf der Folgeseite von Bedeutung.
Lernen Sie nun bitte je eine Tabelle auswendig und blättern Sie dann um.

Land	Tier	Beruf	Gefühl
Namibia	Dachs	Jurist	Trauer
Belgien	Giraffe	Zahnarzt	Wut
Schweden	Qualle	Humorist	Ernst
Indien	Orang-Utan	Meier	Liebe
Ungarn	Vielfraß	Redakteur	Freude
Portugal	Kuh	Chauffeur	Angst

Fluss	Vorname	Währung	Sportart
Lippe	Carmen	Yen	Zehnkampf
Jangtse	Thomas	Dollar	Angeln
Rhein	Martin	Franken	Hochsprung
Ems	Ulf	Peso	Kajak
Nahe	Xaver	Gilden	Bowling
Iller	Olga	Schilling	Wasserski

258b Stadt, Land, Fluss

Können Sie sich daran erinnern, für welche Wörter die hier aufgelisteten Anfangsbuchstaben stehen? Schreiben Sie ins leere Feld den jeweils dazugehörigen Oberbegriff.

C:	O:
G:	A:
J:	N:
R:	H:
Q:	I:
W:	L:
S:	B:
E:	V:

O:	G:
R:	U:
K:	Z:
J:	N:
Y:	A:
C:	I:
H:	P:
F:	X:

259a Beobachtungsgabe

Betrachten Sie dieses Bild ganz genau. Prägen Sie sich möglichst viele Details davon ein.

259b Beobachtungsgabe

Im Folgenden lesen Sie mehrere Aussagen, die sich auf das Bild beziehen. Können Sie jeweils bestimmen, ob diese wahr (w) oder falsch (f) sind?

1. Auf dem Bett liegen mindestens sieben Kissen.

   Antwort: ☐

2. Auf einem Tisch leuchtet eine Lampe.

   Antwort: ☐

3. Vor dem Tisch steht ein Stuhl.

   Antwort: ☐

4. Im Regal sieht man viele Dinge, aber keine Bücher.

   Antwort: ☐

5. Der Fußboden ist mit Holzdielen ausgelegt.

   Antwort: ☐

6. Etwa in der Mitte des Regals erkennt man ein Foto von einem Mann.

   Antwort: ☐

7. Unter einem Notebook liegt eine Zeitung.

   Antwort: ☐

260a Zahlwörter

Diese Wortungetüme sind einfache Zahlwörter. Mit ihrer Hilfe schulen Sie Ihre Vorstellungskraft hinsichtlich Zahlen.
Lesen Sie jeweils ein Wort und merken Sie sich die Zahl, die damit ausgedrückt wird. Blättern Sie dann um und schreiben Sie die Zahl als normale Ziffernfolge.

A) Dreimilliardenzweihundertsechzigmillionen-vierhundertzweiunddreißigtausendsechs-hundertsiebenundneunzig

B) Siebenmilliardenfünfundneunzigmillionen-siebzehntausendachthundertfünfundsechzig

C) Zehnmilliardeneinhundertzwölfmillionen-sechshundertsiebenundsiebzigtausend-zweihundertdreiundneunzig

D) Siebenhundertsechsundachtzigmilliarden-neunhundertvierundzwanzigmillionenacht-hundertfünfundfünfzigtausendvierhundert-vierundachtzig

260b Zahlwörter

Schreiben Sie hier die Zahlen in die leeren Felder.

A)

B)

C)

D)

261a Tagebuch

Hier wurde ganz genau Tagebuch geführt. Alles, was an diesem Tag interessant war, wurde minutiös festgehalten. Prägen Sie sich diese Ereignisse gut ein. Stellen Sie sich diese möglichst lebendig vor und finden Sie eine fantasievolle Verknüpfung mit der jeweiligen Uhrzeit.

Donnerstag, 15. September 2005
Elf Ereignisse:

🕘	07:14 Uhr:	Heftig am Kaffee verschluckt
🕘	09:04 Uhr:	U-Bahn verpasst
🕘	10:11 Uhr:	Konferenz verpasst
🕘	12:16 Uhr:	Kantinenessen ungenießbar
🕘	12:23 Uhr:	Zwei Tafeln Schokolade vertilgt
🕘	14:01 Uhr:	Tablette gegen übersäuerten Magen
🕘	16:57 Uhr:	Vorzeitiger Feierabend
🕘	17:25 Uhr:	Tai Chi zur Entspannung
🕘	18:10 Uhr:	Salat zum Abend
🕘	19:31 Uhr:	Aktien verkauft
🕘	19:49 Uhr:	Aktien doch wieder gekauft

261b Tagebuch

Wenn Sie sich die Ereignisse gut eingeprägt haben, fallen Ihnen sicher zu den folgenden Stichwörtern die dazugehörenden Uhrzeiten ein.

ungenießbar: _ _ : _ _ Uhr

Tablette: _ _ : _ _ Uhr

zwei Tafeln: _ _ : _ _ Uhr

Magen: _ _ : _ _ Uhr

vorzeitig: _ _ : _ _ Uhr

Tai Chi: _ _ : _ _ Uhr

gekauft: _ _ : _ _ Uhr

verschluckt: _ _ : _ _ Uhr

Salat: _ _ : _ _ Uhr

Konferenz: _ _ : _ _ Uhr

verkauft: _ _ : _ _ Uhr

verpasst: _ _ : _ _ Uhr

vertilgt: _ _ : _ _ Uhr

262a Wörter = Zahlen

Prägen Sie sich die 13 Wörter mitsamt den dazugehörigen Zahlen gut ein. Versuchen Sie in Ihrer Fantasie, eine Verknüpfung zwischen Zahl und Begriff zu konstruieren.

Saft	=	51
Tapete	=	82
Raubkatze	=	26
Schmetterling	=	38
Nebel	=	42
Liane	=	71
Kraftwerk	=	90
Zitronenbaum	=	15
Polizeistreife	=	40
Marktbude	=	53
Andacht	=	20
Turnstunde	=	14
Verzicht	=	67

262b Wörter = Zahlen

Je zwei Wörter stehen sich hier gegenüber. Welches Wort davon gehört zur größeren Zahl? Notieren Sie entsprechend ein „>“ oder ein „<“ in das Kästchen.

Turnstunde	☐	Raubkatze
Nebel	☐	Liane
Zitronenbaum	☐	Verzicht
Polizeistreife	☐	Saft
Schmetterling	☐	Turnstunde
Kraftwerk	☐	Marktbude
Saft	☐	Schmetterling
Andacht	☐	Polizeistreife
Tapete	☐	Zitronenbaum
Liane	☐	Marktbude
Verzicht	☐	Kraftwerk
Raubkatze	☐	Schmetterling
Polizeistreife	☐	Nebel
Tapete	☐	Zitronenbaum
Marktbude	☐	Andacht

263a Bildertabelle

Prägen Sie sich diese 25 Bilder und deren exakte Lage ein.
Merken Sie sich auch die dazugehörigen Koordinaten.

	1	2	3	4	5
A	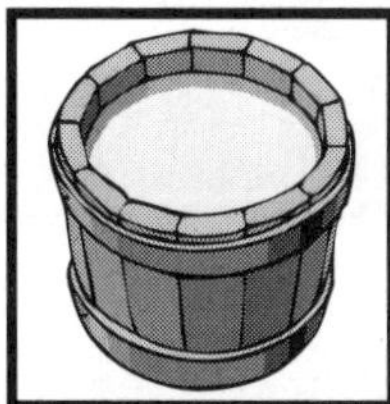				
B	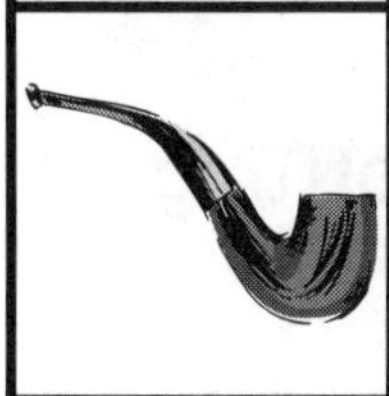	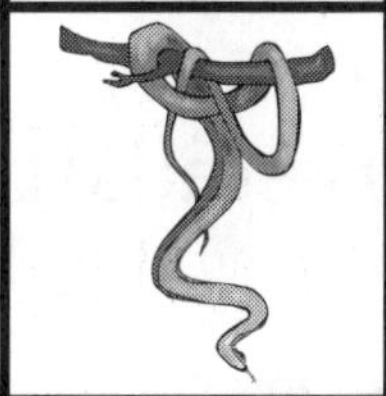			
C	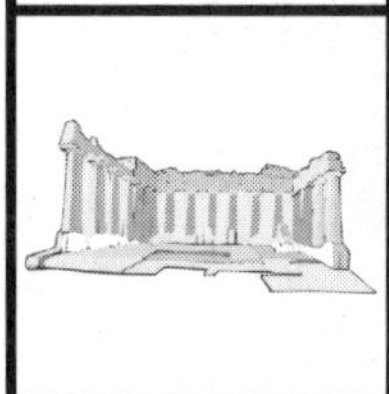				
D					
E					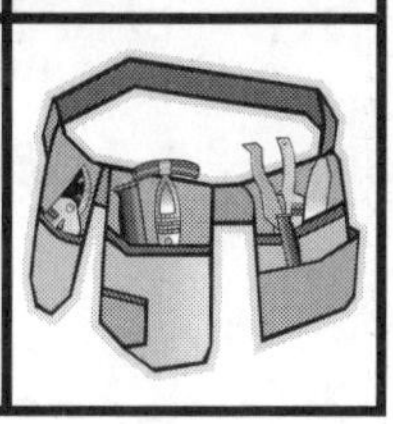

263b Bildertabelle

Die folgenden Sätze sind Hinweise, die sich auf jeweils ein Bild beziehen. Sie müssen daher zunächst erkennen, welches Bild gemeint ist. Dann tragen Sie die Lage des entsprechenden Bildes ein.

1. Hat ein „typischer" Seemann stets im Mund.

   Lage: ☐

2. Braucht man für ein Spiegelei.

   Lage: ☐

3. Gehört zu einer Handwerkerausstattung.

   Lage: ☐

4. Ein Vorgänger der Blu-ray Disc.

   Lage: ☐

5. Freizeitvergnügen zum Umfallen.

   Lage: ☐

6. Dort wird (bzw. wurde früher) Mehl erzeugt.

   Lage: ☐

7. Accessoire eines Zauberers.

   Lage: ☐

264a Kanadische Eisenbahn

Lesen Sie diesen Text einmal in Ruhe durch und merken Sie sich möglichst viel.

Die Canadian Pacific Railway (CPR) ist eine Eisenbahngesellschaft mit einem fast 22.300 Kilometer langen normalspurigen Streckennetz in Kanada und den USA. Der Sitz des an der Toronto Stock Exchange im S&P/TSX 60 gelisteten Unternehmens befindet sich in Calgary. Die Hauptstrecke der Gesellschaft, die zwischen 1881 und 1885 erbaute transkontinentale Verbindung, verläuft zwischen Montreal im Osten und Vancouver im Westen. Mit dem Bau der Strecke wurde ein Versprechen an die Provinz British Columbia erfüllt, das 1871 der Kanadischen Konföderation beigetreten war und eine Verkehrsverbindung in den Osten des Landes gefordert hatte. Die Strecke trug wesentlich zur Besiedlung der kanadischen Prärieprovinzen Alberta, Manitoba und Saskatchewan bei. Heute betreibt die Canadian Pacific Railway ausschließlich Güterverkehr, nachdem der Passagierverkehr 1978 an VIA Rail übertragen wurde.

264b Kanadische Eisenbahn

Versuchen Sie nun, folgende Fragen zum Text zu beantworten.

1. Wie lang ist das Streckennetz der CPR?

   Antwort:

2. In welcher Stadt hat die Gesellschaft ihren Sitz?

   Antwort:

3. Zwischen welchen beiden Städte verläuft die Hauptstrecke?

   Antwort:

4. Welche Provinz ist 1871 der Kanadischen Konföderation beigetreten?

   Antwort:

5. In welchem Zeitraum wurde die transkontinentale Verbindung erbaut?

   Antwort:

6. Wem wurde 1978 der Passagierverkehr übertragen?

   Antwort:

265a Angst vorm Zahnarzt?

Prägen Sie sich die Zahlen in diesem Bild gut ein. Merken Sie sich auch deren Position, denn auf der Rückseite sollen Sie die Zahlen aus dem Gedächtnis wieder eintragen.

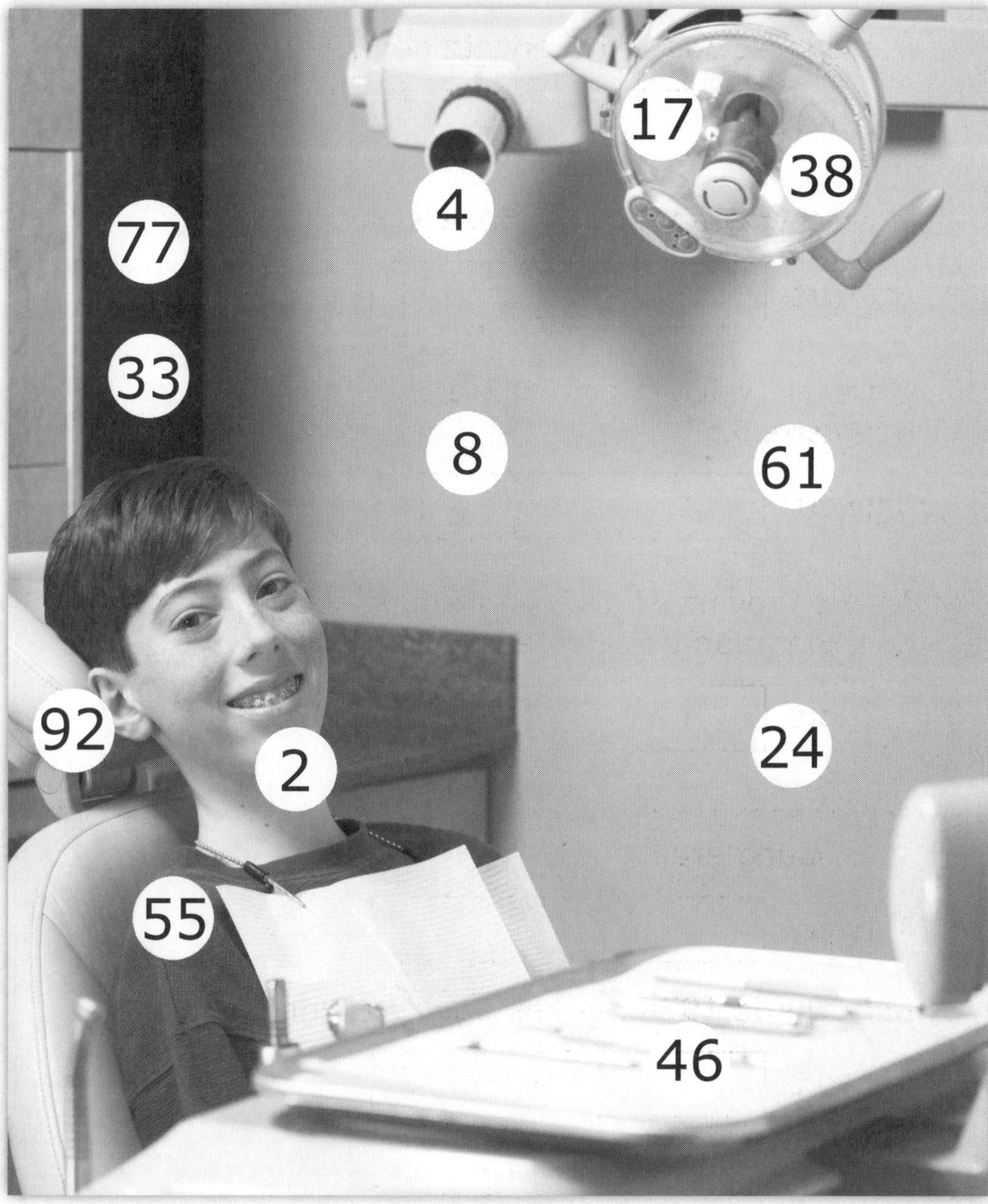

265b Angst vorm Zahnarzt?

Tragen Sie hier die Zahlen ein, die Sie sich auf der Vorderseite eingeprägt haben. Beachten Sie, dass das Bild nun gespiegelt ist.

266a Dingliches Allerlei

Prägen Sie sich folgende Gegenstände ein. Versuchen Sie in Ihrer Vorstellung ein Bild zu erstellen, das all diese Dinge enthält.

Vogelscheuche

Straßenlaterne

Zahnpasta

Fingerhut

Flugzeug

Straßenkarte

Salzstreuer

Videokamera

Gartenzaun

Bananen

Leuchtreklame

Kaffeemaschine

Spielkarten

Avocado

Wäscheklammer

Bergspitze

Friedenspfeife

Kaminofen

Bücherregal

Bassist

Staubsauger

Fieberthermometer

Kaffeetasse

Sandstrand

Sonnenblume

266b Dingliches Allerlei

Streichen Sie hier alle Gegenstände, die nicht auf der Vorderseite aufgeführt sind.

267a Das Karussell

Lesen Sie dieses Gedicht zweimal so aufmerksam wie möglich. Achten Sie dabei besonders auf den Klang der Wörter und Reime.

Mit einem Dach und seinem Schatten dreht
sich eine kleine Weile der Bestand
von bunten Pferden, alle aus dem Land,
das lange zögert, eh es untergeht.
Zwar manche sind an Wagen angespannt,
doch alle haben Mut in ihren Mienen;
ein böser roter Löwe geht mit ihnen
und dann und wann ein weißer Elefant.

Sogar ein Hirsch ist da, ganz wie im Wald,
nur dass er einen Sattel trägt und drüber
ein kleines blaues Mädchen aufgeschnallt.
Und auf dem Löwen reitet weiß ein Junge
und hält sich mit der kleinen heißen Hand,
dieweil der Löwe Zähne zeigt und Zunge.

Und dann und wann ein weißer Elefant.
Und auf den Pferden kommen sie vorüber,
auch Mädchen, helle, diesem Pferdesprunge
fast schon entwachsen; mitten in dem Schwunge
schauen sie auf, irgendwohin, herüber -
Und dann und wann ein weißer Elefant.

Und das geht hin und eilt sich, dass es endet,
und kreist und dreht sich nur und hat kein Ziel.
Ein Rot, ein Grün, ein Grau vorbeigesendet,
ein kleines kaum begonnenes Profil.
Und manches Mal ein Lächeln, hergewendet,
ein seliges, das blendet und verschwendet
an dieses atemlose blinde Spiel ...

Dieses Gedicht „Das Karussell" entstammt der Feder von Rainer Maria Rilke.

267b Das Karussell

Klingen Ihnen die Verse noch in den Ohren? – Dann können Sie hier sicher herausfinden, welche dieser folgenden Teilsätze nicht aus dem eben Gelesenen stammen.

- ☐ ein Grau vorbeigesendet
- ☐ dreht sich im Kreise
- ☐ Mut in ihren Mienen
- ☐ alle aus dem Dorfe
- ☐ fast schon entwachsen
- ☐ sogar ein Elefant ist da
- ☐ Sattel trägt und drüber
- ☐ eh es untergeht
- ☐ dreht sich nur ganz ohne Ziel
- ☐ einem Dach und seinem Schatten

268a Verfremdete Bilder

Prägen Sie sich diese zwölf Bilder möglichst gut ein. Beachten Sie dabei auch Umrisse, Formen und kontraststarke Bereiche.

268b Verfremdete Bilder

Die zwölf Bilder der Vorderseite wurden verändert und an eine andere Stelle gesetzt. Können Sie bestimmen, welche Grafik aus welchem Originalbild stammt?

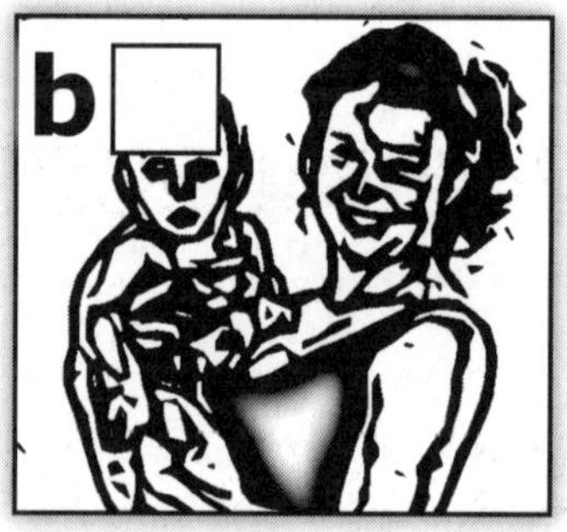

269a Zahlengedächtnis

Lernen Sie je eine Zahl auswendig. Versuchen Sie dabei, Eselsbrücken zu finden, also gedankliche Verknüpfungen mit etwas, das Sie bereits kennen. Blättern Sie dann um und lösen Sie die Aufgabe auf der Rückseite.

A → 56265986532543

B → 415418495604856

C → 505234879875748

D → 3765985421485746

E → 15948162301978451

F → 265329458712515014

G → 63295687445784098791

269b Zahlengedächtnis

Sind hier exakt die gleichen Zahlen zu sehen wie auf der Vorderseite? Oder wurden manche Ziffern ausgewechselt? Überprüfen Sie dies aus dem Gedächtnis und kreuzen Sie die falschen Ziffern an.

A → 56265986532543

B → 514518495604856

C → 505234987875748

D → 3765985421485746

E → 15948163021978451

F → 265329458712616014

G → 63285697445784098791

270a Gewerbegebiet

Können Sie sich diesen Plan einprägen? Stellen Sie sich vor, Sie würden dieses Gebiet mit dem Fahrrad abfahren. Auch die Straßenbezeichnungen eignen sich für bildhafte Verknüpfungen.

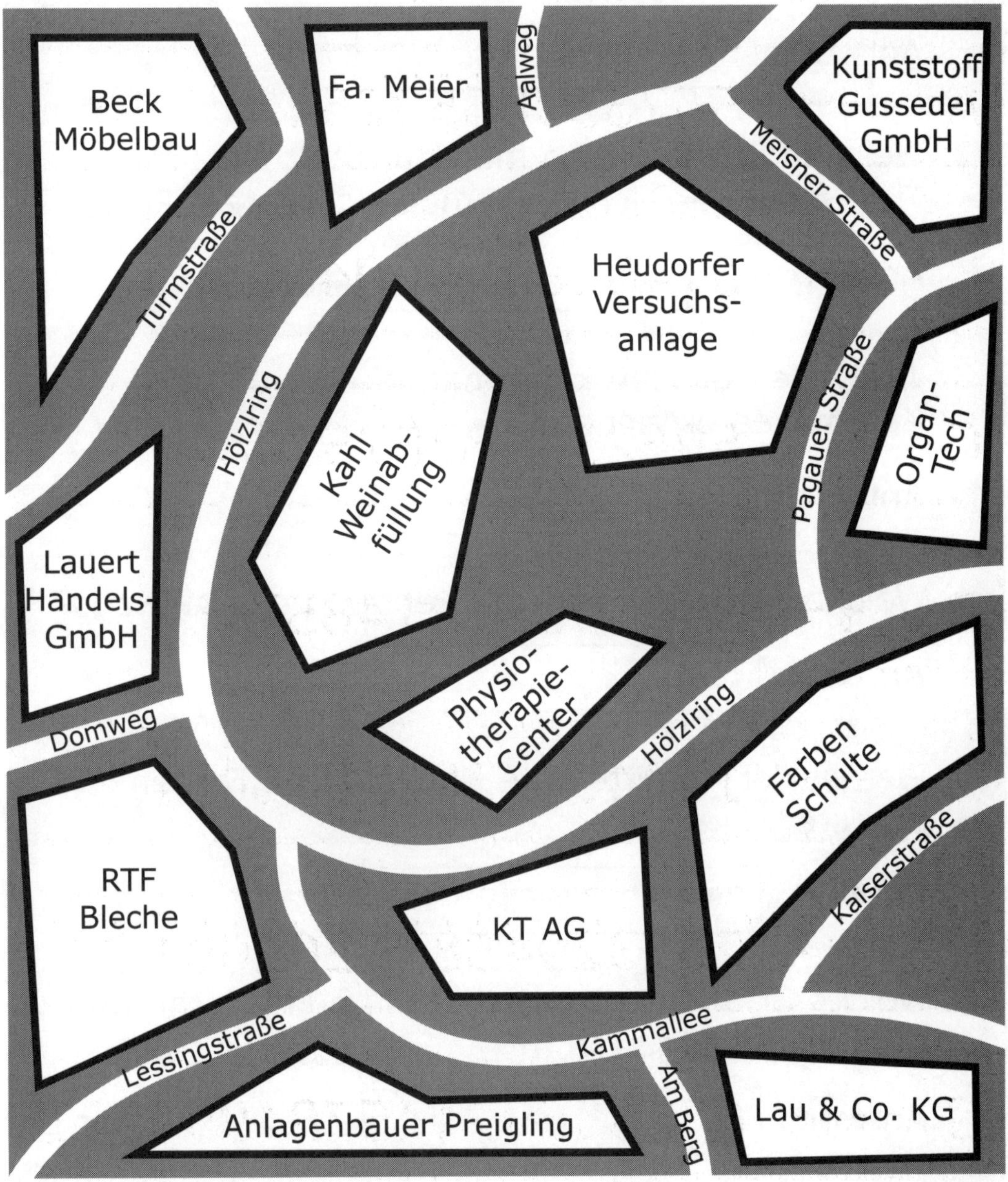

270b Gewerbegebiet

Beantworten Sie folgende Fragen frei aus dem Gedächtnis.

1. An welcher Straße liegt die Firma Kahl?

   Antwort: ______

2. Welchen Betrieb kann man nur über die Turmstraße erreichen (gemäß sichtbarem Plan)?

   Antwort: ______

3. Wie viele Betriebe kann man direkt von der Kammallee erreichen?

   Antwort: ______

4. Welche Firma passiert man entlang des Aalwegs?

   Antwort: ______

5. Wer ist der unmittelbare Nachbar von Farben Schulte?

   Antwort: ______

6. Welche Straße liegt zwischen dem Physiotherapie-Center und OrganTech?

   Antwort: ______

271a Schwarz-grau-weiß

Dieses Muster aus schwarzen, grauen und weißen Feldern sollen Sie sich hier einprägen. Können Sie darin etwas erkennen? Vielleicht ein Zeichen, ein Bild oder sonst eine Bedeutung?

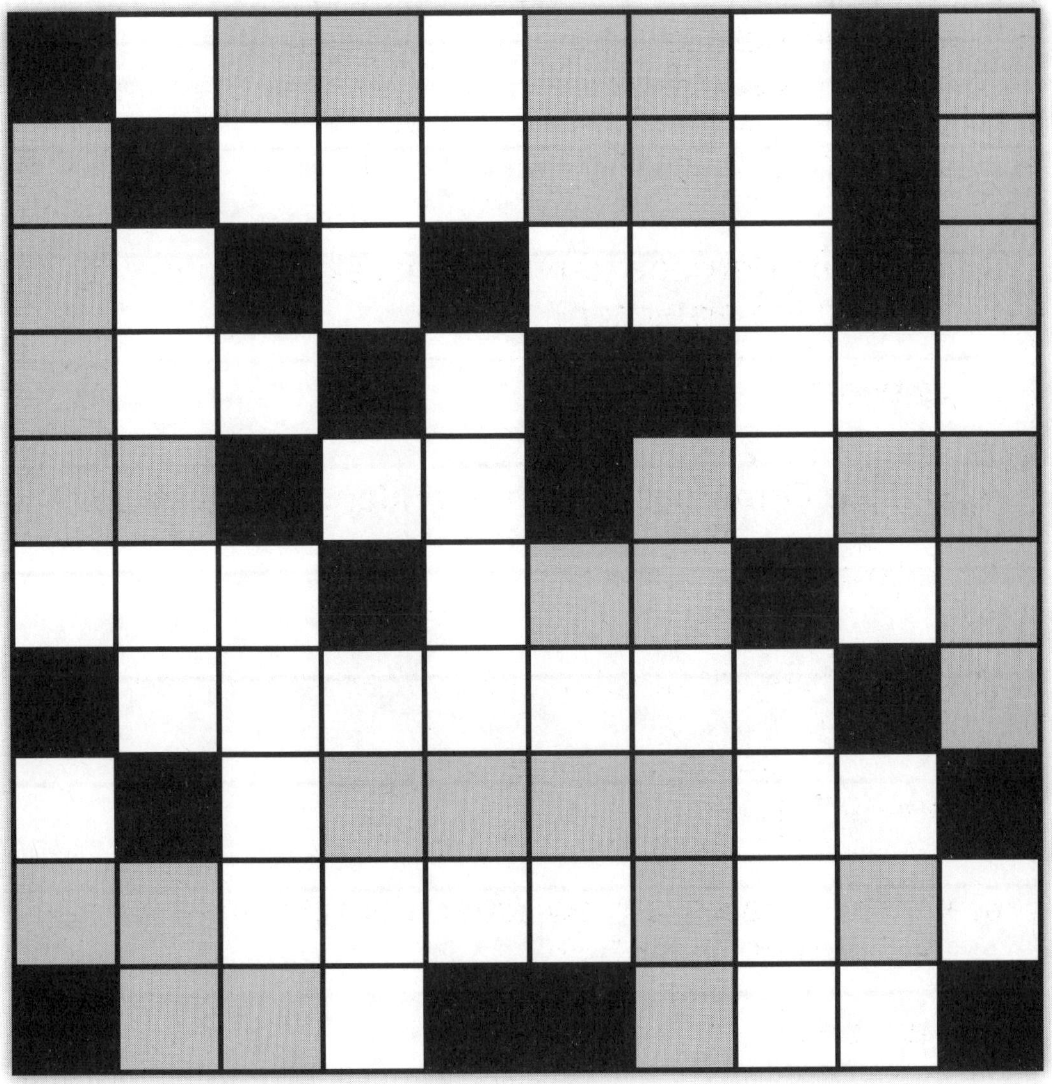

271b Schwarz-grau-weiß

Malen Sie hier die richtigen Felder schwarz bzw. grau aus, damit die gleiche Grafik erscheint wie auf der Vorderseite.

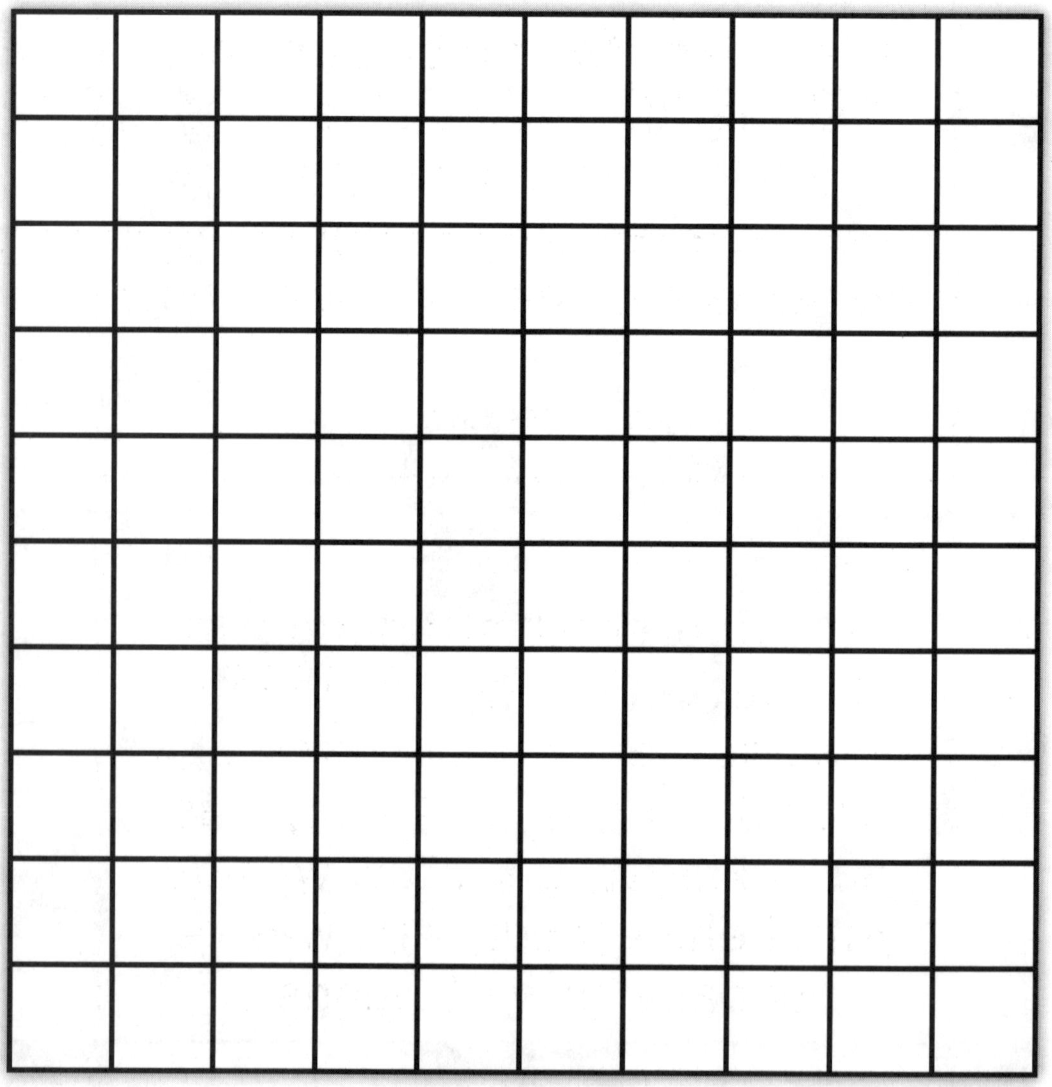

272a In einem Satz

Lernen Sie jeweils einen Satz auswendig und lösen Sie dann die Aufgabe auf der Folgeseite.

Für einen Maler gibt es nichts Schwierigeres, als eine Rose zu malen, denn dazu muss er zuerst alle Rosen vergessen, die jemals gemalt worden sind.

Henri Matisse (1869-1954), frz. Maler

Der Zuhörer ist nur dann wirklich gewonnen, wenn er liebt, was du versprichst, fürchtet, was du androhst, hasst, was du anklagst, gern tut, was du empfiehlst, bedauert, was du bedauernswert nennst.

Aurelius Augustinus (354-430), Bischof u. Kirchenlehrer

272b In einem Satz

Wiederholen Sie jeweils den gerade gelernten Satz, jedoch rückwärts. Beginnen Sie also mit dem letzten Wort.

273a Schöne Gesichter

Die Gesichter von sechs Damen sollen Sie hier bis ins Detail studieren. Auf der Folgeseite sollen Sie sie anhand kleiner Ausschnitte wiedererkennen.

Emma

Gabi

Tamara

Corinna

Svenja

Ursula

273b Schöne Gesichter

Können Sie die Kopfausschnitte der jeweiligen Dame zuordnen?

Emma

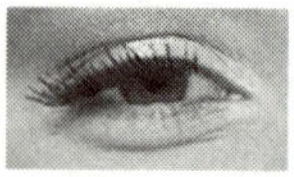

Ursula

Gabi

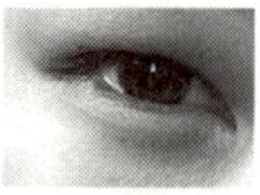

Svenja

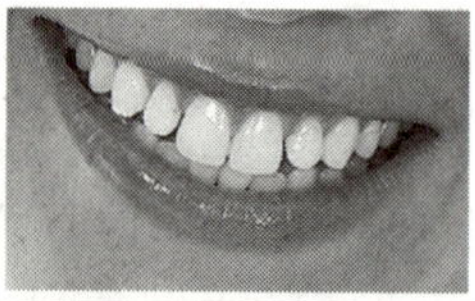

Corinna

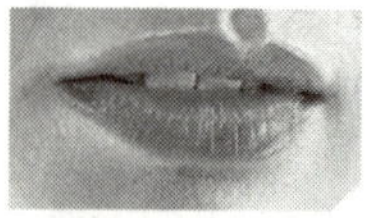

Tamara

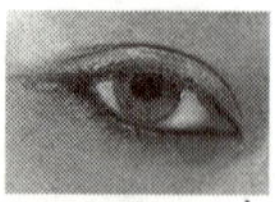

Tamara

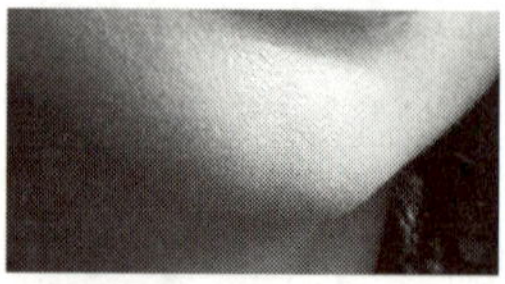

Gabi

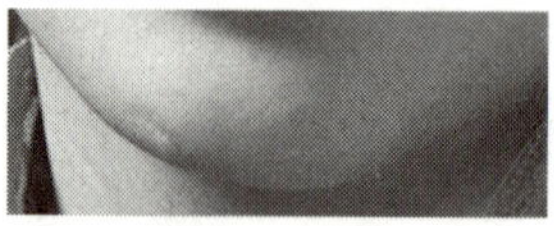

Svenja

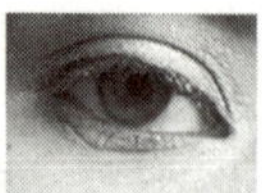

Gabi

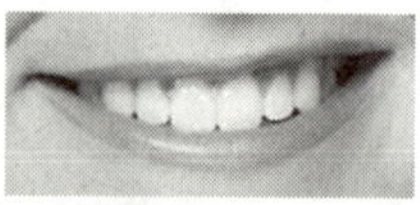

Ursula

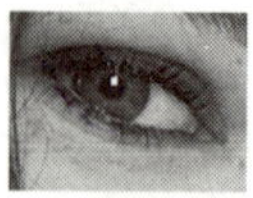

Corinna

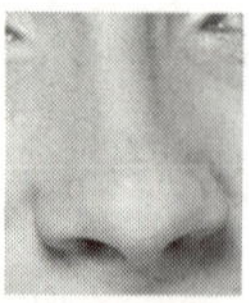

Tamara

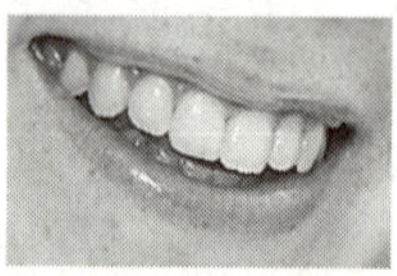

Emma

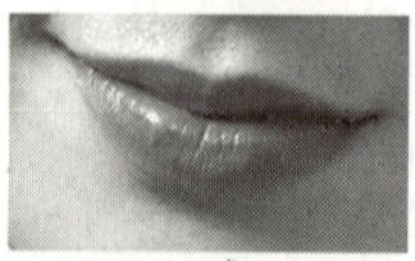

Svenja

274a Vor fast hundert Jahren

Lesen Sie diesen Text einmal langsam durch und versuchen Sie, sich möglichst viele Einzelheiten einzuprägen.

Der Erste Weltkrieg war ein Krieg, der von 1914 bis 1918 in Europa, dem Nahen Osten, Afrika und Ostasien geführt wurde und über neun Millionen Menschenleben forderte. Er wurde zunächst zwischen den Mittelmächten Deutsches Reich und Österreich-Ungarn auf der einen Seite und den Entente-Mächten Frankreich, Großbritannien und Russland sowie Serbien auf der anderen Seite ausgetragen. Wider Willen kam Belgien als Opfer hinzu, in das die Deutschen ungeachtet der belgischen Neutralität aufgrund des Schlieffenplans einmarschierten. Im Verlauf des Krieges wurden die Mittelmächte durch das Osmanische Reich und Bulgarien verstärkt, während auf alliierter Seite Staaten wie Italien, Portugal, Rumänien und die USA in den Krieg eintraten.

274b Vor fast hundert Jahren

Beantworten Sie folgende Fragen frei aus dem Gedächtnis.

1. Wer waren anfangs die Mittelmächte?

   Antwort:

2. Wie nannte man die gegnerischen Mächte?

   Antwort:

3. Welches neutrale Land wurde Opfer der Deutschen?

   Antwort:

4. Aufgrund welches Plans marschierte Deutschland in dieses neutrale Land ein?

   Antwort:

5. Welche Seite wurde vom Osmanischen Reich unterstützt?

   Antwort:

6. War Rumänien oder Bulgarien unter den Alliierten?

   Antwort:

275a Im Kindergarten

Prägen Sie sich dieses Bild ganz genau ein. Achten Sie dabei auf alle Einzelheiten.

275b Im Kindergarten

Einige dieser Bildausschnitte stammen nicht vom Original auf der Vorderseite. Können Sie diese ausfindig machen?

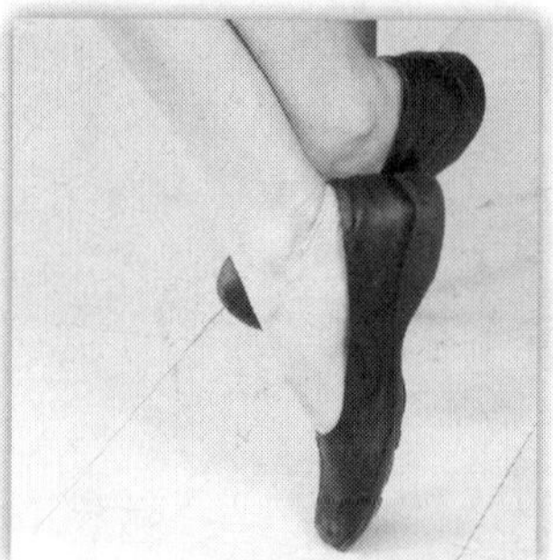

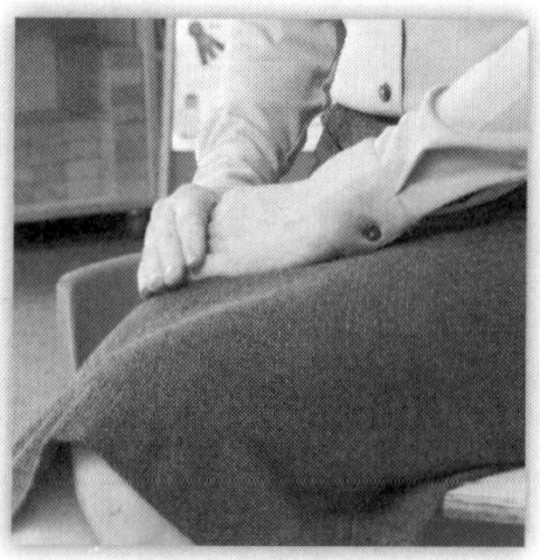

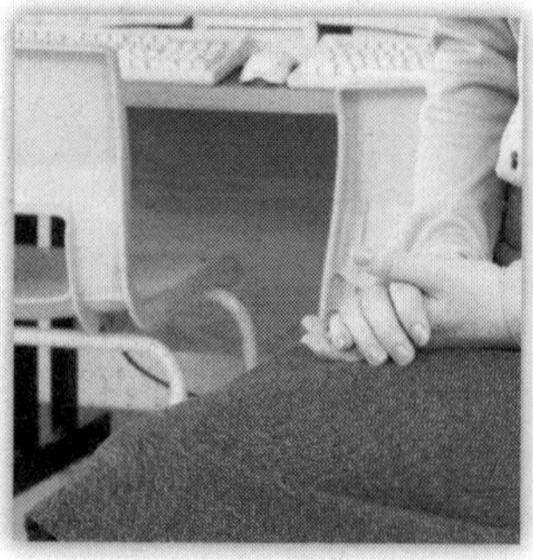

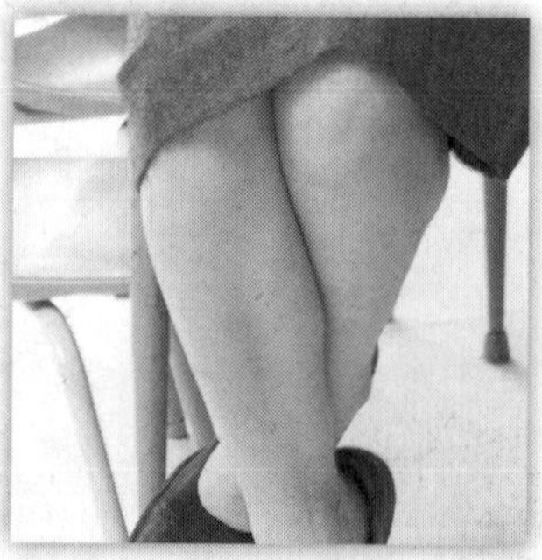

276a Formenvielfalt

Jetzt wird es sehr abstrakt. Können Sie diese Formen im Gedächtnis behalten? Richten Sie Ihr Augenmerk auf die objektiven Eigenschaften wie Farbe, Eckenanzahl usw.

276b Formenvielfalt

Können Sie diese Fragen aus dem Gedächtnis beantworten?

1. Wie viele Formen konnten Sie insgesamt zählen?

   Antwort:

2. Wie viele davon haben mehr als vier Ecken?

   Antwort:

3. Wie viele Figuren sind grau?

   Antwort:

4. Wie viele Vierecke gibt es?

   Antwort:

5. Wie viele Ecken haben alle weißen Figuren zusammen?

   Antwort:

277 Merken und rechnen

Mit dieser Aufgabe trainieren Sie Kopfrechnen und Gedächtnis in einem.
Zuerst sollen Sie sich den jeweils vorgegebenen Satz einmal durchlesen und dabei einprägen.
Dann decken Sie diesen Satz bitte zu und lösen die Rechenaufgabe darunter.
Abschließend notieren Sie in die leere Zeile alle Anfangsbuchstaben der Wörter des oberen Satzes. Doch bitte nicht nachsehen! Sie sollten versuchen, dies aus dem Gedächtnis zu bewältigen.

a

Als globale Erwärmung bezeichnet man den allmählichen Anstieg der Durchschnittstemperatur der erdnahen Atmosphäre und der Meere sowie die erwartete weitere Erwärmung in der Zukunft.

16254 + 35488 =

____

b

Da die Wurzeln von Pflanzen Sauerstoff für die Zellatmung benötigen, dieser aber in den Schlickböden nicht zur Verfügung steht, bilden die Bäume der Mangrovenwälder ein spezielles Belüftungssystem.

948563 – 56297 =

____

c

Die Zahl der in Vietnam lebenden Ausländer ist mittlerweile derart gestiegen, dass immer neue Restaurants mit Schwerpunkt auf ausländischer Küche aufmachen.

34 x 46 =

____

(Generell können Sie die Richtigkeit Ihrer Lösungen selbst überprüfen.)

Aufgabe 152: GESCHIRRSATZ

Aufgabe 199: ABTEILUNGSLEITER

Aufgabe 246: BREITRANDSCHILDKROETE